韶关市地方性法规导读与释义系列丛书

陈　曦◎主　编

《韶关市农村饮用水水源保护条例》
导读与释义

韩登池　王　蒙◎著

中国政法大学出版社

2023·北京

图书在版编目（ＣＩＰ）数据

《韶关市农村饮用水水源保护条例》导读与释义/韩登池, 王蒙著. —北京：中国政法大学出版社，2023.4

ISBN 978-7-5764-0905-5

Ⅰ.①韶… Ⅱ.①韩… ②王… Ⅲ.①饮用水—供水水源—水源保护—条例—法律解释—韶关 Ⅳ.①D927.653.266.5

中国国家版本馆 CIP 数据核字(2023)第 080187 号

出　版　者	中国政法大学出版社
地　　　址	北京市海淀区西土城路 25 号
邮寄地址	北京 100088 信箱 8034 分箱　邮编 100088
网　　　址	http://www.cuplpress.com (网络实名：中国政法大学出版社)
电　　　话	010-58908586(编辑部) 58908334(邮购部)
编辑邮箱	zhengfadch@126.com
承　　　印	北京九州迅驰传媒文化有限公司
开　　　本	720mm×960mm　　1/16
印　　　张	23.75
字　　　数	400 千字
版　　　次	2023 年 4 月第 1 版
印　　　次	2023 年 4 月第 1 次印刷
定　　　价	139.00 元

"韶关市地方性法规导读与释义系列丛书"编委会

主　任　凌振伟

副主任　林　岚　陈　曦　沈河民　胡德宁　邓彩虹　钟沛东

主　编　陈　曦

副主编　曾房兰　韩登池

编　委　（姓氏笔画为序）

丁钢全　王少敬　刘　迅　刘佩韦　陈　军

陈小雄　吴静江　罗运标　林家坚　梅献中

曾洁雯　雷群安　周正祥

序 PREFACE

    2015 年 5 月 28 日，广东省第十二届人民代表大会常务委员会第十七次会议通过了《关于确定佛山、韶关、梅州、惠州、东莞、中山、江门、湛江、潮州市人民代表大会及其常务委员会开始制定地方性法规的时间的决定》，这是《中华人民共和国立法法》修改后，我省首次授予设区的市地方立法权，也意味着自 2015 年 5 月 28 日起，韶关市人大及其常委会可以在"城乡建设与管理、环境保护、历史文化保护"三大领域开始制定地方性法规了。拥有地方立法权，为从法制层面解决我市城乡建设与管理、环境保护、历史文化保护等热点难点问题提供了保障，将更有利于促进经济社会在法治的轨道上快速发展。

    韶关市人大常委会为了顺利开展地方立法工作，加强地方立法理论研究，与韶关学院研究协商，成立"韶关市地方立法研究中心"，并于 2015 年 5 月 29 日，在韶关学院正式揭牌。建立地方立法研究中心，为推动我市地方立法工作，加强地方立法理论研究和实践，提供了强有力的智力支持，对科学立法、民主立法、提高立法水平和质量均具有重要的现实意义。

    同时，2015 年 8 月，市十二届人大常委会成立了立法咨询专家库，从本市 3965 名具有法律背景的人才中聘请了 27 名立法咨询专家。2017

年4月，新一届人大常委会在原来的基础上对立法咨询专家进行了调整，保留了部分上一届立法咨询专家，新增了城乡建设与管理、环境保护、历史文化保护等领域方面的专家和韶关市拔尖人才库中的部分专家以及语言类专家等，使新一届的立法咨询专家增至48名；同时聘请了我省高校中长期从事地方立法研究的五名专家学者为立法顾问。强有力的立法咨询专家队伍以及立法顾问团队，成为我市民主立法、科学立法的重要智力支撑。

在市委、市人大常委会的领导下，特别是在省人大法工委领导和专家的全力指导和帮助下，通过市政府、市人大法委、市人大常委会法工委、立法顾问、立法咨询专家的共同努力，我市首部地方性法规《韶关市制定地方性法规条例》于2016年4月5日正式实施，"小立法法"的实施必将成为韶关市制定地方性法规的基石。首部地方实体性法规《韶关市烟花爆竹燃放安全管理条例》，经广东省第十二届人大常委会第二十九次会议批准，于2017年1月1日起正式实施，这是韶关市制定地方实体性法规的良好开端。

在今后的立法工作中，市人大常委会将按照"党委领导、人大主导、政府依托、各方参与"的总要求科学立法、民主立法，进一步完善立法工作制度，提高立法队伍的整体素质，制定更多"有特色""可执行""管用""接地气"的地方性法规，不断推动我市地方立法工作向前发展，为韶关振兴发展作出贡献。

在社会实践中，"徒法不足以自行"，良好的地方性法规并不意味着能够自动地得到有效实施，法律法规的实施，需要执法部门公正执法，需要司法部门正确用法，更需要广大市民自觉守法。要想广大市民自觉守法，首先必须让市民读懂法律法规条文，地方性法规毕竟是专业立法活动的产物，所涉及的法律用语、专业词汇、文本结构、立法意图等，具有较强的专业性，可能会给一些市民准确理解法规的具体内容、立法主旨及法规精神等带来一定的难度，不利于他们在理解、领会法规的基础上，做到知法、懂法、守法。另外，在立法过程中，立法者对社会各方意见的吸纳，以及历史背景、政策背景等不能在法规中充分表述出来，也增加了执法者的理解难度。

鉴此，市人大常委会认为，有必要吸纳市人大常委会立法工作者、法律实务工作者和韶关学院的专家学者，编纂《韶关市地方性法规导读与释义》丛书，对我市出台的地方性法规进行导读性释义工作，方便社会各界人士理解把握，达到自觉知法守法用法之目的，也为今后我市法规的修改、释义备存资料。

"普法""懂法""守法"是本系列丛书的宗旨，是为序。

"韶关市地方性法规导读与释义"编委会　陈曦
2017 年 9 月 30 日

目 录 CONTENTS

《韶关市农村饮用水水源保护条例》
立法文本

韶关市农村饮用水水源保护条例

(2021年8月24日韶关市第十四届人民代表大会常务委员会第五十次会议通过 2021年12月1日广东省第十三届人民代表大会常务委员会第三十七次会议批准)

第一章 总 则

第一条 为了加强农村饮用水水源保护，保障农村饮用水安全，维护人民群众身体健康，促进乡村振兴，根据《中华人民共和国环境保护法》《中华人民共和国水污染防治法》等法律法规，结合本市实际，制定本条例。

第二条 本市行政区域内农村饮用水水源保护适用本条例。

本条例所称农村饮用水水源，是指尚未纳入城镇集中供水的可供农村居民生活饮用的地表水源和地下水源。

农村饮用水水源分为集中式供水水源和分散式供水水源。集中式供水水源是指供水人口一般大于1000人的在用、备用和规划水源；分散式供水水源是指供水人口一般小于1000人的在用、备用和规划水源。

第三条 农村饮用水水源保护应当遵循政府主导、预防污染、防治结合、保障安全的原则。

第四条 市人民政府应当建立健全农村饮用水水源保护评价考核机制，将农村饮用水水源保护工作纳入乡村振兴实绩考核内容。

市、县（市、区）人民政府应当统筹本行政区域内农村饮用水水源保护工作，将农村饮用水水源保护纳入国民经济和社会发展规划。农村饮用水水源保护经费列入本级财政预算。

镇（乡）人民政府、街道办事处应当加强农村饮用水水源保护的日常监督管理，组织、协调农村饮用水供水企业、村民委员会或者村民小组开展农村饮用水水源保护的相关工作。

村民委员会或者村民小组应当组织制定村规民约，教育、引导村民自觉履行义务、积极参与农村饮用水水源保护工作。

第五条 市、县（市、区）人民政府生态环境主管部门负责农村集中式饮用水水源生态环境保护的监督管理工作。

市、县（市、区）人民政府水行政主管部门负责农村分散式饮用水水源保护的监督管理工作。

市、县（市、区）人民政府卫生健康主管部门负责指导开展农村饮用水水质监测和卫生监督工作。

市、县（市、区）人民政府发展改革、公安、财政、农业农村、自然资源、城乡建设、交通运输、林业等主管部门按照各自的职责，做好农村饮用水水源保护的有关工作。

第六条 市、县（市、区）人民政府及其有关主管部门应当组织开展农村饮用水水源保护宣传教育工作。

广播、电视、报刊、互联网和手机媒体等大众传媒应当开展农村饮用水水源保护的宣传，并进行舆论监督。

第七条 任何单位和个人都有保护农村饮用水水源的义务，对污染、破坏农村饮用水水源的违法行为有举报的权利。

鼓励社会组织和志愿者参与农村饮用水水源保护工作。

市、县（市、区）人民政府及其有关主管部门可以对在农村饮用水水源保护工作中做出显著成绩的单位和个人依法给予表彰奖励。

第二章　范围与保护

第八条 市、县（市、区）人民政府应当组织有关部门编制本行政区域内农村饮用水水源规划，其规划应当充分论证供水量、供水质量、供水人口、供水方式、经济技术要素等主要指标，科学确定农村饮用水水源，并实行名录管理，及时向社会公布。

第九条　农村饮用水水源保护区（范围）划定应当遵循科学合理、分级分类、风险可控、便于管理、水源良好的原则。

第十条　农村集中式饮用水水源保护区划定标准，按照《饮用水水源保护区划分技术规范》执行。划定的农村集中式饮用水水源保护区应依法报经批准，并向社会公布。

第十一条　农村分散式饮用水水源保护范围按照下列标准划定：

（一）河流型水源取水口上游不小于 1000 米，下游不小于 100 米，两岸陆域纵深不小于 50 米，但不超过集雨范围；

（二）湖库型水源以取水口为中心、半径不小于 200 米范围的区域，但不超过集雨范围；

（三）地下水型水源为取水口周边不小于 30 米范围。

第十二条　农村分散式饮用水水源保护范围的划定，由镇（乡）人民政府、街道办事处组织有关部门和专家论证提出方案，征求村民委员会、村民小组和村民的意见，报县（市、区）人民政府批准并公告。

由于公共利益、水质水量发生变化，确需调整农村饮用水水源保护范围的，按照前款规定的程序办理。

因农村分散式饮用水水源保护范围的划定或者调整，对公民、法人、非法人组织的合法权益造成损害的，由县（市、区）人民政府依法给予补偿。

第十三条　镇（乡）人民政府、街道办事处应当设立明确的农村饮用水水源保护区（范围）界碑、界桩和明显的警示标志，根据保护需要设置隔离防护设施，或者种植具有界碑功能的灌木、荆棘等饮用水水源涵养植物围蔽取水口。

任何单位和个人不得拆除、覆盖、擅自移动、涂改和损坏界碑、界桩、警示标志和隔离防护等农村饮用水水源保护设施，不得破坏灌木、荆棘等围蔽取水口隔离带植物。

第十四条 任何单位和个人引水、截（蓄）水不得损害公共利益和他人的合法权益，不得影响饮用水水源安全。

第十五条 已划定保护区的农村集中式饮用水水源保护按照《中华人民共和国水污染防治法》和《广东省水污染防治条例》规定执行，其中水源保护区与自然保护区重叠的，重叠区域的水源保护同时执行《中华人民共和国自然保护区条例》的规定。

第十六条 农村分散式饮用水水源保护范围内，禁止下列行为：

（一）新建、改建、扩建排放污染物的建设项目；

（二）从事畜禽养殖业；

（三）设立有毒、有害化学物品储存场所或者堆放丢弃医疗废弃物、电池、电瓶等有毒有害类垃圾；

（四）使用高毒高残留农药；

（五）栽种桉树等不利于水源涵养的树种或者破坏植被和非更新性砍伐；

（六）新建墓地；

（七）电鱼、炸鱼、毒鱼等；

（八）采石、取土、采砂；

（九）法律、法规规定的其他污染或者破坏饮用水水源的行为。

第十七条 县（市、区）人民政府应当建立农村饮用水水源保护跨行政区域的协商机制。农村饮用水水源保护范围跨县级行政区域的，由相关县（市、区）人民政府协商；协商不成的，由市人民政府负责协调。

第十八条 鼓励村民对未列入名录管理的原用水井、山泉等可作为备用的农村饮用水水源及其周边环境进行保护。

第三章　保障与管理

第十九条 农村饮用水水源水质应当符合国家规定的标准。

第二十条　市、县（市、区）人民政府应当加强农村饮用水水源水质监测监督管理，建立和依托大数据平台，实现农村饮用水水源水质监（检）测数据资源共享。

县（市、区）人民政府应当加强农村饮用水基础设施建设和水源保护区（范围）内的生态环境综合整治，完善生活垃圾和生活污水处理设施以及配套管网的建设，防止污染农村饮用水水源，保障农村饮用水安全。

第二十一条　市、县（市、区）人民政府生态环境主管部门应当制定农村集中式饮用水水源保护制度，并履行下列职责：

（一）建立农村饮用水水源水质监测网络，对农村饮用水水源水质实施日常监测和监督管理；

（二）编制农村集中式饮用水水源水质年报，并及时向同级人民政府报告；

（三）会同有关主管部门依法对饮用水水源水质污染事故及其他突发事件进行处理；

（四）法律、法规规定的其他监督管理职责。

第二十二条　市、县（市、区）人民政府水行政主管部门对农村饮用水水源管理应当履行下列职责：

（一）制定水资源利用规划，确定农村饮用水取水方案；

（二）调解农村饮用水水源利用纠纷；

（三）法律、法规规定的其他监督管理职责。

第二十三条　市、县（市、区）人民政府农业农村主管部门对农村饮用水水源保护应当履行下列职责：

（一）推广生态农业，指导农业生产者科学、合理地使用化肥、农药、农膜等，指导畜禽养殖废弃物综合利用，防止饮用水水源面源污染；

（二）监督管理渔业船舶和水产养殖管控，减少水体污染；

（三）法律、法规规定的其他监督管理职责。

第二十四条　市、县（市、区）人民政府卫生健康主管部门应当负责指导农村饮用水水质监测和卫生监督管理工作，定期向社会公布农村饮用水水质信息，配合有关部门做好农村饮用水水源污染事故应急处置。

第二十五条　镇（乡）人民政府、街道办事处应当建立农村饮用水水源保护区（范围）的巡查制度，定期检查水源保护情况，及时协调处理水源保护中出现的问题。

村民委员会或者村民小组应当严格执行农村饮用水水源保护区（范围）的巡查制度，定期巡查，及时上报存在的问题。同时积极配合当地人民政府卫生健康部门开展农村饮用水卫生监测工作。

第二十六条　农村饮用水供水企业应当做好取水口和出水口的水质日常检测工作，发现水质不符合相关标准的，应当及时采取相应措施，并向当地镇（乡）人民政府、街道办事处报告。

第二十七条　市、县（市、区）人民政府、镇（乡）人民政府、街道办事处应当制定农村饮用水水源污染事故处置应急预案，并定期组织供水企业、村民委员会、村民小组等有关人员演练。

第二十八条　农村饮用水水源保护区（范围）内河（湖）长，应当在各自职责范围内，具体负责组织领导农村饮用水水源保护、水域岸线管理、水污染防治、水环境治理等工作。

第四章　法律责任

第二十九条　各级人民政府及有关主管部门违反本条例规定，不履行或者不正确履行农村饮用水水源保护职责的，对直接负责的主管人员和其他直接责任人员依法给予处分；构成犯罪的，依法追究刑事责任。

第三十条　违反本条例第十三条第二款规定，拆除、覆盖、擅自移动界碑、界桩、警示标志和隔离防护等农村饮用水水源保护设施的，由市人民政府生态环境主管部门或者县（市、区）人民政府水行政主管部门根据职责分工，责令改正，处二千元以上一万元以下的罚款。

第三十一条　违反本条例第十六条规定，在农村分散式饮用水水源保护范围内有下列行为的，按照下列规定处理：

（一）新建、改建、扩建排放污染物的建设项目的，由县级以上人民政府生态环境主管部门责令停止违法行为，处十万元以上五十万元以下的罚款，并报经有批准权的人民政府批准，责令拆除或者关闭。

（二）设立有毒、有害化学物品储存场所的，由县级以上人民政府生态环境主管部门责令停止违法行为，处十万元以上一百万元以下的罚款，并报经有批准权的人民政府批准，责令拆除或者关闭。

（三）堆放丢弃医疗废弃物、电池、电瓶等有毒有害类垃圾的，由县级以上人民政府生态环境主管部门责令限期采取治理措施，消除污染，并处二万元以上二十万元以下的罚款。

（四）其他污染或者破坏饮用水水源的行为，按照相关法律法规规定处罚。

第五章　附　则

第三十二条　本条例自 2022 年 5 月 1 日起施行。

《韶关市农村饮用水水源保护条例》
立法文本导读与释义

前　言

一、韶关市饮用水水源总体概况

韶关市位于广东、湖南和江西三省交界处，是广东省的北大门，属于亚热带季风气候区，市区江河水系众多，山塘水库星罗棋布，地表水资源极为丰富，北江干流纵贯全境。仅北江水系面积达 16 914 平方公里，年平均水资源量以及人均水资源量均居全省首位。市区 50 千米范围内大小水源有武江、浈江、北江三条主要河流，武江是北江流域的一级支流，发源于湖南省临武县，全长 260 千米，浈江发源于江西省信丰县，自东北向西南流入韶关市，流域长约 214 千米。北江是由武江和浈江汇合而成的，武江、浈江在韶关市区今小岛海关处交汇，形成北江，所以韶关市区有三江六岸之称。2017 年以来，韶关市地表水 13 个省级以上断面水质优良率、集中式饮用水水源水质达标率保持 100%。[1]武江作为韶关市的主水源地，近年来部分水质指标不断恶化，同时在取水口上游新建的拦蓄水发电闸坝，在一定程度上影响了水源地水质状况。

水量方面，由于韶关市地表水资源丰富，水源选择主要考虑选用地表水。从上面水库情况可知，大型水库主要有南水水库和小坑水库，中小型水库有苍村水库、沐溪水库（调节水库）等，从水库库容大小来看，主要选择南水水库和小坑水库作为水源。因此，从水量水质来看，南水水库可作为韶关市第二饮用水水源；小坑水库可规划为市区的第三饮用水水源。近期利用南水水库发电尾水，可供市区水量为 20 万立方米/天，

---

〔1〕 参见《韶关市生态文明建设规划（2021–2035 年）》。

在南水水库电站出口处，新建取水提升泵房和调蓄水池，经泵站提升后，用一条 DN2000 压力输水管道，沿乳源规划区的南边，经路发田，在鹰咀石电厂水电站的下游穿越南水河，经罗屋、候公渡区再沿乳韶公路至溪岭山的高位水厂或沐溪水库，管道全长约 25 千米。远期规划直接从南水水库引优质生活饮用水，规模为 60 万立方米/天，取水口的位置设在乳源南水水库电站引水隧道以南约 900 米处。在南水水库电站引水隧洞以南约 900 米处的山冲，新建取水口，在库内直接取水。用一条 DN3000、长 3000 米的压力输水隧洞，穿越天井山至朱屋村，设置出口连接闸井。然后再新埋设一条 DN2000 的高压输水管道，与近期原水管并行，一条 DN2000 的原水高压输水管在适当位置相互连通，然后沿乳源规划区的南边，经路发田，在鹰咀石电厂水电站的下游穿越南水河，经罗屋、候公渡区再沿乳韶公路至溪岭山的高位水厂或沐溪水库。

尽管降水充沛，但是由于本市大部分村屯处在大石山区，属于喀斯特地貌，加之水源地过于单一，一旦发生重大污染事件，居民饮水将受到重大影响，供水系统应急能力薄弱，存在用水安全隐患。生态需水和农业用水等因素，也影响了水资源的供应与安全。在供水方便程度方面，我市农村自来水普及率和集中式供水率有了显著的提高，但同我国其他区域相比仍处于较低水平。在供水保证率方面，仍以微小型饮水工程为主，供水水源为山泉水或浅层地下水，农村供水工程供水保证率低，每逢干旱季节或用水高峰期均会出现缺水或无水可用的局面。受地理环境的影响，我市很多村屯地处石山偏远地区，已有的农村饮水安全工程标准低、分而散、规模小，导致区域农村集中供水率与保证率偏低。为保证韶关市广大人民群众对水资源质与量的要求，促进韶关市经济可持续发展，需强化对农村饮用水水源保护、开辟与建设多水源供水、做好农村饮用水安全工作，有效地防止介水传染病的发生，切断"因病致贫"的根源，清除脱贫致富道路上的一大障碍，确保农村经济社会的可持续健康发展。

二、制定《韶关市农村饮用水水源保护条例》的社会背景与必要性

(一) 社会背景

加强农村饮用水安全法律保障体系建设，为农民生活、农业发展、农村稳定提供稳定充足且安全的饮用水，促进人水关系的良性互动，体现了对农村居民基本权利的维护，也符合现代法治思想。让乡村农民群众生活富裕和身体健康，也是现代文明进步的重要体现。[1]

我国大部分国土面积为农村地区，即使按照联合国估测我国城镇化水平在 2050 年将达到 71.2%，也仍然有 4 亿左右的人口生活在农村地区。因此，补齐农村健康领域发展短板，为广大农民提供优质、可持续的健康服务，让现代化建设成果惠及更多农民群众，是实现全面小康和健康中国目标的必然要求，[2]也是满足农民群众日益增长的优质健康服务需求的重要支撑。

从《韶关市第七次全国人口普查公报》来看，全市常住人口中，居住在城镇的人口为 1 636 895 人，占 57.33%；居住在乡村的人口为 1 218 236 人，占 42.67%。与 2010 年第六次全国人口普查相比，乡村人口减少 123 249 人，但总体上来看，仍有 120 多万人居住在乡村，这部分人的生活条件与健康问题，不容小觑。健康的饮用水无疑是决定能否保障其健康生活的一大关键因素。

《农业农村污染治理攻坚战行动计划》明确指出保护农村饮用水水源为农村污染治理攻坚战的核心任务之一。农村饮用水水源既关乎农村饮用水的安全，也反映出农村地区生活质量高低，更是生态文明建设程度的重要体现。饮水安全问题是关系民生的重要问题，是一个地区发展水平和生活质量的重要标志，也是实现小康社会的一项重要指标，而饮用

---

〔1〕参见朱琳、曾春华："基于乡村振兴视角的现代化农民健康服务体系构建"，载《长白学刊》2022 年第 6 期。

〔2〕参见赵黎："新医改与中国农村医疗卫生事业的发展——十年经验、现实困境及善治推动"，载《中国农村经济》2019 年第 9 期。

水水源地周边的环境状况则在一定程度上决定了饮用水水源的质量和饮用水安全。韶关市政府印发《韶关市新型城镇化规划（2021—2035年）》（以下简称《规划》），主要明确到2035年及"十四五"时期该市深入推进新型城镇化的总体要求、主要目标、重点任务和改革政策举措，是指导韶关市新型城镇化高质量发展的宏观性、战略性、基础性规划，也是推进以人为核心的新型城镇化的共同行动纲领。《规划》以"立足市情，遵循规律""以人为本，全面发展""改革创新，与时俱进""工农互促，城乡融合""系统谋划，统筹推进"为基本原则，明确到2035年，韶关市将基本实现新型城镇化，常住人口城镇化率达到全国平均水平，城镇化发展方式全面转型、发展质量全面提升，城镇化空间布局和形态全面优化，城镇功能品质全面完善，新型城乡关系全面建立，人的全面发展在新型城镇化进程中得到充分彰显。《规划》提出，锚定2035年基本实现新型城镇化目标，韶关市"十四五"时期新型城镇化发展努力实现如下目标：以人为核心的城镇化质量明显提高，中心城区、县城、中心镇人口及经济承载能力进一步提升，人口与产业、公共服务、社会就业实现良性互动，人民生活更方便、更美好、更安全，社会治理体系更加完善，城乡融合发展体制机制基本建立。《规划》明确，到2025年，常住人口城镇化率年均增长一个百分点以上；城镇基本公共服务水平显著提升，劳动年龄人口平均受教育年限达11.5，每千人执业医生数达2.8，每千人拥有3岁以下婴幼儿托育位数达5.5；市辖区建成区面积达130平方公里以上，人口达110万人以上；产城融合水平显著提升，产业结构优化为13∶38∶49，创新能力不断增强，研发经费支出占地区生产总值比重达2%；城乡居民人均可支配收入与经济发展同步，城乡居民人均可支配收入比控制在1.8以内，达到共同富裕示范区平均水平。为实现韶关市新型城镇化规划目标，《规划》分章节，在促进农业转移人口全面融入城市、优化城镇化发展格局、建设南岭山水特色的现代化善美韶关、推进城镇治理能力现代化、加快推进城乡融合发展、加快实施新型城镇化重大工程，以及强化规划实施保障等方面，明确了具体实施路径和责任分工。根据《规划》，韶关市新型城镇化重大项目共计386项，总投资7557亿元，"十四五"期间重大项目投资规模3044亿元。其中，生态产业发展工程137项，公共服务提升工程92项，基础设施工程95项，生态环境工程28项，城乡融合发展工程34项。《规划》对各个项目的建设内容及规模、建设起止年限、投资总额等都进行了细化。

（二）必要性

1. 推进社会主义新农村建设战略实施的必然选择

新农村建设的主要目的是提升农村居民物质生活基础，改善他们的衣食住行，民以食为天，食以水为先，农村饮用水管理措施的实施，有利于改善农村居民用水环境、保障用水质量、提升生活品质。饮用水是农民生存和生产生活的基础，强化饮用水安全法律保障可助推农村实现可持续发展。通过法律规制饮用水供给，可使水资源的价值得到最大限度的体现。通过构建饮用水安全管理体制，明确各方用水主体的权利和义务，使农村饮用水工程得以平稳运行；通过大力普及农村饮水安全的科学和法律知识，增强农民群众的节水意识和责任感，可使饮用水的使用效率最大化。加强对饮用水水源地的保护、防治水体污染、加大污染饮用水水源的惩罚力度等措施，为农民提供更加健康安全的饮用水，让农民全心全意投身社会主义新农村建设事业，为实现农村地区的可持续发展添砖加瓦。

党的二十大报告强调，中国式现代化是人与自然和谐共生的现代化，尊重自然、顺应自然、保护自然是全面建设社会主义现代化国家的内在要求。党的二十大对新时代新征程推进美丽中国建设、促进人与自然和谐共生作出了战略部署，对生态文明建设和生态环境保护工作提出了新的更高要求。而深入推进农村饮用水水源保护，将会更好地满足人民群众对优美生态环境的新期待。

饮水安全是人类健康和生命安全的基本保障，获得安全的水资源是维护人类健康和生态系统完整性的前提，也是各国发展的需要。全球 21 世纪的总目标之一就是保障安全供水，保障饮用水安全已经成为世界各国当前面临的主要挑战。缺乏安全饮水和适当卫生条件是世界上最大的致病原因。缺水迫使人们饮用污染水，从而患上水媒疾病。2005 年有 5 亿人生活在被界定为用水紧张或缺水的国家。这个数字估计到 2025 年会分别增加到 24 亿和 34 亿。农村水源保障建设是民生工程的重中之重，强化工程建设，有利于解决农村饮水保障难题，提升农村群众对吃水用水的获得感、幸福感和满意度。

随着国民经济水平的提升，人们的生活条件不断改善，越来越重视健康问题，对饮用水水源安全也开始予以高度关注。为提升人们的生存质量和健康系数，必须做好全面保障，将相关措施落到实处。其中，供水作为重要的民生工程，事关人民群众身体健康和社会稳定。供水工程应当通过严格的法律法规进行约束。众所周知，在供水工程领域尤其是在饮用水水源的保护议题上，如果没有完善的法律法规，势必会使问题更加严重。"十四五"期间，在立足新发展阶段、贯彻新发展理念、构建新发展格局的基础上，要推进脱贫地区农村饮用水安全向供水保障转变，补齐供水设施短板，强化供水水质保障，提升运维管理和服务水平，满足农村居民多元化用水需求，实现巩固和拓展脱贫攻坚成果同乡村振兴的有效衔接，让脱贫地区农民有更多获得感、幸福感和安全感。通过不断提升脱贫地区农村供水保障水平，实施城乡供水一体化，进一步缩小城乡供水差距，让农民享受与城市居民同等水平的供水服务。

《水污染防治法》[1]以保护包括生活饮用水在内的多种水资源免受水污染为立法目的，规定了水源地污染监测、供水单位和水龙头出水的水质监测等内容。《水法》是关于水资源开发和利用的专门立法，规定了水资源的规划、开发、利用、配置和保护等内容。《水法》与《水污染防治

---

[1] 《水污染防治法》，即《中华人民共和国水污染防治法》。为表述方便，本书中涉及我国法律文件直接使用简称，省去"中华人民共和国"字样，全书统一，后不赘述。

法》共同确立了水源保护区制度，该制度的确立有效地保障了水源地的水质，为生活饮用水的制水和供水打下了良好的基础。《水法》的立法目的和内容属生活饮用水安全保障的上位内容，也是整个水资源安全保障法制体系的基础和核心。《传染病防治法》《环境保护法》等法律分别从传染病防治、水源地保护、环境保护等不同方面制定了饮用水安全保障的相关法律规范。

其中，《水法》的内容侧重于水资源的开发和配置，涉及生活饮用水卫生安全保障的内容仅规范了水源地的监管和保护，也就是取水环节，整个制水、供水环节几乎没有提及，缺少对饮用水离开水源地后的其他环节的专门规定。《水污染防治法》以水源地的保护为主，侧重于生活饮用水水源地的污染排放管控，其中包括通过城市污水、工业污水等的合理排放来保护水源地的水质安全，在有关生活饮用水的章节，即在第 63 条至第 75 条中，其仅第 72 条第 1 款提及供水水质监测，相较于《水法》中饮用水水源地的保护规定还相去甚远。除此之外，《水法》与《水污染防治法》在交叉的内容上，特别是水源地的保护、协调与衔接方面仍有待解决的问题。《传染病防治法》主要从传染病防治工作的监督管理角度对饮用水安全保障进行了规范，内容相对片面，因此，其涉及水资源的内容主要是以水源地和公共饮用水水源为监管对象。三部上位法关于饮用水的安全保障规定仍显得片面，尚不能形成一套完整的生活饮用水安全保障的法律体系。此外，就水源地的保护问题而言，《水法》与《水污染防治法》在规定上尚有交叉重叠的内容，二者在这一内容上也缺乏协调性。

由于饮用水水源类型多样，水源地的形态各异，不同的地域存在着不同的水源状况与保护需求，因此，相关的饮用水水源保护法律制度就需要体现出差异性，以适配各地的情况。饮用水水源保护不仅包含水资源和水环境保护方面共性的内容，还具有其自身特有的内容。而在现有的法律体系中，地方立法最能体现这一能动性，地方立法的制定也最应该体现当地实际情况和地方特色。在制定《饮用水安全法》的同时地方应出台相应的地方性法规及工作办法，具体落实在各省市的城市生活饮用水安全监管制度，形成统一的生活饮用水安全保障法律体系。之所以强调地方立法要求遵循可操作性原则，源于对地方立法的目的考量。正是由于国家考虑到各省市在地理环境、经济发展水平、风土人情民俗等方面存在差异，故而赋予地方有限的立法权，使其更具针对性和更契合当地的实际，从而能够在法律、行政法规等上位法的基础上更具有可操作性，也便于在法律实施的过程中更好地得到认识与理解。[1]所以，需要发挥地方立法的能动作用，结合当地饮用水水源的地方情况与保护需求，制定当地的饮用水水源保护专门立法，以完善相关的法律制度体系，为当地饮用水水源保护工作的开展提供法律依据。[2]

对于饮用水水源保护，目前在法律层面而言，规定主要集中在《水法》《水污染防治法》这些国家性的法律，由于其法律定位，要求对具体问题进行详细的规定显然是不可行的。由于这两部法律的立法定位和法律位阶的原因，其相关的规定还是存在着过于原则性的问题。以《水污染防治法》为例，其在饮用水水源保护区制度中仅规定了保护区划分的等级和相关主体，缺少划定的标准及要求等具体内容；在保护区内的禁限措施的规定中也仅仅是涉及了排污口的设置和相关建设项目。这种过于原则性的规定在地方执行起来时存在较强的随意性。由于《水污染防治法》的修正，原本对饮用水水源保护内容进行了具体规定的《水污染防治法实施细则》被废止，这样，在目前的国家法律法规层面，就只有《饮用水水源保护区污染防治管理规定》这一部门规章对饮用水水源保护进行了较为详细的要求。除此之外只有部分技术规范对饮用水水源保护的各方面作出了具体的指导性要求。由于部门规章的法律位阶较低，部

---

[1] 参见韩登池：《〈韶关市文明行为促进条例〉导读与释义》，中国政法大学出版社2022年版，第41页。

[2] 参见谢福琛："长江流域饮用水水源法律保护问题研究"，武汉大学2020年硕士学位论文，第40页。

分相关技术规范不具有强制执行力，实际规定了较多具体内容和实体性要求的规范性文件的法律威慑性不强。同时，由于缺少行政法规的规定，法律和部门规章之间出现了脱节，一方面行政法规的缺失无法对较为原则性的法律规定实现具体的转化，另一方面也让地方政府在当地执行相关规定的时候失去了抓手。而在地方立法中，其仍未能突破城乡二元社会结构的桎梏，存在较为明显的城市中心主义特征。纵观各地的保护条例，绝大多数的保护条例中的保护范围仅仅局限在城市的集中供水上，而对于农村的分散式饮用水水源避而不谈；同时有关的禁限措施也大多用来约束工业生产和城市生活，无法有效地解决农村水污染问题。这种带着城市中心主义特征的立法实际上是对农民平等环境权利的忽视。在某种意义上，"农村饮用水安全问题不仅是一个水污染带来的农民健康损害的环境问题，而且是我国社会经济发展过程中凸显的环境损害与成本公平负担的一个公平和社会正义问题"。[1]

除了集中式的饮用水水源，目前我国还存在着较多的分散式饮用水水源，二者主要是通过供水的人口数量进行区分，供水人口在 1000 人以上的为集中式的饮用水水源，供水人口不足 1000 人的为分散式的饮用水水源。现阶段，分散式饮用水水源在农村地区存在得较多，但关于该类型饮用水水源的保护工作尚不到位，或者说还需要进一步加强。从《水法》和《水污染防治法》的相关条款的规定中可以发现，国家层面所强调的保护工作没有对集中式和分散式的饮用水水源进行区分，因此其所提到的相关保护工作应该在所有的饮用水水源周边开展进行。大部分的法律制度都是基于保护区制度开展的，而纵观我国目前有关饮用水水源保护的技术规范，大部分缺少了对农村分散式饮用水水源的关注，目前农村分散式的饮用水水源在各地存在的数量并不小，而各个水源地的位置也较为分散，且不同水源其自身的水文情况和周边的地理环境也都有

---

〔1〕　参见柯坚："我国农村饮用水安全的法律保障——以环境正义价值及其制度构建为进路的分析"，载《江西社会科学》2011 年第 8 期。

所不同，因此对于分散式饮用水水源保护工作的开展来说具有较大的挑战。部分地方政府由于自身能力和相关资金、政策支持的缺失，难以在现阶段对分散式饮用水水源进行全面、细致的保护。出于无法落实相关规定的现实考量，一些地方选择在制定相关保护条例时回避这一问题，这就导致分散式的饮用水水源保护工作的开展面临着诸多的困难。

从当下国家层面颁布的相关技术规范来看，不论是相关的编码规范，还是规范化建设环境保护技术要求，抑或相关的环境保护状况评估技术规范，都是在名称中就直接体现出针对的是集中式的饮用水水源，而对于分散式的尚没有相关的具体技术规范进行规范。而保护区划分技术规范虽然在名称中没有强调集中式，但具体内容还是针对集中式的。目前，在我国的相关技术规范中，只有《生活饮用水卫生标准》（GB 5749–2022）对饮用水整体作出了要求，不论是城镇与乡村，还是集中式与分散式的饮用水，相关的水质要求均包含在了该标准之中。但由于相关配套措施没有完善，实践中部门要求无法在农村地区得到落实。[1]

因此，在制定法律法规的过程中，应当根据不同地区的具体情况，根据危及饮用水的风险类型的不同，区别对待。生活饮用水安全保障法律制度应当包括生活饮用水水源地、供水系统、生活饮用水管网三个环节，当三个环节均能得到法律的有效保护的时候，才能形成安全的生活饮用水生态闭环。

2. 有利于进一步巩固拓展脱贫攻坚成果，促进乡村振兴

乡村振兴，健康先行，"十四五"规划将"全面推进乡村振兴"和"全面推进健康中国建设"作为国家发展基本方略的重要内容。在发展阶段，两项国家战略稳步推进中。我国农村有着广阔的天地，发展韧性强劲有力，但是发展不平衡不充分的问题仍然突出，基层群众尤其是重点人群的健康维护任务仍然艰巨，难以适应乡村振兴高质量发展的新要求。

---

〔1〕 参见谢福琛："长江流域饮用水水源法律保护问题研究"，武汉大学2020年硕士学位论文，第24页。

目前，脱贫地区农村的经济发展水平和居民经济收入水平仍偏低；深度脱贫地区多为自然灾害严重或高寒高海拔地区，地形地理条件复杂且不稳定，农村供水管网建设要求高、成本高、养护难。此外，这些地区人口密度较低，若按照人均成本进行核算，存在饮水安全工程运维成本偏高的现状。[1] 整体来看，脱贫地区供水工程的运营维护成本与当地人均收入之间存在矛盾，目前尚没有相应的专项资金来提供保障，导致水价难以完全覆盖成本，设施设备的维修养护无法持续。故在政府持续投资、补贴和支持的基础上，对农村饮用水水源、小型供水工程、分散式供水工程进行升级改造，提升饮用水安全保障水平。建立有效的饮用水安全应急响应措施，推进农村水价综合改革和收缴工作，完善农村饮用水安全保障管理措施，形成符合当地社会经济发展特征的饮用水安全保障长效机制。推动饮用水水源、公共供水设施和农村集中式供水设施建设，提高供水设施管理水平；统筹水源地水质保护、农业面源污染控制和畜禽养殖污染削减工作，合理规划水源和供水工程设施布局，完善净化消毒设施设备和输配水管网建设，做好计量和监测工作。通过政策扶持、财政补贴等引导产业资本投入供水工程建设与运维，促进资源配置高效化、运维体系化、投入可持续化、管理专业化，提升农村饮用水的安全保障水平。

巩固脱贫成果是乡村振兴的前提，不仅要巩固下来，还要有进一步的发展，让脱贫群众生活更上一层楼。要强化防止返贫监测帮扶机制落实，及时发现、及时预警、及时干预，把风险消除在萌芽状态，防止出现乡镇集体返贫，切实维护和巩固脱贫攻坚战的伟大成就。要更多依靠发展来巩固拓展脱贫攻坚成果。把增加脱贫群众收入作为根本措施，把促进脱贫县加快发展作为主攻方向，统筹整合各类资源补短板、促发展，确保兜底保障水平稳步提高，确保"三保障"和饮水安全水平持续巩固提升。

---

[1] 参见刘昆鹏："农村供水投融资体制机制探析"，载《水利发展研究》2019 年第 2 期。

3. 有利于改善人居环境，不断实现人民对美好生活的向往

饮用水卫生安全直接影响着人的健康，健康问题在很大程度上取决于饮用水的水量和水质，而其中最为重要的是饮用水水源的水质和水量问题。1999 年联合国的一份报告指出，发展中国家每五人中就有三人缺乏干净的饮用水，而农村人口则生活得更差。在最受影响的国家里，3/5 的城市居民可得到清洁饮用水，而农村只有 1/5。由于城乡发展二元结构的存在，农村用水的保障优先性低于城市和工业用水，水源性缺水和水质性缺水并存。因此，农村人畜的饮水问题既有量的问题，也有质的问题。良好的生态环境是农村的自然禀赋和天然优势，也是最普惠的民生福祉。人民对于持久水安全、优质水资源、健康水生态、宜居水环境等美好生活向往的需求更加紧迫，而饮用水水源地作为赋存水资源的重要载体，关系到万千人民群众的健康福祉。

不可否认，在水污染蔓延的情况下，生活在占我国总面积近 90% 的广阔农村地区的广大农民更容易受到饮用水污染的健康损害，他们是当前我国水污染最直接的受害者和最大的受害群体。[1]农村饮用水安全问题不仅是一个水污染带来的农民健康损害的环境问题，而且是我国社会经济发展过程中凸显的环境损害与成本公平负担的一个公平和社会正义问题。2017 年党的十九大就提出了要实施乡村振兴战略，自此开启了推动乡村全面振兴的历史征程。2021 年中国宣布从脱贫攻坚全面转向乡村振兴，挂牌成立国家乡村振兴局；2021 年全国人大常委会通过了《乡村振兴促进法》，瞄准 2035 年和 2050 年两个阶段，全面实现乡村振兴。乡村振兴战略以"产业兴旺、生态宜居、乡风文明、治理有效、生活富裕"为总要求，通过建立健全城乡融合发展体制机制和政策体系，加快推进农业农村现代化，体现了优先发展、精准定位、突出矛盾这三大特点。实际上，中国最大的发展不平衡，是城乡发展不平衡；最大的发展不充

---

〔1〕 参见柯坚："我国农村饮用水安全的法律保障——以环境正义价值及其制度构建为进路的分析"，载《江西社会科学》2011 年第 8 期。

分,是农村发展不充分。探寻有效的农村饮用水水源治理模式,既是我国生态文明建设需要重视的问题,也是乡村振兴战略目标实现的基本要求,更是实现美丽乡村愿景的重要组成部分。

城市与农村发展极不平衡的状况由来已久,也是我国经济社会中突出的问题,而改善此问题的关键在于提高农民的综合素质和能力。新农村建设工程就是集中推动农民、乡镇、农业为一体的综合性建设,广大农民是中国特色社会主义新农村建设的主体,而解决农村问题的关键便是直接提高农民收入水平,改善农民的生活,提升新型农民的自我发展及创造创新能力等,从而实现农村地区的长期可持续发展。农村饮用水法律体系的构建要着眼全局,从宏观、中观、微观三个不同层次出发。宏观层面要注重农村饮用水水源地规划建设;中观层面以科学合理地配置农村饮用水安全监管权力及农村饮用水水质监测和突发事件预警能力的加强为主;微观层面要建立农村工业和生活污染、农业面源污染、城乡污染转移等具体污染防治的系统。

农村饮用水的水质污染主要来自生物性污染,而本区域农村饮水工程很多未配套水处理和水质消毒实施设备;有些即使配备了消毒设备,但由于缺乏管护主体、运行管理机制不健全、群众思想意识不高等原因,配备的消毒设备配而不用或未按规范使用。区域部分农村供水工程水源影响范围内有不同程度的垃圾堆、污水沟、水田、畜圈、粪坑、大量种植速生桉、网养鱼等污染,这些畜禽养殖污染以及农村生活污水直排、农业面源污染等行为较大程度上造成了农村饮用水水源水体污染,是农村饮用水水源污染的重要原因。对此应当以整治村容村貌为重点,治理"脏乱差"问题,将农村打造成环境优美、生态良好、特色鲜明的现代化休闲养生基地;完善基础设施建设,严守生态保护红线、环境质量底线和资源利用上限,通过改善农村人居环境为农民提供更加优质、健康的生活环境,有效切断病毒和细菌的传播途径,杜绝污染源对农民健康状况的损伤。以水资源的有效供给支撑生态宜居、美好生活的追求,提升人民对于优质水资源的幸福感。

　　饮用水水源是人类生存的基本条件，当然也是农村居民环境权的重要组成部分。2021 年 9 月发布的《国家人权行动计划（2021–2025 年）》第三章便为环境权利。居民环境权对饮用水安全有两方面要求，分别是安全标准达标和卫生标准达标。长久以来，饮用水一直是人类赖以生存和发展的重要环境要素，从立法上对其加以保护有利于保障农村居民的环境权益。在联合国发布的《变革我们的世界：2030 年可持续发展议程》中，目标六要求为所有人提供水和环境卫生并对其进行可持续管理，其中第一点就是要求到 2030 年能够保证人人普遍和公平地获得安全和负担得起的饮用水。2010 年 7 月，联合国大会确认了任何人均有获得充足水源以供个人和家庭使用的权利，同时要求饮用水的价格应当合理，在经济上具有可负担性，用于水的花费不应该超过家庭收入的 3%。据此，也要求饮用水服务在确保安全的同时还应当具有经济上的可负担性。

　　生存权是基于特定的物质条件而提出的基本权利，不仅指向人的生命不受非法剥夺的权利，还包括人的生命延续的权利，以及要求应当具备基本的生存条件和物质保障。[1] 而饮用水作为人体生理功能所必需的物质，是人类生命得以延续的基本保障。因此，获得安全的饮用水是人类的基本权利，是人作为人应当具备的一种生存权。可以说，饮用水与人的健康和生活质量之间存在密切的联系。作为一种生存权，获得安全饮用水的权利要求社会成员能够在水量、水质上得到保证，同时能够便利地、可负担地获得饮用水。其要义有三个方面：其一，要保证能够获得适量的饮用水，即要求在水量上保证每个自然人获得的饮用水量应能够满足其维持生命和日常生活的基本需求。其二，应当保证能够获得一定质量的饮用水，即要求在水质上进行保证。这就要求饮用水是清洁的、卫生的、安全的，作为饮用的水必须符合相关标准的要求，保证饮用该

---

　　〔1〕 参见李艳芳：“论环境权及其与生存权和发展权的关系”，载《中国人民大学学报》2000 年第 5 期。

标准的水不会对人类生命健康造成不良的影响。其三，应当确保每个自然人能够便利、可负担地获得饮用水，确保相关主体获得饮用水的过程中付出的成本在经济上是可负担的。[1]但是，在较为偏远的山区或者其他地区，当地居民获取饮用水的方式可能并不便捷，需要付出较高的成本来获取饮用水，也就使得其在经济上的可负担性大大降低。这些情况也就意味着它没能成为每个人所享有的实有权利。

在全面实施乡村振兴战略的新的历史时期，构建农村饮用水安全法律保障体系，必须以环境正义理念为理论基础，以城乡供水一体化目标为现实基础，在我国占据主导地位的城乡二元差序格局下的城市中心主义，以辩证的眼光看待城市和农村的不同特点。只有破除传统观念，兼顾公平原则，明确农村居民享有与城市居民平等的权利，平等对待、统筹协调、竭力保障城乡居民均可享有安全饮用水这一基本权利，才能建构适宜的法律制度，实现城乡饮用水安全均得到有效保障的目标。

突出健康优先发展战略，进一步补齐农村卫生健康服务短板，加快推进健康乡村建设。这就要求必须构建适应乡村振兴战略的卫生健康政策体系，并始终将实现好、维护好、发展好最广大人民群众的根本利益作为根本出发点和落脚点，坚持和落实好"以人民为中心"的价值立场。着力解决群众身边突出的生态环境问题，提供更多优质的生态产品，促进人与自然和谐共生，不断满足人民日益增长的优美生态环境需要，实现生态惠民、生态利民、生态为民。

生态宜居不仅关系着乡村振兴的建设进程，而且关乎农民健康服务体系的有效程度。而人居环境的改善，就包含了集中式饮用水水源地水质优良比例、农村生活污水治理率、农村生活垃圾无害化处理村占比、生态文化观念意识普及、公众对生态文明建设的参与度等。亿万农民对革命、建设、改革作出了巨大贡献，把乡村建设好，可以让亿万农民有

---

〔1〕 参见庞子渊："我国城市饮用水安全保障法律制度研究"，重庆大学 2014 年博士学位论文，第 36 页。

更多获得感。这些年，农村生产生活条件已有很大改善，乡村面貌焕然一新。农村不是凋敝落后的代名词，完全可以与城镇一样，被建设成现代生活的重要承载地。2021年，我国农村户籍人口7.6亿人、常住人口4.98亿人，未来即便是城镇化率达到70%以上，还将有数亿人生活在农村，他们与城镇居民一样，也向往在居住地就能过上现代生活。[1]这就要求顺应农民群众对美好生活的向往，通过坚持不懈地推进宜居宜业和美乡村建设，持续提高农村生活质量、缩小城乡发展差距，努力将农村打造成农民就地过上现代生活的幸福家园。农村要逐步基本具备现代生活条件。现在农村生活条件已有很大改善，但离基本具备现代生活条件的要求还有不小的差距，农村道路、供水、能源、通信等公共基础设施还不健全，厕所、垃圾污水处理、村容村貌等人居环境条件还需持续改善，教育、医疗卫生、养老托幼等基本公共服务水平有待提高，需要紧紧围绕逐步使农村基本具备现代生活条件这一目标而努力。农村饮用水安全是改善农村居民生活的重点问题，故保障农村饮用水安全，建立符合地区实际的农村饮用水管理法治体系，将是全面实施乡村振兴战略的重要内容。饮用水安全问题仍然是我国广大农村地区的一个突出问题，也是改善农村居民生活的重点问题，确保农村饮用水安全是实施乡村振兴战略的基础保障，也有利于助推国家全面打赢脱贫攻坚战，全面推进乡村振兴。2021年8月，水利部联合发展和改革委员会、财政部、人力资源和社会保障部、生态环境部、住房和城乡建设部、农业农村部、卫生健康委员会、乡村振兴局印发《关于做好农村供水保障工作的指导意见》。水利部指导督促地方扎实推进农村供水工程建设。截至2020年底，全国共建成931万处农村供水工程，农村集中供水率达到88%，自来水普及率达到83%，农村供水保障水平进一步提升。我国国情水情复杂，区域差异性大，当前全国农村供水保障水平总体仍处于初级阶段，部分农村地区还存在水源不稳定和水量水质保障水平不高等问题。随着农村

---

〔1〕 参见胡春华："建设宜居宜业和美乡村"，载《人民日报》2022年11月15日。

经济社会发展，为顺应农村居民对美好生活的向往，需要提升农村供水标准。随着城乡融合发展和乡村振兴战略实施，农村人口和村庄发生变化，需要优化调整农村供水工程布局。这也是贯彻新发展理念、构建新发展格局、坚持以人民为中心，稳步推进农村饮水安全向农村供水保障转变，实现巩固拓展脱贫攻坚成果同乡村振兴有效衔接的必然选择。

三、《韶关市农村饮用水水源保护条例》的主要内容

《韶关市农村饮用水水源保护条例》（以下简称《保护条例》）于2021年8月24日在韶关市第十四届人民代表大会常务委员会第五十次会议通过，2021年12月1日经广东省第十三届人民代表大会常务委员会第三十七次会议批准。从篇章结构来看，该条例总共五章32条。

第一章为总则部分，共7条，主要规定了立法目的、适用范围、基本原则、政府责任与目标、各部门职责、宣传教育和公众参与内容。

第二章为范围与保护部分，共11条，分别规定了县级（市、区）人民政府编制其行政区域内农村饮用水水源规划、实施名录管理的职责、农村饮用水水源保护区（范围）划定的指导原则；农村集中式饮用水水源保护区划定标准，农村分散式饮用水水源保护范围划定标准及程序，水源保护区警示标志、隔离防护措施，公众的义务，集中式饮用水水源保护遵循的规则，分散式饮用水水源保护范围内水源保护区内的禁限措施，农村饮用水水源保护跨行政区域协商机制，鼓励对备用农村饮用水水源及周边环境的保护等制度。除了要求在保护区周边设置地理界标和警示标志，还通过列举式的方式，确定了饮用水水源保护区内的禁限措施，同时对地下饮用水水源保护区中所应禁止的具体内容进行了列举，明确了市和县（市、区）及相关职能部门在饮用水水源保护工作中应承担的相关职责、跨区域协调机制等。

第三章为保障与管理部分，共10条，分别规定了农村饮用水水源水质的执行标准，在农村饮用水水源保护区内市、县人民政府水源水质监

测监督管理和县人民政府生态环境综合整治、防治污染的职责，生态环境主管部门的职责，水行政主管部门的职责，农业农村主管部门的保障职责，卫生健康主管部门的职责，水源保护区巡查制度，取水口、出水口水质日常检测制度，水源污染事故处置应急预案与人员演练制度，农村饮用水水源保护区内河湖长的职责。

第四章为法律责任部分，共3条，对相关主体未履行《保护条例》中的相关保护职责和违反《保护条例》中的禁止性规定所应承担的法律责任进行了规定。

第五章为附则部分，共1条，明确了《保护条例》的施行日期。

第一章 总 则

总则是一部立法的核心思想和精神要旨所在，既可以统领整部立法也可以在出现新情况而立法当时又未预料到的情境下，发挥拾遗补阙的作用。

无论是在国家立法文本中，还是地方立法文本中，总则都是必不可少的重要组成部分，主要内容包括立法目的、适用范围、基本原则以及工作机制、管理体制等，并且多处在每个立法项目的开端位置。通过总则，来统领整部法律的立法理念与立法精神，以发挥其提纲挈领、奠定根基及统领各方之功效。

本《保护条例》也遵循传统，将总则一章作为开篇，并对加强农村饮用水水源保护的目的及依据、条例的适用范围、遵循的基本原则、市县乡镇各级政府及街道办、村委会村民小组的主要职责、各个相关主管部门的主要职责、宣传教育与舆论监督及社会共治等基本制度作出一般性规定。

第一条 【立法目的】

为了加强农村饮用水水源保护，保障农村饮用水安全，维护人民群众身体健康，促进乡村振兴，根据《中华人民共和国环境保护法》《中华人民共和国水污染防治法》等法律法规，结合本市实际，制定本条例。

【导读与释义】

本条是关于《保护条例》立法目的和依据的规定。

一、《保护条例》的立法目的在于维护人民群众身体健康，促进乡村振兴

（一）本条属于《保护条例》的立法目的条款

所谓立法目的，即为制定一部法律所希冀达到的任务目标，也就是其希望解决的问题，可以形象地概括为为什么立法以及立法的必要性等。每一项法律的诞生都会经过立项、起草、论证、审议、表决通过、公布这几个阶段，在这一系列阶段中立法程序的参与者都会思考一个共同的问题：规制这部法的目的是什么，是否有其存在的必要性，并带着这个问题的思考审慎地做好每一项工作。[1]法是国家制定或认可，并由国家强制力保证其实施的行为规范的总称。法律作为人们交往行为的权利义务配置机制和具体责任归结机制，其预期性的最终指向是行为的结果归结，即通过预期，人们的行为能够获得什么权利，需要履行什么义务，以及权利运用和义务履行的后果归结是什么等。

---

〔1〕 参见韩登池：《〈韶关市文明行为促进条例〉导读与释义》，中国政法大学出版社 2022 年版，第19~20页。

党和政府着眼人民群众的身体健康，将"健康中国"上升为国家战略，切实把人民群众的身体健康放在优先保障地位。而在乡村振兴的背景下，农村的公平正义问题在自由平等方面，主要表现为基本的资源享有和财产分配的权利等，健康安全的饮用水无疑属于基本的资源享有。饮用水水源地水质遭到空前破坏以及种种情况带来的水量严重不足对人类生命健康形成了巨大的挑战，为人们加快饮用水水源地保护进程敲响了警钟。水质水量作为衡量饮用水的指标，更是相关保护工作的重中之重。饮用水作为我们日常生产和生活必不可少的要素之一，其安全问题同时也制约着经济社会的进步。只有从法律的角度保障饮用水水源地安全，制定完善合理的法律法规体系，才能使饮用水水资源获得充分的安全保障。故而，制定本《保护条例》的根本出发点是希冀通过加强对农村饮用水水源的保护，来保障农村饮用水水源安全，更好地维护广大人民群众的身体健康，促进乡村振兴。

（二）立法目的的实现离不开科学的立法技术的支撑

立法技术是确保立法目的能够有效得以实现的重要保证。《立法法》亦对立法技术设定了要求：法律规范应当明确、具体，具有针对性和可执行性。这是我们在制定法律法规过程中所必须遵循的基本原则。《立法法》第 7 条明确规定："立法应当从实际出发，适应经济社会发展和全面深化改革的要求，科学合理地规定公民、法人和其他组织的权利与义务、国家机关的权力与责任。法律规范应当明确、具体，具有针对性和可执行性。"此一条文对立法设定了几个不同层次的要求：其一，就立法的必要性和目的而言，立法应当从实际出发，适应经济社会发展和全面深化改革的要求；不能制定脱离实际情况或者与经济社会发展和改革需要相背离的法律。其二，从立法的内容来看，立法应当科学合理地规定公民、法人和其他组织的权利与义务、国家机关的权力与责任；就此而言，立法对权利义务的配置应遵循正义、公平等要求。其三，从立法的行文和措辞特点来看，法律规范应当明确、具体，具有针对性和可执行性；这正是对立法技术方面提出的最为核心的要求。边沁指出：清晰和简洁，是立法语言最为重要的两个特点。因此，边沁对法律的简化有着近乎极端的要求："根本不需要法学院去解释，不需要学者去评注，不需要借助词典去理解，不需要决疑者们去揭开其中的玄机。"[1]如果说这样的极端理想在现实生活中难以完全实现，即便法律再简单，法学家们的评注和词典的帮助在一定程度上对于理解法律仍然是必要和有益的，他所倡导的法律简化也应该作为立法者始终追求的基本价值之一。作为地方性法规的《保护条例》，其首要的特征或者存在的最重要意义与价值就在于其明确、具体，且具有很强的针对性和可执行性。

本《保护条例》旨在维护人民群众的身体健康，促进乡村振兴。根本目标就是要为人们的美好生活提供良好的生态环境，实现人、自然、社会之间的协调发展。为了确保这一目标的实现，需要采取富有针对性和行之有效的举措，使得各项目标所对应的具体指标得以实现。

习近平总书记在党的二十大报告中再次提出"全面推进乡村振兴"，强调要"建设宜居宜业和美乡村"。一直以来，党高度重视乡村建设，在十六届五中全会中就提出了"生产发展、生活宽裕、乡风文明、村容整洁、管理民主"的社会主义新农村建设目标和要求。党的十九大提出"产业兴旺、生态宜居、乡风文明、治理有效、生活富裕"这一实施乡村振兴战略总要求。党的十九届五中全会提出实施乡村建设行动，强调把乡村建设摆在社会主义现代化建设的重要位置。党的二十大进一步提出"建设宜居宜业和美乡村"，这一以贯之地体现了我们党对乡村建设规律的深刻把握，充分反映了亿万农民对建设美丽家园、过上美好生活的愿景和期盼。

水利部办公厅印发《关于推进农村供水工程标准化管理的通知》，旨在全面提升农村供水工程运行管理水平，保障农村供水工程持续稳定发

---

[1] 参见石佳友："民法典的立法技术：关于《民法总则》的批判性解读"，载《比较法研究》2017年第4期。

挥效益，助力全面推进乡村振兴。中共中央、国务院《关于做好二〇二三年全面推进乡村振兴重点工作的意见》强调要"扎实推进宜居宜业和美乡村建设"。

及时制定《保护条例》，正是认真贯彻落实中共中央、国务院关于实现巩固拓展脱贫攻坚成果同乡村振兴有效衔接的意见以及全面推进乡村振兴、加快农业农村现代化的有关要求的题中应有之义。

乡村振兴战略对解决我国社会主要矛盾中发展不平衡不充分的问题具有重要的意义。乡村振兴战略旨在通过促进农村经济、社会、环境、文化等的全面发展，实现城乡间、区域间的平衡和充分发展，进而提高整个经济社会发展的质量和效益。[1]乡村振兴是党和国家推动农村全面发展的关键抉择，也是推动城乡发展一体化的重要举措，更是实现共同富裕的必由之路。乡村振兴的直接目的就是让广大人民过上幸福生活，确保乡村振兴沿着健康的轨道持续向前推进。为了推动乡村振兴，全国人大常委会专门制定和通过了《乡村振兴促进法》。从效力位阶来说，其仅次于《宪法》，属于基本法律，在涉农法律体系中处于基础性地位。[2]《乡村振兴促进法》第41条第1款明确规定："建立健全党委领导、政府负责、民主协商、社会协同、公众参与、法治保障、科技支撑的现代乡村社会治理体制和自治、法治、德治相结合的乡村社会治理体系……"

在2021年12月举行的中央农村工作会议上，习近平总书记提出要举全党全社会之力推动乡村振兴，促进农业高质高效、乡村宜居宜业、农民富裕富足。乡村振兴战略已经成为实现乡村发展的重要武器，增强农民幸福感、获得感、安全感的催化剂。乡村振兴评价指标体系由产业兴旺、生态宜居、乡风文明、治理有效、生活富裕五个一级指标构成。我

---

〔1〕　参见李长亮、李昊儒、周美秀："乡村振兴评价指标体系构建及实证"，载《统计与决策》2022年第22期。

〔2〕　参见代水平、高宇："《乡村振兴法》立法：功能定位、模式选择与实现路径"，载《西北大学学报（哲学社会科学版）》2019年第2期。

国乡村社区可以称为半熟人社会，习俗和道德的调节约束作用不断被弱化，法治在乡村治理中越发重要。注重培育村民的法治精神，不仅表现为对法律、制度的遵从，而且表现为运用法律维护自身利益，充分发挥法治在基层治理中的保障性作用。

在全面建成小康社会之后，实施乡村振兴战略是我国在新发展阶段缩小城乡差距、促进城乡人民共同富裕的重要举措，也是共享发展成果、实现共同富裕的必然要求。现阶段，发展不平衡不充分问题是制约实现共同富裕的关键因素，共同富裕的核心要义是立足乡村发展的阶段性特征和区域禀赋，高质量实施乡村振兴战略的行动指引和持续推动乡村全面深化改革。我们要建设的乡村是以农业现代化为根基，以农民全面发展为宗旨，以农村繁荣兴旺为目标；我们要实现的振兴，是以提升农民身体素质，增强农民体质健康，改善农民生活质量，满足广大农民群众对美好生活的向往为指向、为特色。

众所周知，基层党组织在乡村振兴中发挥着坚强堡垒和先锋模范作用。其职能是否落实到位，无疑会严重影响到乡村振兴的发展进程。而乡村基层组织在农村饮用水水源保护中扮演着密切联系群众、积极组织群众、搭建沟通桥梁等重要角色，但乡村基层组织间的交流合作不到位，掣肘了农村饮用水水源保护的进程。解决发展不平衡不充分的问题、缩小城乡区域发展差距、实现人民的全面发展和全体人民共同富裕仍然任重道远。2021 年，我国农村户籍人口 7.6 亿人、常住人口 4.98 亿人，未来即便是城镇化率达到 70% 以上，还将有数亿人生活在农村，他们与城镇居民一样，也向往在居住地就能过上现代生活。[1]顺应农民群众对美好生活的向往，通过坚持不懈地推进宜居宜业和美乡村建设，持续提高农村生活质量、缩小城乡发展差距，努力将农村打造成农民就地过上现代生活的幸福家园，也正是将社会主义公平正义价值转化到具体实践之举。新时代，中国特色社会主义建设事业必须更加聚焦人民日益增长的

---

〔1〕 参见胡春华："建设宜居宜业和美乡村"，载《人民日报》2022 年 11 月 15 日。

美好生活需要和不平衡不充分的发展之间的矛盾，落实到农业、农村和农民，就是要推动乡村的全面振兴，让广大农村干部群众共享改革发展的成果，有更多的获得感、幸福感和公平正义感。中国共产党领导推进的乡村振兴战略，公平正义价值取向和目标指向是明确而且一贯的，尤其在总体性目标设计和长久的过程实践中，公平正义不是外在的，更不是附加的，而是内在的、必然的，根本体现社会主义公平正义的内在要求。解决"三农"问题一直是党和国家的重点任务之一，本质上具有解决社会主要矛盾、满足农村居民美好生活需要的意涵和指向。习近平总书记指出，要扎实推进乡村振兴，让群众生活更上一层楼，在推进农业农村现代化中越走越有奔头。一定程度上看，实施乡村振兴战略是新时代新阶段解决农村主要矛盾的重大举措，而其本身具有公平正义的意涵和指向。

尽管现在农村生活条件已有很大改善，但离基本具备现代生活条件的要求还有不小的差距，农村道路、供水、能源、通信等公共基础设施还不健全，厕所、垃圾污水处理、村容村貌等人居环境条件还需持续改善，教育、医疗卫生、养老托幼等基本公共服务水平有待提高。所以，当下应紧紧围绕逐步使农村基本具备现代生活条件这一目标，努力实现农村环境生态宜居，使农村人居环境持续改善，卫生厕所进一步普及，生活垃圾和污水得到有效处理，农村生态环境逐步好转，绿色生产生活方式深入人心。据此，水利部联合发展和改革委员会、财政部、人力资源和社会保障部、生态环境部、住房和城乡建设部、农业农村部、卫生健康委员会、乡村振兴局印发《关于做好农村供水保障工作的指导意见》。该意见指出应以建设稳定水源为基础，实施规模化供水工程建设和小型工程标准化改造，实现高质量发展，不断提升农村供水保障能力，更好满足农村居民改厕、洗涤、环境卫生等用水需求，让农村居民在共建共享发展中有更多获得感、幸福感和安全感。该意见明确，按照全面推进乡村振兴战略实施的要求，各地要按照"统一规划，持续提升""突出管理，完善机制""政府主导，两手发力""广泛参与，社会监督"的工作原则，完善农村供水设施。到 2025 年，全国农村自来水普及率达到 88%，农村供水工程布局将更加优化，运行管理体制机制将不断完善，工程运行管护水平将不断提升，水质达标率将不断提高。到 2035 年，我国将基本实现农村供水现代化。

而供水现代化，离不开对农村饮用水水源的有效保护，其中确保农村饮用水安全开展农村饮用水水源保护工作的出发点，也是改善农村居民生活品质，提升其幸福感、获得感的重点手段。故保障农村饮用水安全，建立符合地区实际的农村饮用水管理法治体系将是全面实施乡村振兴战略的重要内容。当前的情况是：饮用水安全法律保障体系不健全，法律保障内容不全面，农村环保执法体系有待健全，执法监督力度有待加强。饮用水安全问题仍然是我国广大农村地区的一个突出问题，也是改善农村居民生活的重点问题；因此，可以说确保农村饮用水安全是实施乡村振兴战略的基础保障，也有利于助推国家全面打赢脱贫攻坚战，全面推进乡村振兴。

总而言之，要强化做好新时代新征程"三农"工作的使命感、责任感和紧迫感，奋力开创全面推进乡村振兴新局面，推进国家乡村振兴战略的落实，就必须加速实施农村及区域居民供水配套基础设施工程，进一步增强自来水资源保障能力，并不断完善农村饮用水水源保护力度，以此来确保广大农村居民饮用水安全。并将其作为建设宜居宜业和美乡村这一长期任务与系统工程的重要环节与组成部分。这也是更好地回应人民对健康生活的美好向往、顺应广大农民群众对乡村美好生活向往的关键之举。在农村饮用水水源保护事业上，坚持稳扎稳打、久久为功，并真正保持把好事办好、实事办实的初心，必定会让农民群众在全面推进乡村振兴中有更多的获得感、幸福感、安全感。[1]

---

〔1〕 参见胡春华："建设宜居宜业和美乡村"，载《人民日报》2022 年 11 月 15 日。

二、本条例的立法依据

《立法法》赋予了所有设区的市、自治州地方在不同宪法、法律、行政法规和本省、自治区的地方性法规相抵触的前提下，可以对城乡建设与管理、环境保护等方面的事项制定地方性法规的权限。根据《立法法》的要求，地方立法须依法立法，所以要写明依据的上位法，包含法律、法规，规章等。一种是没有直接的上位法，就需概括表述，如"根据相关法律、法规，结合本市实际，制定本条例"。一种是有直接上位法，表述一个到三个最直接的上位法。本《保护条例》因为针对的是农村饮用水水源保护问题，其最直接的上位法是《环境保护法》《水污染防治法》。故而，此处在立法依据上就选择列举了这两部基本法律，并以一个等字作为结尾，来表明这里是概括式列举，非穷尽性的。其他法律法规如国务院《关于实行最严格水资源管理制度的意见》（国发〔2012〕3号）、国务院《关于印发水污染防治行动计划的通知》（国发〔2015〕17号）、《广东省水污染防治条例》等，无疑也是本《保护条例》的立法依据。

从事实层面来看，一方面，我国国情水情复杂，区域差异性大，当前全国农村供水保障水平总体仍处于初级阶段，部分农村地区还存在水源不稳定和水量水质保障水平不高等问题。随着农村经济社会发展，为顺应农村居民对美好生活的向往，需要提升农村供水标准。随着城乡融合发展和乡村振兴战略实施，农村人口和村庄发生变化，需要优化调整农村供水工程布局。另一方面，要贯彻新发展理念、构建新发展格局，坚持以人民为中心，稳步推进农村饮水安全向农村供水保障转变，实现巩固拓展脱贫攻坚成果同乡村振兴的有效衔接。农村饮水安全是关乎民生的关键性问题，不仅涉及农村百姓生命财产安全，而且影响农民生产生活。农村饮水安全问题得不到解决，会威胁到农村一切生命活动的安全，阻碍农村经济发展。农村饮用水与农民的生活密切相关，关系到农民的生命安全问题，所以必须正确、认真看待。可以说，农村饮用水事关亿万农村村民的基本生存权利，是建设好村落、维系住乡愁的关键要素，处理农村饮用水问题迫在眉睫、势在必行。而农村饮用水安全问题的主要原因在于农村集中供水程度不高和农村面源污染严重以及地表水受污染严重。其中，农村水源污染又是农村饮用水水源安全的关键问题所在。而农业生产化肥、农药投入，生活污水排放，朱砂、汞矿过度开采是农村水污染的主因。

与此同时，农村地区饮用水供水方式呈现集中化，这与近年来我国为实现全面小康，全面实现农村人畜饮水安全巩固提升工程不可分割。但部分农户对饮水安全认知不足，饮水工程管理粗放。农村人口多而散居，饮水分散式供水程度较高，质量较差、生活用水难以得到保障等一系列问题，成为当前农村饮水安全的普遍性难题。典型的事件，如水源被大肆开采，水源地多遭受不同程度的破坏，水资源逐渐减少。为了发展经济，一些区县的矿业资源规模越来越大，随着工矿企业的发展，部分矿产污染物质超标，造成当地水资源严重污染，饮用水难以达标，严重影响了当地人民的生产生活。而饮用水水源附近的污染源，主要有三类成因：一是生活污水乱放，生活垃圾不处理；二是周边工业生产污水排放；三是农药残留流入地下水及牲畜粪便乱排放，等等。这一系列的因素使得农村饮用水安全存在诸多的隐患。而在以木材采伐为主要生活能源获取方式的区域，会出现农户生活区植被损失，生态环境遭破坏的现象。而植被覆盖率降低导致土地的蓄水能力下降甚至消失。随之地下水位出现下降，以往能够自然出水的水井基本消失，水源地可用水量严重不足。加上受自然环境变化的影响，地下水也容易出现明显的季节性变化，冬季水量急剧减少甚至泉眼断流的情况也屡见不鲜。此外，常年种植习惯性投入的化肥农药，在雨水的冲刷下直接进入地表河流中，导致地表水被污染，农户能够使用的干净、安全的水源越来越少。水质污染加上水量不足，使得广大农村群众的生产和生活安全处于风险状态。

农村居民为了提高农产品产量过度使用农药、化肥，不仅引发了农产品安全问题，更造成了严重的面源污染问题，极大地污染和破坏了农村水源地水质。加之其长期以来不良的生活方式，如将生活污水随意排放、生活垃圾随意丢弃、不当使用附近水源，最终导致水资源污染严重。虽然我国针对农村水污染问题进行了一定治理，但效果不佳。水资源归国家所有，政府为水源地保护的主要承担者。一方面，农村区域面积广，农村居民居住分散，不利于管理；另一方面，农村居民思想观念落后，受生活所困，追求农业产出最大化，环保意识差，而政府人力物力财力有限，监督治理成本太高，不可能管理到农村的方方面面。

在过往的优先发展城市，"城乡二元分割"思维的主导下，环境保护、水污染方面的法律法规主要是针对城市的，忽视了对农村相关立法的建设。这与十九大报告提出的社会主要矛盾相违背，城乡法律法规数量及质量发展不平衡。因此，在城乡一体化发展背景下，必须转变以往城市中心主义的立法观念，要体现公平正义，完善农村相关法律法规。有关饮用水水源保护的规定也不例外，从现有的法律法规来看，主要是解决城市用水、城市水污染问题的，而关于农村方面的规章制度严重滞后，无论数量还是效力及可操作性都严重落后于城市。比如现有法律《水法》《水污染防治法》及法规等条文主要是针对城市，即使涉及农村用水及环境条文也很笼统，没有针对性，与农村饮用水或农村环境保护实际需要严重脱节。再比如，一些省制定的《饮用水水源环境保护办法（试行）》，主要是针对1000人以上的集中式饮用水水源，而农村饮用水平均每个工程供水人口为500多人。这些法规与农村实际情况不符，针对1000人以下的集中式饮用水水源环境保护是空白的。此外，农村区域饮用水安全执法不严。对执法工作人员要求较高，其不但要拥有法律素养，还应懂得运用水污染和水质监测技术，并要负担农村区域水资源管理多项职能，但是基层现有执法工作人员综合素质尚不达标。而且农村饮用水执法内容不公开，或懈怠执法，农村居民知情权、参与权、监督权不完备，农村居民诉求不能得到及时有效处理。执法工作因缺少村民监督，效率较低。此外，农村饮用水多头管理，职能混乱。农村饮用管理涉及多个职能部门，比如环保局、水务局、行政执法局等。各部门根据本部门职责进行管理，相互之间缺少交流、协商，导致部分工作重复执行，而部分又无人问津。而且，部门繁多，村民存在利益诉求时不清楚求助哪个部门。

所以，为了有效破解上述难题，除了将农村供水工程建设纳入巩固拓展脱贫攻坚成果和乡村振兴项目库，有序安排实施外，应根据不同地区的水资源状况和社会经济发展水平，分类修订和实施《生活饮用水卫生标准》的"农村版"，进一步优化适用于脱贫地区农村小型集中或分散式供水的各项水质标准，并以此来持续逐步地改善供水质量和服务，进而为农村人口长期稳定用水、饮水安全交出精彩答卷，让"放心水"流进千家万户，进而为生态宜居与乡村振兴方面提质增效保驾护航，使得脱贫攻坚成果更加巩固，乡村振兴之路也越走越宽广。

第二条 【适用范围】

本市行政区域内农村饮用水水源保护适用本条例。

本条例所称农村饮用水水源，是指尚未纳入城镇集中供水的可供农村居民生活饮用的地表水源和地下水源。

农村饮用水水源分为集中式供水水源和分散式供水水源。集中式供水水源是指供水人口一般大于 1000 人的在用、备用和规划水源；分散式供水水源是指供水人口一般小于 1000 人的在用、备用和规划水源。

【导读与释义】

本条是关于《保护条例》适用范围的规定。本条文的第 1 款是有关空间效力范围的界定，即《保护条例》适用于韶关市行政区域。本条文的第 2 款是有关事项效力范围的界定，采用说明性条款的形式分别对农村饮用水水源的定义与分类进行了说明。

一、《保护条例》的效力范围

法律规范都是针对一定的人和事，在一定的时间与空间范围发挥作用的。"法的效力不是无边无际的，应该有其范围的界定。"[1]从法的效力四维观看，法就有对人、事、时间、空间效力范围的界定。完整的、完备的法律效力条款应是法的对象性效力条款、事项效力条款、时间效力条款、空间效力条款的有机统一，但在法的总则中，法的效力条款依我国的实践惯例，应是法的对象性效力条款、事项效力条款、空间效力条款

---

〔1〕 参见徐向华主编：《新时期中国立法反思》，学林出版社 2004 年版，第 493 页。

的有机统一，并且最好规定在一个法律条款中。法的效力条款一般在法的总则中是不可或缺的。通过概观我国各类立法文本，可以发现，法的效力条款一般是放在法的文本中第 2 条的位置。这被认为是"定式排列"，即"法律、法规的适用范围条款位置一般是排列在第一条立法宗旨或立法目的之后，也就是排列在第一章总则的第二条位置上，这种排列形式居多，这是法律、法规适用范围条款最常见的位置排列形式"。[1]

所谓效力，是指基于事物自身的性能所产生的作用。而法律效力则是指基于法律自身的特征所应当产生的支配力。简言之，法律效力指法律规范本应有的拘束力。传统的法理学观点认为，法律效力有广义与狭义之理解，狭义的法律效力观点认为，法律效力是指法律在一定的时间和空间范围内，对一定人或者事或者物所具有或者发生的拘束力。广义的法律效力观点认为，法律效力是指法律约束力和法律强制性，不论规范性法律文件还是非规范性法律文件，对人们的行为都产生法律上的拘束和强制作用。从法律文本而言，可以认为法的效力就是法律规范对人、事、物的拘束力或强制性。但是，法律对人、事、物的拘束力或强制性，总是有一定的范围的，也就意味着任何一个部门法只是对一定的人、事、物产生拘束力或强制性，这就是法的效力范围。[2]相较之下，法的效力四维观更为科学与全面。法律的属人效力是指法对哪些人产生作用力的问题。法律作用的对象可以是一般人（如《宪法》），也可以是某一类人（如《教师法》）。法的属事效力是指法对什么样的行为有效力，适用于哪些事项。法律的时间效力，是指法律何时开始生效、何时终止效力以及法律对其颁布以前的事件和行为是否有溯及力的问题。法的空间效力，指的是法在哪些地域有效力，适用于哪些地区。

任何法都具有明确的调整对象与调整范围，这就是法的效力范围，也

---

〔1〕 参见李培传：《论立法》，中国法制出版社 2004 年版，第 330 页。
〔2〕 参见汪全胜、张鹏："法的总则中的'法的效力'条款设置论析"，载《理论学刊》2013 年第 2 期。

有人称之为法的适用范围。从根本上讲，任何一个法律文本都有法的效力条款设置。一般而言，探讨法律的效力范围需以属时、属地、属事和属人四个维度为切入点。本《保护条例》的效力同样如此。简言之，《保护条例》的效力范围是指《保护条例》在什么时间、空间，对什么样的人、事具有效力。空间效力即是法对地域和主体的适用效力，其直接关系到管辖权的适用范围。

从法的效力概念可以看出，任何一个部门法都针对一定的人、事、物进行调整或规制，都在一定的时间、空间范围内产生拘束力或强制性，也就是说，任何一个部门法都应该具备这四个方面的内容，即法的对象效力条款、法的时间效力条款、法的空间效力条款以及法的事项条款，在法的总则中应具备除法的时间条款以外的三个条款，但在立法实践或现行的法律文本中，法的效力条款设置则有多种表现样态。如在一些部门法的总则中，仅设立了法所调整的对象，即法的对象效力条款。如《检察官法》《公务员法》《人民警察法》《教师法》《律师法》《注册会计师法》等便是如此设置法的效力条款。此外，在一些部门法的总则中，仅设立了法所调整的对象，即法的对象效力条款。《广东省公司破产条例》第2条规定："本条例适用于本省行政区域内设立的有限责任公司和股份有限公司……"另外，在一些部门法的总则中，仅出现一条涉及法的空间效力及事项效力的条款，如《北京市实施〈中华人民共和国野生动物保护法〉办法》第2条规定："凡在本市行政区域内从事野生动物的保护、驯养繁殖和利用活动，必须遵守《野生动物保护法》和本办法。"其中，空间效力范围是"北京市行政区域范围内"，事项范围则是"野生动物的保护、驯养繁殖和利用活动"。

当然，也存在一些部门法将法的效力的空间效力、对象效力以及事项效力的内容都规定在一个条款中，这样的条款是一个比较完备的条款。如2015年《药品管理法》第2条规定："在中华人民共和国境内从事药品的研制、生产、经营、使用和监督管理的单位或者个人，必须遵守本法。"《江苏省海岸带管理条例》第 4 条规定："凡在本省海岸带内从事开发利用、治理保护、科学研究及其他活动的任何组织和个人，均应当遵守本条例。"该条例设置的法的空间效力范围是"江苏省行政区域范围内"，设置了不同的法的事项范围，涉及的法的对象效力都是"任何组织和个人"。

综合考察我国现行的法律文本，法的效力条款设置基本上呈现以上四种形态，应该说最为普遍的还是第四种形态。从法的效力四维度看，法的总则中完整的法的效力条款应是法的对象效力、法的空间效力、法的事项效力的一种统合，并且完整地规定在一个法律条款中。但是除以上第四种是完备的形态之外，前三种形态都是不完备的形态，也就是法的效力条款设置不完备、不完善的形态。

而在地方立法实践中，生效时间在附则部分说明。因此，在这部分主要是确定空间、事项效力，即条例在什么范围内对什么对象适用。本条款即为对《保护条例》空间效力和事项效力的规定，《保护条例》的空间效力为韶关市行政区域内；《保护条例》适用的事项为农村饮用水水源保护，并进一步将其划分为集中式供水水源和分散式供水水源。

二、定义性法条

对法条这一概念，人们往往有不同的理解。狭义上而言，法条特指在法律文本中居于编、章、节与款、项、目之间的结构单元，即"条"。从广义上来讲，法条则是指法律文本中有着具体权利义务内容的条、款、项、目等的法律规定，也称"法律条款""法律条文""法条"等。例如，最高人民法院发布的指导性案例中的"相关法条"，就是此种意义上的具体运用。[1]而法条以其可否作为请求权的独立依据为标准，划分为完全性法条和不完全性法条两种。[2]完全性法条是指能够作为请求权的

---

〔1〕 参见刘风景："准用性法条设置的理据与方法"，载《法商研究》2015 年第 5 期。
〔2〕 参见黄茂荣：《法学方法与现代民法》，中国政法大学出版社 2001 年版，第 127 页。

独立依据的法条，该种法条的特征是兼具构成要件和法律效果两个要素。与此相反，不完全性法条是指不能够直接作为请求权依据的法条，换言之，就是不具备法律效果规定的法条，它只是被用来说明、限制或引用另外一个法条或章节的规定，这种法条如果不与其他法条相互联系，就不能单独发挥规范性的功能。不完全性法条之所以存在，主要是基于立法技术上的考虑。在立法上，如果将所有的法条都规定为完全性法条，那么各个规范势必或者一再重复彼此共同的部分，或者必须将很多事项规定在一个条文中，其结果就会使法条不仅结构复杂，而且显得臃肿不堪。不完全性法条，依据其作用标准，又可进一步细分为定义性法条、限制性法条、引用性法条和拟制性法条四类。从立法文本来看，人们会发现有很多法律文本中包含了界定语词含义的条款，这便是定义性法条。典型的定义性法条，如《物权法》第 2 条的规定，其表明该法所称物权，是指权利人依法对特定的物享有直接支配和排他的权利，包括所有权、用益物权和担保物权。此即为典型的定义性法条，即通过在法律条文中以定义形式对"物权"专门进行了界定。

定义性法条又可以进一步分为四类。①标准式定义性法条，即严格按照逻辑学上下定义的方法规定的法条。如《合同法》第 117 条第 2 款中有关不可抗力的规定，是指"不能预见、不能避免并不能克服的客观情况"。②列举式定义性法条，即将具体事物一一列举出来，用以说明某一上位概念的意义。例如，《担保法》第 2 条的"本法规定的担保方式为保证、抵押、质押、留置和定金"，这列举了"担保方式"为保证、抵押、质押、留置和定金，这不仅仅是定义性规定的一种方法，其中还有排除了其他方式的意味，即担保方式只有这五种。③列举概括式定义性法条，概括型是列举例示事项之末，所加之概括文句，不包括与列举事项中明示事物性质相异的事项。例如，《民法通则》第 75 条中的"包括公民的合法收入、房屋、储蓄、生活用品、文物、图书资料、林木、牲畜和法律允许公民所有的生产资料以及其他合法财产"，此法律条文以列举加概括的形式规定了"公民的个人财产"，当属列举概括式定义性规定。至于与"公民的合法收入、房屋、储蓄"等例示规定性质相异的其他合法财产，则不在"公民的个人财产"之列。④注解式定义性法条，就是对于法条中所用的语句，在另一条或项下加以说明的法条类型。注解型法条与被注解之法条必须综合起来方可适用，因两者均为不完全性法条，故而无法单独适用。如《信托法》第8条第1款、第2款规定："设立信托，应当采取书面形式。书面形式包括信托合同、遗嘱或者法律、行政法规规定的其他书面文件等。"该条第2款书面形式的定义性规定就是对第1款的注解，属于注解式定义性规定。

定义性法条是法律规范的组成部分，为其他法律规范的规范性功能发挥提供系统性的支持，可以说是其他法律规范起作用的前提条件，更是法律认识体系化、制度化的必要条件。另外，定义性法条还可以用于界定某法律的适用范围。如在《公司法》中，其第2条"本法所称公司是指依照本法在中国境内设立的有限责任公司和股份有限公司"的规定，即为适例。概括来说，定义性法条往往用于规定一部法律的适用范围，抑或对该法律中有关重要概念专门在立法上进行相应的规定，其在立法中的地位可见一斑。其对于司法、执法活动更是具有举足轻重的指导意义。

本条第2款与第3款有关农村饮用水水源、集中式供水水源和分散式供水水源等概念的说明，即属于详细描述应用在其他法条的概念或类型的法条，旨在对概念加以说明和界定。本条第2款与第3款详细阐述农村饮用水水源的相关概念与类型，表明所谓的农村饮用水水源就是指提供生活及公共服务用水的水体，包括河流、湖泊、水库和地下水等。而农村饮用水水源还可进一步细分为集中式供水水源和分散式供水水源，并将集中式供水水源限定为供水人口一般大于1000人的在用、备用和规划水源，将分散式供水水源界定为供水人口一般小于1000人的在用、备用和规划水源。这里的界定是依据原环境保护部于2015年12月4日发布、2016年3月1日开始实施的《集中式饮用水水源地规范化建设环境保护技术要求》中有关细则的内容，在这一文件中，其将集中式饮用水水源地界定为"进入输水管网送到用户和具有一定取水规模（供水人口一般大于 1000 人）的在用、备用和规划水源地。依据取水区域不同，集中式饮用水水源地可分为地表水饮用水水源地和地下水饮用水水源地；依据取水口所在水体类型的不同，地表水饮用水水源地可分为河流型饮用水水源地和湖泊、水库型饮用水水源地"。

第三条　【基本原则】

农村饮用水水源保护应当遵循政府主导、预防污染、防治结合、保障安全的原则。

【导读与释义】

本条是关于《保护条例》基本原则的规定，主要规定了"政府主导""预防污染""防治结合""保障安全"四项原则。

一、法的基本原则

从语义上来理解，一项原则在性质上属于"基本法律原则"，应当满足两个标准，即法律性和基本性。而法律原则应当承载该部法律作为一个独立的规范体系所独有的内在价值体系，具有规范性意义。[1]法律原则一词，最先由德沃金引入。其认为规则不能解决的事，可以依靠法律原则得以解决。就法律原则，其提出："我把这样一个准则称为'原则'，它应该得到遵守并不是因为它将促进或保证被认为合乎需要的经济、政治或社会形势，而是因为它是公平、正义的要求，或者是其他道德层面的要求。"[2]就法律原则而言，也存在基本原则和具体原则之分。拉伦茨认为，原则具有层次性，上位层次的原则通过下位层次的原则逐步具体化。上位原则是"一般法律思想"的反映，下位原则则是对"一般法律思想"的具体化。在具体原则中，有一些原则已经凝聚成可以直接适用

---

〔1〕　参见曹炜："环境法典基本原则条款构建研究"，载《中国法学》2022年第6期。

〔2〕　参见［美］罗纳德·德沃金：《认真对待权利》，信春鹰、吴玉章译，上海三联书店2008年版，第42页。

的规则，拉伦茨称此类原则为"法条形式的原则"。[1]张文显教授对此也有论述，其认为："无论是政策性原则，还是公理性原则，都有基本原则和具体原则之分。基本原则体现着法的本质和根本价值，是整个活动的指导思想和出发点，构成法律体系的灵魂，决定着法律的统一性和稳定性。具体原则是基本原则的具体化，构成某一法律领域或某类法律活动的指导思想和直接出发点。"[2]

而关于法律原则与法律规则的区分，目前理论界主要有以下几种立场：其一，承认法律原则的地位，原则和规则是两种独立的范畴；其二，只承认原则和规则存在程度性的差别；其三，否认原则的存在，认为这种区分是完全没有必要的。由于程度性差别只是量的差别，意味着这种区分是基于政策或实用性考量，因此在本质上依然是可有可无的。然而，在许多人看来，原则与规则在逻辑结构上还是有差别的：法律规则具有构成要件加法律后果加道义助动词的完整且具体的规范结构，可以被表述为"如果……那么……"的假言条件句；法律原则缺少这样的结构，它是由妥当感和制度性支持构成的，本身欠缺必要的限制条件，是一个直言句。规则借由这种明确的结构能够为行动提供确定的理由，而原则只能为行动指明方向，它的精确性是裁判者在实践慎思的过程中决定的，在这之前，我们并不能知道当前的个案是否为原则所统辖，或原则是否真的为当前的情境赋予了有效的义务。抽象程度不同是区分两者的一个标准。但是，这不能算两者之间的唯一区别。德沃金认为两者的区别主要体现为两点：一是规则是以"全有全无"的方式运用，且规则的例外情况能完全举例，而法律原则的适用，是"或多或少"的适用，即任何时候都思索该法律原则能否适用，哪怕有其他法律原则可供选择。二是相较而言，法律原则比法律规则更具有分量和重要性。法律原则直接体

---

〔1〕　参见［德］卡尔·拉伦茨：《法学方法论》，陈爱娥译，商务印书馆 2003 年版，第 353 页。

〔2〕　参见张文显主编：《马克思主义法理学——理论与方法论》，吉林大学出版社 1993 年版，第 172 页。

现的是一种价值,而法律规则只是规定了一种当为,在这种当为背后才能看到立法者的价值欲求。如,宪法中的人民主权原则、刑法中的罪刑法定原则、民法中的诚实信用原则,这些原则直接、清楚地体现了一种价值欲求。在立法文本中,对基本原则的提炼与选取,应当体现条例的中心,符合国家的方针政策,同时有上位法依据或者为实践所检验,且原则也不宜过多,应高度提炼概括,讲究用词对称,注意原则之间的逻辑顺序。

从现行有关水源保护的立法文本来看,如在《水污染防治法》第3条规定即为法律基本原则内容,其强调水污染防治应当坚持"预防为主、防治结合、综合治理"的原则,优先保护饮用水水源,严格控制工业污染、城镇生活污染,防治农业面源污染,积极推进生态治理工程建设,预防、控制和减少水环境污染和生态破坏。《广东省水污染防治条例》第3条也是有关原则的规定,其要求在水污染防治中应当坚持"预防为主、防治结合、综合治理、公众参与、损害担责"的原则,优先保护饮用水水源,严格控制工业污染、城镇生活污染,防治农业农村污染、船舶污染,积极推进生态环境治理工程建设,预防、控制和减少水环境污染和生态破坏。本《保护条例》规定了在农村饮用水水源保护中应当坚持"政府主导""预防污染""防治结合""保障安全"四项原则。

二、政府主导原则

之所以要强调在农村饮用水水源保护中,应当坚持政府主导原则,一方面是因为政府作为国家权力机关的执行机关,其主要履行宪法和政府组织法赋予的行政职能和执行人大决定的重大事项。[1]另一方面是基于农村饮用水水源保护是具有正向外部效应的公共产品属性,考虑到其外部效应的存在,若将农村饮用水水源保护的责任完全交由市场,可能

---

〔1〕 参见韩登池:《〈韶关市文明行为促进条例〉导读与释义》,中国政法大学出版社2022年版,第61页。

面临"市场失灵"的问题，由此导致规范供给不足、监管失灵等问题。由政府承担农村饮用水水源保护的职责，让政府在饮用水水源的保护中发挥主导作用，解决市场机制无法解决的资源配置问题，从经济学意义上来看也是正当的。

依据需求溢出理论的逻辑，公共管理就是公共事务，也就是公共问题的治理，即公共事务的处理或公共问题的解决。而政府作为公共管理的最重要的主体，其存在的全部意义或价值就是公共事务的治理。[1]要求政府主导农村饮用水水源保护工作，正是实现公共事务治理的应有之义。可以说，政府的职能也是公共行政的基本内容和活动方向的具体体现，其主要包括政治职能、经济职能、文化职能和公共服务职能四个方面。目前依据学界的主流观点来看，多主张政府主要有三方面的职能：①国防职能，即保护国家安全，使其不受外来侵犯；②司法职能，保护社会上的个人安全，使其不受他人的侵害和压迫；③公共工程和公共服务职能，即建设和维护某些私人无力办或不愿办的公共设施和公共事业。

从构建服务型政府的视角来看，也需要发挥政府的主导原则。所谓的服务型政府，是指一种在公民本位、社会本位理念指导下，在整个社会民主秩序的框架下，通过法定程序，按照公民意志组建起来，以为公民服务为宗旨，实现着服务职能并承担着服务责任的政府。政府拥有其他主体无法比肩的资源优势和权力地位，这也决定了政府在农村饮用水水源保护多元协同治理中的主导地位。政府作为协同保护农村饮用水水源的核心力量，应从规划顶层设计、明晰权责分工两个方面完善协同治理基础条件。充分运用自身优势，积极引导农村地区村民、供水企业共同参与农村饮用水水源保护活动。如可以引导型环境行政寓管理于帮助给付之中，利用激励机制，以引导、示范、支持为手段，既减少了行政

---

[1] 参见刘太刚："公共事务治理的广度、深度与力度——需求溢出理论关于政府职能的三维定位论"，载《中国行政管理》2022年第9期。

成本，避免权力滥用，也更容易获得社会的广泛认同。[1]政府的权力应来源于人民，政府官员的行动应该遵从代表民众的法律，"执政官是说话的法律，法律是沉默的执政官"。这种"为人民事业"的思想是对政府存在目的最初剖析为政府服务于民理念的最早阐述。在加大政府财政资金的投入、建立农村饮用水安全保障专项资金的同时，也可以考虑通过一些经济刺激、经济补偿、生态补偿手段，加大农村饮用水安全保障的资金筹措力度，如在条件合适的地方，建立农村饮用水安全生态补偿制度，通过税收政策和财政转移支付，推进农村饮用水安全的法律保障。同时，政府让渡部分公共治理权力，赋予农村地区村民、供水企业更多的主动权与参与权，以此来激发他们参与协同治理的动力，[2]形成强化农村饮用水水源保护、有效遏制破坏与污染水源活动的最大合力。

从饮用水水源与环境保护的关系来看，对饮用水水源的保护实际上也是政府应当落实的关于环境保护方面的公共服务行为，具有社会性和公共性。饮用水水源的洁净安全是保证饮用水服务安全的首要条件，国家或者说是政府向公众提供清洁安全的饮用水服务，一方面是通过饮用水资源这一公共物品实现的。另一方面，也是为了有效保障社会成员的基本生存需求的必然选择。同时也是为了履行其公共服务职能。故而，饮用水服务具有公共服务的特性。[3]政府承担起农村饮用水水源保护的职责，恰好能合理补偿其正向外部效应，而这对于提高农村饮用水水源保护的质效具有积极意义。故而，应该重视农村饮用水水源保护的基本公共服务属性，将其作为社会公共事业进行扶持发展。

政府只有真正服务好人民，才能提高自身的公信力和威望，进而为

---

[1] 参见崔卓兰、朱虹："从美国的环境执法看非强制行政"，载《行政法学研究》2004年第2期。

[2] 参见梁宇、郑易平："我国政府数据协同治理的困境及应对研究"，载《情报杂志》2021年第9期。

[3] 参见谢福琛："长江流域饮用水水源法律保护问题研究"，武汉大学2020年硕士学位论文，第14页。

社会主义新农村的建设和发展保驾护航。考虑到农村饮用水水源的分布范围的广度及面临的生态环境的复杂性，为了形成有效保护饮用水水源，也需要在政府的主导下变更传统治理模式，走出传统"二元分散治理"模式逐渐呈现出"打地鼠式"的治理困境，尝试通过构筑多元主体协同共治的新格局，来实现对饮用水水源保护整体性、协同性的有效治理。

所以，在农村饮用水水源保护进程中，需要通过革新治理范式，来克服传统治理模式的局限性，吸收广泛的社会力量，实现以政府为主导、多方参与的协同治理模式，来解决好农村饮用水水源保护的难题。[1]而在转变政府职能的过程中，必须意识到一个高效、便捷、为民的服务型政府对于社会主义新农村建设起着至关重要的作用。政府应积极提升自身的服务意识，贯彻从人民群众中来到人民群众中去的基本理念，加强与农民之间的联系，将更多的精力放在农民所关切的公共服务上，关注农民基本需求。而农村饮用水安全无疑是农民的基本需求的重要内容，也是一个国家和地区发展水平和生活质量的重要标志。因水污染导致的水质型缺水日趋严重，使饮用水安全受到极大威胁。为此，政府应高度重视饮用水水源保护工作，加大财政资金投入，优化饮用水水源地布局，加强饮用水水源地防护设施建设，积极开展饮用水水源保护区问题整治，严格环境监管，强化水质监测。同时，还可以通过把农村供水保障推进作为全面推进乡村振兴的一项重要任务，纳入对市县党政领导班子和领导干部推进乡村振兴实绩考核范围；通过生态考核机制的构建来转变地方政府，督促政府部门及其工作人员在饮用水水源保护问题上尽职尽责，并科学合理地做好严格水资源管理制度中的农村供水考核工作。通过其不懈的努力，让人民群众喝上"干净水、放心水"，并确保饮用水水源地水质得到逐年提高，提高广大农民的安全感和幸福感。

---

[1] 参见陶苞朵、张等文："遏制大数据'杀熟'：政府主导的协同治理模式"，载《常州大学学报（社会科学版）》2022年第5期。

三、预防污染原则

预防污染原则是针对公权力机关和可能导致农村饮用水水源污染或破坏的行为人提出的最佳化命令，要求其采取预防措施，尽可能避免损害的发生。其是预防为主原则这一公认的环境法基本原则在农村饮用水水源保护领域的拓展适用，各国环境立法普遍对这一原则进行了规定。

经济当然要发展，饮用水水源保护也不能落下，必须在保持经济快速发展的同时，保证饮用水水源的可持续利用，决不能因噎废食，为了水资源的可持续利用而停下发展经济的步伐。只有确保水资源保护与国家经济社会协调迈进，才能更好地维护社会稳定。我国早期的法律大都重视结果担责，行政执法部门也通常是在危害发生后才会给予行政处罚，缺乏对危险行为的制裁，从而不符合饮用水水源保护预防在先的原则。[1]

预防优先原则的出现，是基于现行立法和技术标准的缺失，实质是规范供给滞后于社会生活的发展的存在。在当代，这类现象并非鲜见。原因主要有以下两个方面：一方面，法律是社会中的法律，应社会需求而生并在社会中运作；就此而言，法律应当，也在事实上总是以这种或那种方式回应着社会的需求。但另一方面，社会生活变动不居，法律却以相对稳定的秩序为目标；因而，法律不应，也在事实上不可能总是与社会的发展变化及时同步变更。[2]故而，法律难免会滞后于社会发展。此处的"滞后"，不是立法者为了"稳定预期"而有意保守，而是立法者因"知识有限"而无力提供适当规范。[3]事实上，现代科技发展日新月异，科技应用后果却往往是滞后才逐渐显露而为人所知。

---

〔1〕 参见王灿发："饮用水水源地保护亟须专门立法"，载《环境保护》2010 年第 12 期。

〔2〕 参见金自宁："科技不确定性与风险预防原则的制度化"，载《中外法学》2022 年第 2 期。

〔3〕 参见金自宁："风险行政法研究的前提问题"，载《华东政法大学学报》2014 年第 1 期。

"知识有限"而导致规范发展跟不上现实问题的需求，是常态而不是例外。也因此，于"不确定性"之中作出决策与选择是不可避免的。而风险预防原则的出现，也正是为了有效地因应"决策于不确定性之中"的难题。具体就生态环境领域而言，科学技术进步所带来的其中一个负面影响就是环境问题成因的极端复杂性和不确定性，这种不确定性和复杂性往往是人类现有的科学技术手段所无法解释或解决的。同时因为环境损害具有长期累积性和不可逆性的特点，一旦发生了损害，则很有可能演变为人类社会的巨大灾难。因此，传统的"末端治理"的环境治理方式显现出极大的弊端，人们逐渐意识到预防损害的代价要比损害发生之后再采取补救措施的代价小得多。[1]在这一认识的基础上，各国开始在其国内立法以及一些国际条约中提出应对环境问题科学不确定性的风险预防原则。这样一项原则的发展经历了一个由国内法向国际法转变的过程，起初是作为德国环境法中的一个概念出现的。20世纪70年代的德国早期的风险预防（Vorsorge）概念，是指国家应当设法通过谨慎的前瞻性规划来避免环境损害的发生。德国政府在20世纪80年代初运用风险预防原则为实施强有力环境政策提供正当理由。在这个时期，德国公众特别关注环境损害，尤其是酸雨正威胁着德国人民所青睐和眷恋的天然针叶林。风险预防原则为德国政府单方实施旨在减少酸雨的以技术为基础的标准提供了正当性支撑。[2]

从损害风险区分视角看，损害预防（Prevention）原则仅能适用于环境危害，包括环境危险和环境损害。德国环境法区分了"危险""风险"和"剩余风险"。在德国法中，损害预防原则适用于一种可以确知存在的"危险"的情形，风险预防原则适用于一种涉及可能存在的"风险"的

---

〔1〕　参见王宏昌："风险预防原则的法律适用分析"，载《东南大学学报（哲学社会科学版）》2021年第S2期。

〔2〕　Jordan A，O'Riordan T，"The Precautionary Principle in Contemporary Environmental Policy and Politics"，affensperger C，Tickner J A，*Protecting Public Health and the Environment：Implementing the Precautionary Principle*，Washington，D. C.：Island Press，1999，pp. 15~35.

情形。除了"危险"和"风险"的区分，德国环境法还规定了一类需要人们容忍的风险即剩余风险，在法律上不要求采取措施来防范这类风险。[1]剩余风险是立法者经过价值判断与权衡后，决定放弃对一部分法益的保护而享受风险所带来之未来收益的结果。[2]

　　我国环境法学者援引了德国学者布罗伊尔（Breuer）的危险、风险与剩余风险三分理论，强调危险防止原则适用于环境危险，风险预防原则适用于环境风险，法律上无须干涉剩余风险。[3]环境损害是指人为引起的直接或者间接不利环境影响，包括经由环境污染或生态破坏行为造成的对人体健康、财产或生态环境的不利影响。环境危险是指发生重大环境损害的充分可能性。环境风险是指发生超过忍受限度需要予以减轻的严重环境损害的可能性。在学理上，环境危害可以包括一般环境损害和环境危险。对于环境危害，适用损害预防原则。对于环境风险，则适用风险预防原则。[4]该原则在国际法上正式被提出是在1992年通过的《里约宣言》之中，该宣言第15条明确规定："为了进行环境保护，各国应当依照本国的实际能力普遍地采取预防措施。当可能出现不可逆的损害威胁时，不能因为缺乏科学上确定的证据，延缓采取措施以防止环境恶化问题。"[5]

　　风险预防原则针对的是在科学上尚处于不确定状态的环境威胁或风险，人类的某一行为，究竟是否会对环境产生重大不利影响这一后果是尚不确定的，这种行为到底会不会造成环境损害还缺乏明确的证据加以证明。以全球变暖为例，虽然当时没有确定的证据表明温室气体的排放

---

〔1〕　Veinla H，"Which Adverse Environmental Impacts of an Economic Activity are Legally Acceptable and on What Conditions"，*Juridica International*，Vol. 1，2018，pp. 61~68.

〔2〕　参见王旭："论国家在宪法上的风险预防义务"，载《法商研究》2019年第5期。

〔3〕　参见张宝："从危害防止到风险预防：环境治理的风险转身与制度调适"，载《法学论坛》2020年第1期。

〔4〕　参见王小钢："环境法典风险预防原则条款研究"，载《湖南师范大学社会科学学报》2020年第6期。

〔5〕　参见王曦编著：《国际环境法》（第2版），法律出版社2005年版，第111页。

与全球变暖之间存在着直接的因果关系，但人类也应根据风险预防原则的要求广泛采取温室气体减排措施，防止全球气候变暖。风险预防原则在国际社会中的广泛应用标志着国际社会对于国际环境问题的应对由传统的损害预防逐步过渡到风险预防，这是生态环境问题预防理念的一次重大革新，是人们对环境问题重视程度的又一次质的提升。

不同于传统的损害预防原则，风险预防原则与其存在着以下几点区别：其一，损害预防原则上主要应用于科学上已经证实确定会出现的损害，而风险预防适用于科学目前尚无法证实但可能会出现的情形；其二，风险预防的侧重点在于采取措施以避免环境恶化的风险，而损害预防则侧重于采取措施防止环境损害问题的发生；其三，风险预防针对的是严重的不可逆的威胁和风险，而损害预防还包括实际或即将发生的环境损害。风险预防使人们从关注已经发生的损害到关注潜在的损害风险。〔1〕其核心要义在于当遇有不可逆转的损害威胁时，科学上的不确定性并不能作为延缓采取防止恶化措施的正当理由。风险预防原则本身所具有的合理性和先进性，也促使其不断发展完善，最终成为国际环境法领域的一项基本原则，从而更好地指导各国的环境保护立法、执法和司法活动，防止人类社会遭受重大环境风险的侵袭。

首先，该原则中的风险本来就是指不确定的威胁，是对未来可能的预测。而科学发展是一个漫长的过程，由于生态系统的极端复杂性，很多未来的环境损害是无法通过现有科技手段得到充分证实的，如果等到科学证据充分时，人类和生态或许已经遭受了灭顶之灾。所以，在科学证据尚不能充分证实某一环境威胁或风险的情形下，须适用风险预防原则加以应对。其次，只有当风险达到一定的程度时才能适用此项原则，否则将会导致该原则的滥用和误用。这样一个标准就被称为"风险临界值"。譬如在《联合国气候变化框架公约》中，就有规定"当存在造成严重或不可逆转的损害威胁时"，才应适用风险预防原则，这里使用了一

---

〔1〕　参见陈维春："国际法上的风险预防原则"，载《现代法学》2007年第5期。

个较高的风险临界值标准。风险临界值越低说明人们对待环境风险越谨慎，相信随着国际社会对于环境保护重视程度的提高，风险预防原则适用的风险临界值会逐步降低。最后，适用风险预防原则时也要注意进行成本收益的分析，采取符合经济效益和政府实际承担能力的预防措施。而当某一风险没有实际发生但人们又采取了大量预防措施、花费了巨额成本去防范该风险，那也是得不偿失的。

所以，预防污染原则在其规范性要求中应增加"使用最佳可得技术"和"以经济上可以承受的代价"的限制性要求，这些要求有助于优化预防措施，避免管制过度。因此，在农村饮用水水源保护领域贯彻落实预防污染原则，可进一步具体化为最佳可得技术原则和成本收益分析原则，从而进一步拓展这一原则的内涵。

四、防治结合原则

在我国生态环保领域，已经明确规定了"预防为主、防治结合、综合治理"的综合防治原则。强调了饮用水水源地保护工作"基础在防，关键在治"，从根本上纠正了水资源污染末端管控的错误定位，具有指导意义。预防为主是指在进行饮用水水源地开发利用之前，对开发行为可能给水源地生态环境带来的影响预先评估，充分考虑其危害，尽量避免水源地污染事故出现；防治结合要求在预防的同时利用现有科技对已经污染的水源地进行治理。该原则对我国饮用水水源地立法保护工作取得成功意义重大，只有从源头进行预防治理，才能保证保护目的得以实现。[1]

水污染和水资源破坏问题始终是大多数饮用水水源地安全的重要威胁，饮用水水源地和供水工程范围内的突发性事件，很有可能在短时间内迅速造成饮用水水源地内的生态环境或饮用水供水系统的重大损失，

---

〔1〕 参见王少杰："饮用水水源地保护立法问题探讨"，烟台大学 2017 年硕士学位论文，第 4 页。

并有可能进一步诱发更严重的安全问题。倘若处置不及时，极易造成更为深远的影响，留下后遗症。所以，保障饮用水水源地的饮用水安全应当贯穿于制度构建的始终，既要强调对常规保护内容和程序、义务和责任的规定，又要突出对事先预防机制、事后应急处理机制的规定。其中，尤为需要强调"防"字为先、"治"字靠前、防治结合原则。

防治结合原则旨在突出源头管控、靶向治理，希冀筑牢农村饮用水水源保护全过程、链条式防线，实现从"事后移交、被动处置"向"主动对接、共享共治"的转变。发挥基层自治组织的"前哨"作用，为农村饮用水水源保护提供及时准确的信息，并强化农村饮用水水源保护的报告管理力度。筑牢农村饮用水水源保护的"防控网"，关键在网底——基层组织，即乡镇和村民委员会、村民小组等。因此，基层自治组织就是"防控网"的"前哨"。对于农村饮用水水源保护防控要筑牢筑好网底，通过实际有效的措施和方案，把村民委员会、村民小组等加入整个农村饮用水水源保护的体系中。而在具体落实层面，必须加强基层的村民委员会成员、村民小组成员对农村饮用水水源保护知识掌握能力和发现水源污染与危害事件能力，通过全链条的监督，确保能够及时发现污染源，将农村饮用水水源污染消灭在萌芽状态。同时，还应动员广大农村地区的村民共同行动。

总之，农村饮用水水源保护要做到防治结合，除了政府要有规划，村民委员会与村民小组要有行动，还需要群众有参与，尤其针对农村供水工程水源影响范围内存在不同程度的垃圾堆、粪坑、大量种植速生桉、网养鱼等畜禽养殖污染以及农村生活污水直排、农业面源污染等由村民保护意识缺乏而造成的农村水体污染的行为，可以通过建立村规民约来约束村民行为，这样既可以提高村民的保护意识，又可以有效解决农村饮用水安全存在的问题。此外，为了提高公众参与农村饮用水安全保障的积极性和广泛性，还可以在农村自治组织中倡导设立农村饮用水水源保护协会，吸收农村居民和社会力量参与、协助政府治理，形成有效的社会共治机制。如此，才能确保全面及时地发现和消除各种对农村饮用水水源水质与水量安全构成危害的行为和事件。

五、保障安全原则

农村饮用水安全是指农村居民能够及时、便捷、经济地获得足量、洁净的日常生活用水。[1]农村饮用水安全关系到广大农村居民的生活水平提高和身体健康，是农村居民目前迫切希望解决的民生问题，也是当前中央和地方政府高度重视并正在努力解决的问题。如果人的身体摄入不卫生的水，可能会引起发热、腹泻呕吐、甲亢、肾脏病等。人类都要摄入一定量的饮用水，但由于饮用水市场比较庞大，难管控，饮用水安全问题随之而来，并被社会各界广泛关注。

部分地区因饮水安全保障本底性差、管理薄弱和机制欠缺等问题，饮水安全脱贫成果仍不稳定、水源保障程度不高。人的生活离不开水，人类想要维持正常的身体机能必须每天都摄入一定量的水分。伴随着我国经济的迅猛发展，大量工程、工业、化工的出现污染着人们赖以生存的生态环境，饮用水污染问题日益严重，并且很多时候普通净水设备很难去除污染，中国饮用水水质正在不断下降，缺水及水污染问题将会引发社会不良影响。相关研究报告也显示：发展中国家，因饮用水污染引发的疾病高达80%，每年有1亿左右的人因为饮用污染水而生病，死亡率高达30%。世界卫生组织通过大量的资料调查也得出结论：癌症中约50%是饮食不当引起的，特别是饮用水水质和癌症的发生有着紧密的联系。

饮用水安全问题关系着一国人民的身体健康，一个国家想要得到更好的发展，首先要有强健的体魄和健康的身体。边沁认为：法律的全部作用，可以归结为四个方面，即供给口粮、达到富裕、促进平等和维护

---

[1] 参见戴向前、刘昌明、李丽娟："我国农村饮水安全问题探讨与对策"，载《地理学报》2007年第9期。

安全。因此，平等和确保安全是法律的基本价值目标。获得安全的饮用水，是人类的基本需求。[1]而这一需求的解决离不开政府部门的监管和法律的规制。造成我国农村饮用水安全问题的原因主要有两个方面，即自然原因和人为原因。自然原因主要是受地形、气候、水文等客观条件影响，水质达不到饮用安全标准。[2]人为原因一是在饮用水社会分配和保障上，集中式、城乡一体化供水工程难以覆盖地广人稀、地形复杂、距离城镇较远、基础设施薄弱的农村地区，这些地区的饮用水在水量、水质、保证率及方便程度上均缺乏可靠保障，由此引发饮用水安全危机。[3]为了我国民众的身体健康以及实现健康中国的目标，也必须制定相关法律对饮用水安全问题进行管控，从而有效提升饮用水质量。

一般认为，农村饮用水安全是指农村居民能够获得并且经济上负担得起符合国家安全卫生标准的足够的饮用水，不会由于饮用水的数量或质量不合格而对其生理和心理带来威胁或造成伤害。另外，根据 2004 年11 月水利部和原卫生部联合发布的《农村饮用水安全卫生评价指标体系》，安全的饮用水主要通过水质、水量、方便程度和保证率四项指标来衡量。水质方面，符合国家市场监督管理总局和国家标准化管理委员会联合制定的《生活饮用水卫生标准》要求的为安全，符合全国爱国卫生委员会和原卫生部联合制定的《农村实施〈生活饮用水卫生标准〉准则》要求的为基本安全；水量方面，每人每天可获得的水量不低于 40 升~60 升为安全，不低于 20 升~40 升为基本安全，不同地区的具体标准不同。方便程度上，人力取水往返时间不超过 10 分钟为安全，取水往返时间不超过 20 分钟为基本安全；保证率方面，供水保证率不低于 95% 为安

---

〔1〕 参见［英］古米·边沁：《立法理论》，李贵方等译，中国人民公安大学出版社 2004 年版，第 120 页。

〔2〕 参见柯坚："我国农村饮用水安全的法律保障——以环境正义价值及其制度构建为进路的分析"，载《江西社会科学》2011 年第 8 期。

〔3〕 参见高利红、周勇飞："我国农村饮用水安全的法律保障问题探析"，载《中州学刊》2015 年第 6 期。

全，不低于 90% 为基本安全。

饮用水安全关乎农村人民的"水缸子"，保护好农村饮用水水源地，既是当前生态文明建设的基本要求，也是一项非常重要的民生问题。其关乎着广大人民群众的健康、生命安全与社会和谐稳定，饮用水水源地保护是保障饮水安全的源头和关键。国家一直将保障饮水安全作为解决民生问题的重要内容。饮用水水源是水环境的一部分，当然也是人类生存环境的一部分，同时还是自然资源的组成部分。保障饮水安全是国家的基本国策，是社会进步与文明的标志，是人类生存的基本权利。[1]饮用水水源安全直接涉及农村居民的切身利益，关系到居民的身体健康和生活幸福，是老百姓最关心、最现实的基本生活物质基础。

从法的正义价值和人权保障角度考虑，让人民群众喝上放心健康的水是政府的基本义务，农民应该得到同等的待遇。[2]所以，在饮用水水源地保护中，城市和农村不应该被区别对待，而是应该结合农村与城市的不同特征，对症下药，统筹推进，平等对待。切实保障城市和农村在饮用水水源地保护方面的利益。城乡饮用水水源地保护一体化的有效途径是，将农村饮用水水源地保护问题纳入法律的调整内，并将农村和城市居民享有的平等的权利在法条中进行明确规定，最终达到改善水生态系统、切实保护城乡饮用水水源地的目标。而落实好农村饮用水水源地保护工作，是保障当地百姓提高生活质量，保证饮水安全的重要基础，是建设美丽新农村、落实科学发展的有效前提。采取一系列有效的措施保证农村居民喝上放心水、安全水，是开展农村生态文明建设的一项重要任务，也是未来一段时期内农村饮水工作的重中之重。

---

〔1〕 参见鞠菲："锦州市农村饮用水水源地环境评估"，载《环境保护科学》2015 年第 2 期。
〔2〕 参见曾文革、许恩信："中国西部农村饮用水安全法律保障研究"，载《资源科学》2008 年第 4 期。

第四条　【政府及村委会职责】

市人民政府应当建立健全农村饮用水水源保护评价考核机制，将农村饮用水水源保护工作纳入乡村振兴实绩考核内容。

市、县（市、区）人民政府应当统筹本行政区域内农村饮用水水源保护工作，将农村饮用水水源保护纳入国民经济和社会发展规划。农村饮用水水源保护经费列入本级财政预算。

镇（乡）人民政府、街道办事处应当加强农村饮用水水源保护的日常监督管理，组织、协调农村饮用水供水企业、村民委员会或者村民小组开展农村饮用水水源保护的相关工作。

村民委员会或者村民小组应当组织制定村规民约，教育、引导村民自觉履行义务、积极参与农村饮用水水源保护工作。

【导读与释义】

本条是关于《保护条例》中市、区县、乡镇人民政府及村民委员会在农村饮用水水源保护中相应职责的规定，明确了市、区县以及乡镇人民政府在农村饮用水水源保护中要全面履行保护主体责任。村民委员会、村民小组等作为农村的基层自治组织和自治性力量，在农村饮用水水源保护中发挥补充政府主体责任和"前哨"的作用。

一、《保护条例》规定了政府应在农村饮用水水源保护中发挥主导性作用

一般意义上的政府职能，是指政府应当在国家经济与社会发展过程中所发挥的作用与影响，即在社会发展中应当履行的职责和应当起到的作用。简言之，政府职能就是政府"应当具有的功能和承担的职责"。[1]而主体责任一词多见于党政公文当中，如 2020 年 3 月中共中央办公厅印发的《党委（党组）落实全面从严治党主体责任规定》，其中就提到要求各地区各部门"强化守土有责、守土担责、守土尽责的政治担当，扭住责任制这个'牛鼻子'，抓住党委（党组）这个关键主体，不折不扣落实全面从严治党责任"。此处提到的"责任"一词，不同于一般法律概念上的法律责任。这里所突出的是政府对行政职责的履行和对社会诉求予以积极回应的政治担当。以此来看，主体责任更多地应当被理解为一种角色责任，并且这种角色责任还具有主导性和引领性。一方面突出强调对于职责和义务的积极履行，另一方面也彰显了其中的角色义务和主导性职责。

在农村饮用水水源保护进程中，政府并不是唯一主体，但是政府的角色定位是主导性的，起到的作用也是主导性的。为打破当前农村饮用水水源保护集体行动困境，依然需要处于主导地位的政府积极发挥自身优势对市场及社会主体适当干预并加强制度供给，从而对农村饮用水水源供给、运输行为进行强制性绿色化校正。基于此，除了常态化的行政监管，政府还应积极履行农村饮用水水源水质水量技术标准设立、发展规划编制、法规政策制定、绿色生产及消费理念宣教等方面责任。而地方政府作为农村饮用水水源地水质安全保障的主体，需要统筹协调环保、水利、卫生防疫、农业、乡镇政府等多个部门，形成政府领导、部门联动、齐抓共管的管理机制。[2]除了要通过明确各项工作牵头部门和各职能部门的职责，解决部门协调不够、权责不清问题，还应将水源地环境保护工作与领导干部的绩效考核挂钩，对于辖区水源地水质恶化的，应当由主要领导承担相应责任，对于水源地保护好的则应给予奖励。

---

〔1〕 刘华：《经济转型中的政府职能转变》，社会科学文献出版社 2011 年版，第 53 页。

〔2〕 参见孙宏亮等："我国饮用水安全保障现状与对策分析"，载《环境与可持续发展》2015 年第 5 期。

从生态文明建设的实践情况来看，生态文明的实现离不开政府的推动，否则其难以持续有效推进。从国内看，生态环境的好坏直接影响国民的健康和福利，甚至影响社会的安全和稳定，其已经成为一种典型的社会公共利益，从而使政府负有保护生态环境的主导责任。[1]农村饮用水水源保护直接为社会提供良好的环境品质和生态安全，这些都属于典型的社会公共利益。而纵观整个人类历史，饮用水水源污染出现的原因，多是政府未发挥有力的监管作用，进而导致追求自身利益的个体在自然条件较差的水源地上恣意而为，破坏了水源水质。因此，在农村饮用水水源保护中，突出各级政府的主导性作用，强调各级政府应在饮用水水源安全治理中兼具监管者、教育者、协调者等多重职能。

水是生活中最常见的物质之一，对于人来说，水是仅次于氧气的生存所需，无论是生活或生产，人类的很多活动都离不开水。可以说饮用水水源安全是维系人类生活的基本要求，也是关系到人类生产生活的关键所在。亚当·斯密和大卫·休谟等人提出了"搭便车"和"守夜人"思想，要求政府为避免因私人"搭便车"造成社会发展不充分的情况出现，应该尽可能多地提供公共基础设施，这些思想构建了公共产品理论的雏形。萨缪尔森等人在对斯密、休谟以及林达尔等人思想进行反思和总结的基础上，对公共产品和私人产品进行了划分，将公共产品的特征进行归纳和概括，总结出公共产品所独具的特性。一是消费的非竞争性，即任何人对于公共产品数量和质量的消耗并不会影响其他人的使用，或该类产品可供数量足够多的人同时进行消费。二是受益的非排他性，即该类产品很难在技术上实现对其他受益人的排除，或虽在技术上得以实现，但要想实现所需要的成本极高，以致放弃排他。[2]常见的公共产品有国防、环境保护、公共管理等，其中良好的生态环境近年来随着公众

---

〔1〕　参见李智卓："我国荒漠化防治政府主导责任的实践困境及其应对"，载《法学论坛》2022 年第 4 期。

〔2〕　参见王爱学、赵定涛："西方公共产品理论回顾与前瞻"，载《江淮论坛》2007 年第 4 期。

生态意识的觉醒被视为更加迫切需要政府供给的公共产品。

农村环境保护、饮用水安全等具有公共物品属性。按照萨缪尔森对公共物品的定义，农村饮用水切合公共物品的特性，即非排他性和非竞争性。一旦农村饮用水得到保障，任何一个农村居民都能平等享用，并且多一个或少一个人的消费，都不会影响其他人的消费，也很难在技术上把区域内不付费的农民排除在外，使之无法受益，因为这样做的成本非常高昂。而且，把区域内不付费的农民排除在外无论从效率上还是从伦理上都是不应该的。因此，农村饮用水水源保护作为良好的生态环境组成要素，无疑也属于公共产品序列。从社会公共利益供给的角度看，政府应当负有农村饮用水水源保护的主导责任，在环境危机时代，政府负有环境保护的主导责任已经成为世界各国环境法学理论与环境保护实践中的普遍共识。生态环境的整体性和不可分割性已经在客观上将生存于环境中的所有人紧密地联系在一起，形成环境共同体。环境品质的好坏既直接影响着共同体成员的利益，也在一定程度上决定着共同体本身的兴衰存亡。无论从国内还是从国际来看，一国政府都有责任保护好其管辖范围内的生态环境。

但是，实践中却发现，一些地方政府在饮用水水源保护问题上财政投入积极性不高，一些县级政府并未将最基本的水质监测纳入财政专项预算规划中，而是由各相关部门自行组织、自行负担，有经费就做一点，没有则不开展。典型调研地区中部分县级水利部门在工程建设过程中列支资金设立了水源保护界标和警示标志，但日常管护资金却要由供水运行单位自行筹集，没有稳定保障。

众所周知，相较于其他社会力量来说，政府拥有强大的能力与资源，在乡村产业振兴中处于主导性地位，这也是乡村产业振兴中政府承担主体责任的重要基础。水利部印发《"十四五"巩固拓展水利扶贫成果同乡村振兴水利保障有效衔接规划》，该规划全面总结了"十三五"水利扶贫成就，系统分析了脱贫地区水利发展现状及面临形势，研究提出了"十四五"时期巩固拓展水利扶贫成果同乡村振兴水利保障有效衔接的总体思路、目标任务、布局重点、建设管理任务和保障举措等，是指导脱贫地区"十四五"时期开展巩固拓展水利扶贫成果同乡村振兴水利保障有效衔接工作的重要依据。其强调要以满足农民群众美好生活需要为引领，重点加强普惠性、基础性、兜底性民生建设，坚持不懈改善农村人居环境，因地制宜推进农村改厕、生活垃圾处理和生活污水治理，深入推进村庄绿化美化亮化，农村供水保障实行中央统筹、省负总责、市县乡抓落实的工作机制，地方各级人民政府是农村供水保障的责任主体。这里需要重点强调的是有关农村供水保障的表述中明确界定了地方各级人民政府是农村供水保障的责任主体，市县乡抓落实的工作机制。

农村饮用水水源地保护，是为保证饮用水质量对水源区采取的一系列法律与技术措施，可以说农村饮用水水源地保护是一项复杂的系统性工程，仅仅靠市场的力量来进行资源配置很难实现，受到环境、资源和能力的限制，其他的市场主体如果没有政府的引导和支持也很难持续投身到农村饮用水水源保护中。只有在政府的宏观调控和正确引领下，才能整合并合理配置社会各类资源。同时，也唯有政府才能真正团结广大农民群众，凝聚最大的力量有效推进农村饮用水水源保护，从而使农村饮用水水源保护在科学高效优化的轨道上前进。[1]

因此，只有强化政府在农村饮用水水源中的主导地位与主体性责任，充分发挥其管理经济与公共服务的职能，使其有效地运用宏观和微观的掌控资源的能力，才能调动社会公众和其他市场主体的积极性，有关农村饮用水水源保护的法律法规与政策才可能得以有效的实施。为此，各级政府要加大饮用水水源地环境问题整治和保护投入，将饮用水水源地保护经费纳入年度财政预算，建立稳定的资金保障机制。同时，区县政府要保障好乡镇饮用水水源地保护所需资金。积极推行饮用水水源地生

---

〔1〕　参见刘希明："论新农村建设政府主导地位的探究"，载《现代农业研究》2021年第1期。

态补偿机制、健全市场投入机制，多渠道加强资金保障。落实饮用水水源地保护主体责任，推动乡（镇）、村（社区）两级认真履行饮用水水源维护职责，生态环境、水利、住房城乡建设、卫生健康等部门密切配合，协同联动，共同推动饮用水水源地保护。另外，还可通过强化饮用水水源地环境问题整治考核，对工作推动不力、水源地水质退化的地区视情况实施通报、约谈、限批，情节严重的移交有关部门追责，并将考核结果作为各级领导班子和领导干部奖惩和任免的重要依据，倒逼责任落实。除了要加快推进农村饮用水安全管理工程，还要加强农村饮用水卫生安全监察，将农村饮用水水质问题放在首位，重点监测农村饮用水水质中的微生物指标是否超标，是否达到安全标准，并从源头抓起，做到每个岗位要有特定的人员负责，做好水源的定期消毒，确保达到国家安全标准，使得广大的农村地区人民喝上合乎国家标准的水，减少因水质不安全而带来的传染疾病，提升农民身心健康水平，提升生活质量，减少因为水质差而带来的疾病，减轻经济负担，使得农村地区的生活条件和生活环境大为改善。这样农民也可以抽出更多的时间和资金发展经济，乡村产业振兴的目标才有望实现。

《地下水管理条例》的相关规定也对政府的主体责任作出了相应的规定。如其第5条就规定，县级以上地方人民政府对本行政区域内的地下水管理负责，应当将地下水管理纳入本级国民经济和社会发展规划，并采取控制开采量、防治污染等措施，维持地下水合理水位，保护地下水水质。县级以上地方人民政府水行政主管部门按照管理权限，负责本行政区域内地下水统一监督管理工作。地方人民政府生态环境主管部门负责本行政区域内地下水污染防治监督管理工作。县级以上地方人民政府自然资源等主管部门按照职责分工做好本行政区域内地下水调查、监测等相关工作。第7条规定，国务院对省、自治区、直辖市地下水管理和保护情况实行目标责任制和考核评价制度。国务院有关部门按照职责分工负责考核评价工作的具体组织实施。

　　党的十九届四中全会明确提出继续推进国家治理体系和治理能力的现代化，而法治是国家治理体系和治理能力现代化的必由之路。"政府责任法制化，是责任政府、法治政府、服务政府的题中应有之义。"[1]国家治理体系和治理能力的现代化不仅要求健全国家的各项制度，而且要求各项制度能够得到完全的贯彻和落实。农村饮用水水源保护的特性和客观实际使其防治工作具有长期性和艰巨性，让政府认真负责、积极履责和有效担责以发挥其主导作用势在必行。在饮用水水源安全标准制度中，政府首先是标准的制定者和执行者，应以维护饮用水水源安全标准的权威性为首要工作目标。突出政府的监管职能，具体可从以下三个方面展开：其一，明确饮用水水源安全监管部门执法者的身份。在文明执法、为群众排忧解难的同时，恪守其作为饮用水水源安全标准执行者的首要身份。其二，重视饮用水水源安全监管人员专业技术能力的培养和其检验水平的提高。保证饮用水水源安全监管的效率和公平性，实现执法必严、违法必究。其三，重视对饮用水水源安全监管执法的监督，督促执法行为规范有序开展，并对饮用水水源安全监督工作的效果和问题进行科学系统的评估。[2]

　　从各种立法文本来看，有关政府职责的立法表述，一般可以分为三个部分：一是主要列清楚市、县、乡人民政府在该项工作中所担负的职责。如从宏观层面上表述政府职责，常用表述为"市人民政府负责保护管理工作的组织和领导；市、县（市、区）人民政府负责保护管理工作的统筹协调、指导服务和监督检查；乡（镇）人民政府、街道办事处负责本辖区保护管理的具体工作"。二是具体列清楚各职能部门的责任，如参考"三定方案"具体加以表述，在直接责任的部分单列出来作为一款或两款，其他参与部门简单概括。三是有关村（居）民委员会职能的表

---

　　〔1〕　参见田思源："论政府责任法制化"，载《清华大学学报（哲学社会科学版）》2006年第2期。

　　〔2〕　参见吴晓东："我国食品安全的公共治理模式变革与实现路径"，载《当代财经》2018年第9期。

述，这里需要注意的是，村（居）民委员会是群众性自治组织，一般主要起协助作用。本条也遵循这一立法技术，将市人民政府的职责界定为建立健全农村饮用水水源保护评价考核机制，将农村饮用水水源保护工作纳入乡村振兴实绩考核内容。将市、县（市、区）人民政府的职责界定为统筹本行政区域内农村饮用水水源保护工作，将农村饮用水水源保护纳入国民经济和社会发展规划与将农村饮用水水源保护经费列入本级财政预算。将镇（乡）人民政府、街道办事处的职责界定为加强农村饮用水水源保护的日常监督管理、组织、协调农村饮用水供水企业、村民委员会或者村民小组开展农村饮用水水源保护的相关工作。最后一款规定村民委员会或者村民小组负有"组织制定村规民约，教育、引导村民自觉履行义务、积极参与农村饮用水水源保护工作"职责。

1. 政绩考核制度

在对地方政府的传统考核时，可对症下药。首先，扩大考核的范围和对象。将农村饮用水水源保护任期目标责任考核范围扩展到所有存在农村饮用水水源保护的各级政府。其次，科学化考核标准。依照农村饮用水水源保护地区所需的环境品质将考核标准细化，将环境质量目标主义贯彻到考核标准的制定和分数的分配中。[1]再次，严格考核程序，转变考核方式。让考核程序从"室内""纸面"考察转变为实地考察、突击检查。最后，提升考核结果在政绩考核中的地位，发挥让行政首长"能上能下"的奖惩激励作用。政绩考核对地方各级政府的环保能力建设具有十分重要的作用，提升农村饮用水水源保护目标责任考核在政绩考核中的比例也会极大地提高政府的防治积极性。同时，将农村饮用水水源保护目标责任的考核结果作为领导干部能否胜任职位的重要依据，充分发挥考核结果的奖惩激励作用，让农村饮用水水源保护成果突出的干部获得更多的晋升机会，将引咎辞职、调离领导岗位、撤职等严格的惩

---

〔1〕 参见徐祥民："环境质量目标主义：关于环境法直接规制目标的思考"，载《中国法学》2015年第6期。

罚方式作为领导干部不作为、乱作为的负向激励措施。鉴于农村饮用水水源保护的长期性和隐蔽性，任期目标责任考核制还应有终身追责制和离任审计制的共同配合。

所谓政绩，即"一定的政党和政府在履行职责的过程中所获得的绩效"，[1]也是衡量政府工作能力、评价工作效果的重要标准。政绩也可以称为政府的工作目标。衡量的因素主要有是否认真履行责任、踏踏实实地做出成绩，是否受到人民群众的认可和拥戴。政绩考核，是指依照一定的考核程序和考核方法对作为责任主体的政府所创造的政绩的评估和考核，并根据考核结果来决定领导干部的奖惩、提拔和任用。考核评价是选拔任用干部的关键环节，也是调动政府部门及其工作人员生态保护工作积极性、主动性的"指挥棒"，更是追究相关失职失责领导干部的一柄"戒尺"。建立完善健全的生态考核指标体系，有利于充分发挥考核制度的"热炉"作用，烧热的炉子不去触碰就知道它会烫伤人，通过"烧热"考核评价指标这个"热炉"，提前告知和预警政府生态职能履行主体哪些行为将受惩戒、哪些行为将被奖励，使生态责任承担主体能够明确权力行使边界，从而达到防患于未然、治病于未患的境界。通过明责知责，梳理细化生态环境保护事项，把工作落细落小落实、落到具体责任牵头部门，切实做到事情有人管、责任有人担、能力有保障。

然而，政绩考核也并非一成不变，不同的历史时期，政绩考核的内容和方式都有不同。但是，无论如何，考核内容是对于"考核什么"的回答，主要体现为考核的指标。因此，考核内容是对政绩要求的直观反映，考核的标准和各个指标的权重对考核对象关注的重点以及工作的方向有明确的导向作用。可以说，追求什么样的政绩，就会有什么样的价值诉求。所谓绩，就是政绩，在工作中，能奋发有为，尽心尽力，有所建树，人民群众能各得其所，安居乐业。共产党人必须牢记"为民造福

---

〔1〕　参见彭国甫、谭建员、刘佛强："政绩合法性与政府绩效评估创新"，载《湘潭大学学报（哲学社会科学版）》2008 年第 1 期。

是最大政绩",[1]树政绩的根本目的是为人民谋利益,既要让群众得到"真实的"实惠,又要关注人民群众"长远的"利益。

饮用水水源保护工作难度高、花费时间长,工作周期甚至可能会超过负责的领导干部的任期。为此,必须以正确的政绩来引领农村饮用水水源保护工作。由于水源保护也与生态文明密不可分,因此,为确保饮用水水源保护工作有序有效开展,应该以绿色政绩作为指导地方政府履行饮用水水源保护主体责任的依据。所谓绿色政绩,是指作为生态文明建设责任主体的政府,在科学发展观与习近平生态文明思想的指导下,履行生态管理、生态治理、生态保护等生态相关方面的应尽义务与法定职责所取得的绩效。在生态文明背景下,面临日益尖锐的生态环境问题,生态政绩是一种适应新形势、新发展、符合当前现实,能够带来切实好处的政绩。生态政绩是政府政绩科学合理的发展方向,它的价值诉求也应该与科学发展观的要求和生态文明建设的需要相吻合。生态政绩的价值诉求体现在以人为本上。生态环境、生活质量、发展空间与每个人的切身利益都密切相关,生态政绩创造出来也是为最广大的人民群众服务。对以人为本的诉求,就是以群众的观点来看生态政绩,尽力解决人民群众关注的生态问题与社会问题,着力维护群众的利益。清晰明确政府生态职责的划分、生态政绩目标的设定、生态职权范围的界定、生态工作任务的要求。饮用水水源保护等生态工作不能因为领导班子的换届而中断,考核政绩也不应只看近期取得的效益,还要关注是否有利于长远发展,是否经得起时间的检验。尤其是这类工作往往需要大量的投入,政绩却也许得等到下一任甚至下几任政府才能表现出来。因而,应该充分注意生态政绩的持续性特征,在考核时充分考虑这种隐性政绩,避免造成因为生态政绩短期效果不明显而弃之不顾的严重后果。同时,还应引导领导干部树立正确的政绩观念,使得经济发展和社会进步不应以无底

---

[1] 参见:"筑牢理想信念根基树立践行正确政绩观 在新时代新征程上留下无悔的奋斗足迹",载《人民日报》2022年3月2日。

线地牺牲环境为代价，而是要尽可能地降低行政成本、提高行政绩效。不能单纯为了获得所谓的"好"政绩以换来职位的升迁、个人地位的提高，一些政府官员的工作重心集中于自己任期内经济增长的情况，对生态环境以及社会民生都缺乏应有的关注。这种以经济增长为主要内容的政绩价值诉求造成生态事件频发、"面子工程"频现、地方保护主义抬头等负面影响，显然妨碍了我国长远的、可持续的发展。

作为民生工程，饮水安全改造关乎千家万户的切身利益，责任重大。因此，职能部门要担负起政府对农民安全饮水的责任，建立起强有力的领导班子，加强农村饮水安全工作领导，落实领导责任制，建立健全饮用水改造建设目标责任考核机制，层层落实领导责任，明确层级职责，才能确保农村饮用水水源保护工作高质量地完成。将农村饮用水水源保护纳入政绩考核的范围之内，对政府这一行为主体创造的政绩进行考察，并将其作为政府官员"奖惩升贬"依据的考核方式与过程，也符合新时代政绩观。新时代的政绩观要求政绩考核要衡量政绩是否以实现与维护好人民群众的根本利益，是否实现经济、社会、生态的全面发展与进步以及是否有利于子孙后代的永续发展。政府对生态文明建设的组织领导能力，需要有科学的考核机制来衡量；政府生态文明建设的工作成果，也需要有完善的考核机制来保障。政府生态责任的履行在某种层面上可以说就是对政府生态政策的执行。生态政策的科学程度、执行力度直接影响到政府生态责任的实际履行情况，关系到生态文明建设的发展。生态政绩考核是政府生态工作的指引，优化政府生态政绩考核机制能有效推动政府制定出适宜当前生态发展的政策，强化生态政策执行力度，促进政府生态责任的履行。依据行为逻辑来看，为了获得优秀的政绩成绩单，地方政府通常会根据政绩考核的主要内容来决定工作的重心和努力方向。这就有助于激励政府生态工作取得更多的成就。政绩考核机制是对政府是否履行其职责及职责履行成效的评判。考核什么样的政绩、怎样考核政绩及政绩考核结果怎样运用都直接影响着政府及其领导干部的执政行为。生态政绩考核机制将政府的生态管理、生态治理、生态保护等工作纳入考核评价，使之成为评判政府工作成果的重要标准，并依据考核结果与政府公务人员最关注的职位升降、奖励惩罚、经济收入、社会地位、职业前途直接挂钩。生态政绩考核机制作为一种激励，促使政府公务人员为实现个人与政府目标，主动关注生态环境，自觉承担生态责任，积极投身到生态工作中去。

将农村饮用水水源保护工作纳入考核内容，可以全面提高农村生活饮用水安全保障制度的生命力与执行力，使得农村地区的人口健康和高速发展得到切实有效的保障，也有助于提高政府权威和形象。将发展要求与人民群众的根本利益联系起来，将追求政绩与人民群众的需要联系起来，创造出人民满意的政绩才能得到人民群众的支持和拥戴。生态环境是人生存和发展的前提和基础，与每个人的切身利益息息相关。生态政绩考核机制引导政府将注意力放到生态建设上来，着力改善人民群众的生存环境、生活质量、发展空间，为人民谋福利。好的生态政绩考核结果显示出政府在生态保护、生态治理方面的能力，让群众对政府更加认可和信任，从而提升政府权威及在群众心中的形象。

《水污染防治法》第 6 条也规定：国家实行水环境保护目标责任制和考核评价制度，将水环境保护目标完成情况作为对地方人民政府及其负责人考核评价的内容。为了加强跨区域的水源地管理，促进饮用水水源保护工作责任、权力和利益的统一，使韶关市行政区域水源保护区的划定、保护和补偿工作有章可循，应当将农村饮用水水源保护纳入考核工作，并可考虑进一步通过以奖代补的方式对水源保护区属地政府给予资金激励，形成考核激励办法。

2. 纳入国民经济和社会发展规划

饮用水水源地的保护涉及水质、水量、生态等多个方面，倘若没有科学统筹规划，那么饮用水水源地的保护目标往往是片面的和短视的。因此，应当统筹协调资源与要素的合理分配与流动。将饮用水水源地保护这一事宜纳入水污染防治规划以及国民经济和社会发展规划当中，确保实现饮用水水源地保护与现有规划保护体系的无缝衔接与协调发展。环境问题分为两类：一是原生环境问题，即自然环境本身演变而来的环境问题；二是次生环境问题，通常是伴随着经济发展而产生的。当前我国出现的环境问题主要属于次生环境问题，饮用水水源地污染也不例外。次生环境问题造成的环境污染可恢复性差，恢复周期长，饮用水水源地污染更是直接关涉到大众身体健康。因此，饮用水水源地保护地方立法应当确立保护优先的原则，实现饮用水水源地保护的环境利益优先与环境保护行为优先，拒绝走先污染后治理的老路，切实保障人民群众的饮用水水源安全。[1]

将饮用水水源地的保护纳入国民经济和社会发展规划，应当坚持以下原则：一是要坚持因地制宜。因地制宜是指综合考虑规划区域内的基本情况，对于社会经济、自然状况、产业发展状况和优势等条件，结合实际情况，推动乡村产业发展。二是要坚持规划优先。规划的编制必须坚持多规合一，体现乡村各个层面相关规划的和谐共生。三是要坚持农民主体性。发展一定要相信农民，充分发挥当地农民的积极性。四是要坚持改革创新。贯彻国家和地区发展农业的方针政策，坚持全面深化改革创新，健全适合现代农业发展的体制机制，强化各类资源要素保障。

饮用水水源安全是饮用水安全的起始点，饮用水水质的好坏重点取决于水源地的保护效果，如何强化水源保护是确保饮用水安全的首要任务。加上饮用水安全也关系到人民群众的身心健康和生活质量，保障饮用水水源安全既是我国生态文明建设的重要一环，也是落实"绿水青山就是金山银山"理念的重要体现，一直以来受到党中央、国务院和社会各界的高度重视。所以，将饮用水水源地的保护纳入国民经济和社会发展规划，一方面，能够促进政府在农村饮用水水源保护领域生态责任意

---

[1]　参见王社坤、苗振华："环境保护优先原则内涵探析"，载《中国矿业大学学报（社会科学版）》2018 年第 1 期。

识的增强。政府生态责任意识是对政府履行生态责任的必要性和意义的认识，反映出政府官员的价值取向和工作动机。将饮用水水源保护纳入国民经济与社会发展规划，明确了政府作为生态责任主体的地位，助推政府责任意识的提升，促使政府真正认识到生态工作的意义，推动生态责任的切实有效履行。另一方面，也能够有效促进政府生态工作主动性与前瞻性的提升。推进政府生态责任减少乃至杜绝不利于生态行为的出现，这就需要政府官员有足够的主动性和前瞻性。此外，还将有力地促进政府生态政策执行能力的提升，落实农村饮用水安全政府主体责任，提高领导责任意识。虽然国家已经把民生工程作为政府政绩的参考标准之一，但政府还是把区域经济发展放在首位。一些政府追求政绩，而农村水源地保护与治理成效慢，政府因此就有可能减少对农村水源地治理的投入。而将农村饮用水水源保护工作纳入领导政绩考核内容，可以使得政府对农村饮水安全重要性的认识得到提高。同时在认识提高的前提下，为了切实有效地确保饮水安全，地方政府在财政上会加大力度，投入一定的资金，在政府持续投资、补贴和支持的基础上，对农村饮用水水源、小型供水工程、分散式供水工程进行升级改造，提升饮用水安全保障水平。建立有效的饮用水安全应急响应措施，推进农村水价综合改革和收缴工作，完善农村饮用水安全保障管理措施，形成符合当地社会经济发展特征的饮用水安全保障长效机制。推动饮用水水源、公共供水设施和农村集中式供水设施建设，提高供水设施管理水平；统筹水源地水质保护、农业面源污染控制和畜禽养殖污染削减工作，合理规划水源和供水工程设施布局，完善净化消毒设施设备和输配水管网建设，做好计量和监测工作。通过政策扶持、财政补贴等引导产业资本投入供水工程建设与运维，促进资源配置高效化、运维体系化、投入可持续化、管理专业化，提升农村饮用水的安全保障水平，防止饮用水安全事件的发生。也会花大力气去努力做好水源地周边生态修复与建设工作。如对于乡村固体废弃物，建立专门的垃圾堆放点，并定期进行填埋处理或通过乡镇垃圾处理厂及时处理；对于农业面源污染，也会因地制宜，并调整农作物灌溉制度，有效控制水污染。

据此，在农村饮用水水源保护中，完善饮用水水源保护考核制度，将水资源开发利用、节约和保护的主要指标纳入地方经济社会发展综合评价体系，使得县级以上人民政府及其主要负责人对本行政区域水资源管理和保护工作负总责，进而能从制度上推动流域经济社会发展与水资源水生态承载能力相适应。

二、注重发挥基层政府与基层自治组织的"前哨"作用

各类县、区、乡镇等基层政府是各项方针政策的具体落实者和执行者，在农村饮用水水源保护的过程中发挥着不可代替的作用。获得安全饮用水资源是维护人类健康和生态系统完整性的前提，[1]直接关系到广大人民群众的根本利益和民生福祉。[2]饮用水安全保障工作是关系到国计民生的大事，在农村饮用水水源保护工作中，乡镇人民政府及街道办应发挥排头兵的作用，攻坚克难，贯彻各类方针政策，强化对农村饮用水水源保护的各类政策的解释和宣传，提升农民对农村饮用水水源保护的理解力、支持度和认同感；组织实施具体的农村饮用水水源保护建设项目，引导广大农民群众参与到农村饮用水水源保护中来。

由于农村饮用水水源的分散性和地理环境的复杂性，农村饮用水水源地的全面有效监管难度很大，这需要政府和农村居民进行协调配合，充分发挥村民及其村组织的力量，以更好地解决农村饮用水水源面临的问题。鼓励农村基层组织或者村民参与饮用水水源的监督管理，存在着两个比较突出的优势：一方面，农村社区相对来说规模较小，人们之间的感情较为深厚，分歧较少，可以通过沟通协商的方式来实现团结合作

---

〔1〕 参见彭东昱："保障饮用水安全是当务之急"，载《中国人大》2015年第16期。

〔2〕 参见彭才喜、邓志民："新时代重要饮用水水源地安全保障评估思考"，载《水利水电快报》2021年第2期。

的目的，发挥法律所不能达到的效果，高效地实现对当地饮用水水源的保护；另一方面，与行政执法保护饮用水水源相比，村民在自我管理方面更具有动力和积极性，在这种民主管理的氛围下，也能够充分地激发人民参与饮用水水源保护的热情并提高其自觉意识。制定相应奖励和惩处办法，特别是要调动农村居民的主动性和积极性，他们是农村饮用水水源保护的生力军，同时也是农村饮用水水源保护效果好坏的关键。从基层管理抓起，激发管理人员工作的积极性和保护意识；通过缩小城市级和乡镇级水源地环境综合管理水平的差距，提高我国水源地安全整体保障水平。为了改善乡镇区域河流型水源地的管理水平，除了增加资金投入以聘请专业的管理人员、增加基础设施建设，还应加强对水源地管理机构人员的绩效考核。以市级为单位，对于市级范围内的乡镇水源地管理效果水平较高、使水源地达到建设标准的管理人员，给予经济奖励；对于管理较差、造成水源地安全建设不达标的管理人员，给予薪资惩罚或替换具有管理能力的人员。

现今的基层政府是贯通国家与社会的重要场域，同时也是国家政策落地的"最后一公里"。在国家如火如荼地推进乡村振兴战略的进程中，基层政府并非外在的旁观者，而是直接的关系人和参与者。从基层实践来看，基层治理既可能是乡村振兴的有益助力，也可能成为限制乡村振兴的阻力。因此，可以说，基层治理是乡村振兴进程中的重要一环，直接关系着乡村振兴战略的政策效果及最终成败。[1]同样，农村饮用水水源的保护工作也是如此，因此，《保护条例》规定由乡镇人民政府、街道办负责农村饮用水水源保护的日常监督管理，组织协调农村饮用水供水企业、村民委员会或者村民小组开展农村饮用水水源保护的相关工作。

农村饮用水水源污染涉及农村居民、村镇企业、社会、政府等多个主体，仅靠政府力量来解决农村水污染治理问题是不太现实的，必须发

---

[1] 参见徐娜："合法性与有效性：现代化转型时期基层治理的双重目标导向"，载《湖北民族大学学报（哲学社会科学版）》2021年第5期。

动多方力量，针对农村水污染进行多元化整治。故而，地方政府应当积极引导，村民委员会作为基层群众自治组织也应积极作为，向农村居民普及家庭自来水的常见问题、产生原因及解决问题的办法等常识，并组织村民参与制定饮用水相关的村规民约、保障本地的饮用水安全等事务。农村饮用水水源保护落到实处，特别是在乡镇、村基层显得特别重要。村民委员会是农民自治组织，也是农民生产生活最重要的组织形式，村主任也是由农民选举产生的具有一定威信的人，由村主任牵头，对饮用水水源地的环境进行保护，势必会产生较好的效果。但由于农民自身知识的局限性，不能很好地认识到保护水源地的重要性，村主任需要做好有关保护水源地的宣传工作，提高农民的保护意识。另外，通过将公平正义的伦理规范和价值原则融入村规民约等非正式行为规范之中，在激发乡村振兴活力的同时，也能够有效地引领和促进农民自行组织能力提升和在自治原则下解决农村饮用水水源保护问题，维护好自身的合法权益。可通过建立相应的奖惩机制来鼓励广大农民共同保护生态环境，在后期的发展中，可以通过奖励代替补贴，不仅要奖励管理饮水工程的能人，更要对其增加相应补贴，将管理工作量化进行绩效考核。这种做法不但充分发挥了基层自治组织的作用，体现了农民的主人翁意识，而且还可以减少国家对保护水源地的投入。

第五条 【部门职责】

市、县（市、区）人民政府生态环境主管部门负责农村集中式饮用水水源生态环境保护的监督管理工作。

市、县（市、区）人民政府水行政主管部门负责农村分散式饮用水水源保护的监督管理工作。

市、县（市、区）人民政府卫生健康主管部门负责指导开展农村饮用水水质监测和卫生监督工作。

市、县（市、区）人民政府发展改革、公安、财政、农业农村、自然资源、城乡建设、交通运输、林业等主管部门按照各自的职责，做好农村饮用水水源保护的有关工作。

【导读与释义】

本条是《保护条例》关于各市、县（市、区）人民政府生态环境、水行政、卫生健康、发展改革、公安、财政、农业农村、自然资源、城乡建设、交通运输、林业等主管部门各自职责的规定。

一、《保护条例》确立农村饮用水水源保护中政府相关主管部门的职责

早在1996年的《生活饮用水卫生监督管理办法》第3条中，就规定了我国涉及饮用水水源保护的国家一级管理行政部门。分别涉及生态环境主管部门、水利部、卫生健康委员会、发展改革、公安、财政、农业农村、自然资源、城乡建设、交通运输、林业等主管部门。根据这些部委官方网站及相关文献和文件内容，以下分别从管理职责、监督及其他

三个层面探讨其各自有关饮用水水源保护方面的职能。

虽然国家早已设立了关于饮用水水源与地下水资源的相关法规和管理条例，但各地区针对饮用水水源保护与地下水污染协同防治的地方性条文尚未完善，具体的管理防治措施和各部门的监管责任并未明确，从而阻碍了饮用水水源与地下水保护工作的开展。水环境保护工作涉及生态环境、水利、卫生健康等部门，各个监管部门之间不仅职能交叉，而且相互之间的权责也不够清晰。党的十八大以后，党和政府重塑了职能转变的价值目标，改变了政府职能转变的重心。2013 年《国务院机构改革和职能转变方案》在延续健全市场监管、社会管理和公共服务职能的同时，也要求深化行政审批制度改革，减少微观事务管理，以充分发挥市场在资源配置中的基础性作用，处理好政府与市场、政府与社会、中央与地方的关系，并加快形成权力界限清晰、分工合理、权责一致、运转高效、法治保障的国务院机构职能体系，切实提高政府管理的科学化水平，这标志着开始注重政府职能的效能性转变，标志着政府职能转变突破职能结构本身开始注重政府职能对管理对象的有效性。[1]为此，从中央层面来看，为深化国务院机构改革，要着眼于转变政府职能，坚决破除制约市场在资源配置中起决定性作用、更好发挥政府作用的体制机制弊端，围绕推动高质量发展，建设现代化经济体系，加强和完善政府经济调节、市场监管、社会管理、公共服务、生态环境保护职能，结合新的时代条件和实践要求，着力推进重点领域和关键环节的机构职能优化和调整，构建起职责明确、依法行政的政府治理体系，提高政府执行力，建设人民满意的服务型政府。2018 年《国务院机构改革方案》中关于国务院组成部门调整的规定为：①组建生态环境部。将原环境保护部的职责，国家发展和改革委员会的应对气候变化和减排职责，国土资源部的监督防止地下水污染职责，水利部的编制水功能区划、排污口设置

---

〔1〕　参见何颖、李思然："'放管服'改革：政府职能转变的创新"，载《中国行政管理》2022 年第 2 期。

管理、流域水环境保护职责，原农业部的监督指导农业面源污染治理职责，国家海洋局的海洋环境保护职责，国务院南水北调工程建设委员会办公室的南水北调工程项目区环境保护职责整合，组建生态环境部，作为国务院组成部门。②组建国家卫生健康委员会。将原国家卫生和计划生育委员会、国务院深化医药卫生体制改革领导小组办公室、全国老龄工作委员会办公室的职责，工业和信息化部的牵头《烟草控制框架公约》履约工作职责，原国家安全生产监督管理总局的职业安全健康监督管理职责整合，组建国家卫生健康委员会，作为国务院组成部门。③组建农业农村部。将原农业部的职责，以及国家发展和改革委员会的农业投资项目、财政部的农业综合开发项目、原国土资源部的农田整治项目、水利部的农田水利建设项目等管理职责整合，组建农业农村部，作为国务院组成部门。

就农村饮用水水源保护领域而言，首先，应进一步明确各职能部门的职权，增强执法实效，避免部门间因职权不清、职责不明而发生相互推诿、扯皮的现象。其次，加强饮用水安全保护部门的执法能力建设，注重农村水务执法工作人员的素质培养，督促其增强保护饮用水安全的整体意识以及执法水平，做到保质增效。在保障农村饮用水安全的执法过程中，使得各个监督主体必须积极作为，合力确保农村饮用水安全保障工作顺利进行。[1]据此，在农村饮用水水源保护领域，探索构筑出一套权责明晰、协调联动、齐抓共管的农村饮用水水源保护体系，将会是推进农村饮用水水源保护治理体系和治理能力现代化的重要实践和积极探索。

1. 生态环境保护部门

从生态环境部官网介绍内容来看，生态环境部总共有 16 项职责。主要如下：①负责建立健全生态环境基本制度。会同有关部门拟订国家生态环境政策、规划并组织实施，起草法律法规草案，制定部门规章。会

---

〔1〕 参见王利、李哲："乡村振兴战略背景下我国农村饮用水安全法律保障现状分析——以开封市为视角"，载《北京城市学院学报》2022 年第 5 期。

同有关部门编制并监督实施重点区域、流域、海域、饮用水水源地生态环境规划和水功能区划，组织拟订生态环境标准，制定生态环境基准和技术规范。②负责重大生态环境问题的统筹协调和监督管理。牵头协调重特大环境污染事故和生态破坏事件的调查处理，指导协调地方政府对重特大突发生态环境事件的应急、预警工作，牵头指导实施生态环境损害赔偿制度，协调解决有关跨区域环境污染纠纷，统筹协调国家重点区域、流域、海域生态环境保护工作。③负责监督管理国家减排目标的落实。组织制定陆地和海洋各类污染物排放总量控制、排污许可证制度并监督实施，确定大气、水、海洋等纳污能力，提出实施总量控制的污染物名称和控制指标，监督检查各地污染物减排任务完成情况，实施生态环境保护目标责任制。④负责环境污染防治的监督管理。制定大气、水、海洋、土壤、噪声、光、恶臭、固体废物、化学品、机动车等的污染防治管理制度并监督实施。会同有关部门监督管理饮用水水源地生态环境保护工作，组织指导城乡生态环境综合整治工作，监督指导农业面源污染治理工作。监督指导区域大气环境保护工作，组织实施区域大气污染联防联控协作机制。⑤指导协调和监督生态保护修复工作。组织编制生态保护规划，监督对生态环境有影响的自然资源开发利用活动、重要生态环境建设和生态破坏恢复工作。组织制定各类自然保护地生态环境监管制度并监督执法。监督野生动植物保护、湿地生态环境保护、荒漠化防治等工作。指导协调和监督农村生态环境保护，监督生物技术环境安全，牵头生物物种（含遗传资源）工作，组织协调生物多样性保护工作，参与生态保护补偿工作。⑥负责生态环境准入的监督管理。受国务院委托对重大经济和技术政策、发展规划以及重大经济开发计划进行环境影响评价。按国家规定审批或审查重大开发建设区域、规划、项目环境影响评价文件。拟订并组织实施生态环境准入清单。⑦负责生态环境监测工作。制定生态环境监测制度和规范、拟订相关标准并监督实施。会同有关部门统一规划生态环境质量监测站点设置，组织实施生态环境质量监测、污染源监督性监测、温室气体减排监测、应急监测。组织对生态环境质量状况进行调查评价、预警预测，组织建设和管理国家生态环境监测网和全国生态环境信息网。建立和实行生态环境质量公告制度，统一发布国家生态环境综合性报告和重大生态环境信息。⑧组织开展中央生态环境保护督察。建立健全生态环境保护督察制度，组织协调中央生态环境保护督察工作，根据授权对各地区各有关部门贯彻落实中央生态环境保护决策部署情况进行督察问责。指导地方开展生态环境保护督察工作。⑨统一负责生态环境监督执法。组织开展全国生态环境保护执法检查活动。查处重大生态环境违法问题。指导全国生态环境保护综合执法队伍建设和业务工作。⑩组织指导和协调生态环境宣传教育工作，制定并组织实施生态环境保护宣传教育纲要，推动社会组织和公众参与生态环境保护。开展生态环境科技工作，组织生态环境重大科学研究和技术工程示范，推动生态环境技术管理体系建设。⑪职能转变。生态环境部要统一行使生态和城乡各类污染排放监管与行政执法职责，切实履行监管责任，全面落实大气、水、土壤污染防治行动计划，大幅减少进口固体废物种类和数量直至全面禁止洋垃圾入境。构建政府为主导、企业为主体、社会组织和公众共同参与的生态环境治理体系，实行最严格的生态环境保护制度，严守生态保护红线和环境质量底线，坚决打好污染防治攻坚战，保障国家生态安全，建设美丽中国。

从上述生态环境部的职责来看，其在饮用水水源保护事项上负责水源地环境保护监督及污染治理工作，其负责与水源地安全保障相关的职能有：编制并监督实施与环境相关的规划，如水功能区划；确定及监测与水环境相关的指标，如河流污染物、水质指标等。从管理角度看，生态环境保护管理饮用水水源地环境保护工作；从监督角度看，生态环境保护监督饮用水污染防治规划的实施，监督水环境管理及饮用水水源地环境保护工作的政策规划的实施，监督水环境功能区规划的实施，及监督饮用水水源地环境保护工作。除监督管理外，生态环境保护负责发布饮用水水源环境质量状况信息，组织拟定饮用水污染防治规划，指导协调地方政府重大突发环境事件的应急及预警工作，拟定水环境管理及饮用水水源地环境保护的政策规划及水环境功能区规划，负责制定饮用水水源保护区划分技术规范，负责制定集中式饮用水水源保护环境管理评估办法并组织开展全国评估工作，建立饮用水水源监测网络及饮用水水源突发污染事件应急处置技术库，制定全国饮用水水源污染防治规划等工作。

2. 水行政主管部门

水利部是我国国家水行政主管部门，负责我国水资源，包括地表水和地下水的管理。依据水利部的官方网站内容，可知其主要职责有：①负责保障水资源的合理开发利用。拟订水利战略规划和政策，起草有关法律法规草案，制定部门规章，组织编制全国水资源战略规划、国家确定的重要江河湖泊流域综合规划、防洪规划等重大水利规划。②负责生活、生产经营和生态环境用水的统筹和保障。组织实施最严格水资源管理制度，实施水资源的统一监督管理，拟订全国和跨区域水中长期供求规划、水量分配方案并监督实施。负责重要流域、区域以及重大调水工程的水资源调度。组织实施取水许可、水资源论证和防洪论证制度，指导开展水资源有偿使用工作。指导水利行业供水和乡镇供水工作。③按规定制定水利工程建设有关制度并组织实施，负责提出中央水利固定资产投资规模、方向、具体安排建议并组织指导实施，按国务院规定权限审批、核准国家规划内和年度计划规模内固定资产投资项目，提出中央水利资金安排建议并负责项目实施的监督管理。④指导水资源保护工作。组织编制并实施水资源保护规划。指导饮用水水源保护有关工作，指导地下水开发利用和地下水资源管理保护。组织指导地下水超采区综合治理。⑤负责节约用水工作。拟订节约用水政策，组织编制节约用水规划并监督实施，组织制定有关标准。组织实施用水总量控制等管理制度，指导和推动节水型社会建设工作。⑥指导水文工作。负责水文水资源监测、国家水文站网建设和管理。对江河湖库和地下水实施监测，发布水文水资源信息、情报预报和国家水资源公报。按规定组织开展水资源、水能资源调查评价和水资源承载能力监测预警工作。⑦指导水利设施、水域及其岸线的管理、保护与综合利用。组织指导水利基础设施网络建设。指导重要江河湖泊及河口的治理、开发和保护。指导河湖水生态保护与修复、河湖生态流量水量管理以及河湖水系连通工作。⑧指导监督水利工程建设与运行管理。组织实施具有控制性的和跨区域跨流域的重要水利工程建设与运行管理。组织提出并协调落实三峡工程运行、南水北调工程运行和后续工程建设的有关政策措施，指导监督工程安全运行，组织工程验收有关工作，督促指导地方配套工程建设。⑨负责水土保持工作。拟订水土保持规划并监督实施，组织实施水土流失的综合防治、监测预报并定期公告。负责建设项目水土保持监督管理工作，指导国家重点水土保持建设项目的实施。⑩指导农村水利工作。组织开展大中型灌排工程建设与改造。指导农村饮水安全工程建设管理工作，指导节水灌溉有关工作。协调牧区水利工作。指导农村水利改革创新和社会化服务体系建设。指导农村水能资源开发、小水电改造和水电农村电气化工作。⑪指导水利工程移民管理工作。拟订水利工程移民有关政策并监督实施，组织实施水利工程移民安置验收、监督评估等制度。指导监督水库移民后期扶持政策的实施，协调监督三峡工程、南水北调工程移民后期扶持工作，协调推动对口支援等工作。⑫负责重大涉水违法事件的查处，协调和仲裁跨省、自治区、直辖市水事纠纷，指导水政监察和水行政执法。依法负责水利行业安全生产工作，组织指导水库、水电站大坝、农村水电站的安全监管。指导水利建设市场的监督管理，组织实施水利工程建设的监督。⑬开展水利科技和外事工作。组织开展水利行业质量监督工作，拟订水利行业的技术标准、规程规范并监督实施。办理国际河流有关涉外事务。⑭负责落实综合防灾减灾规划相关要求，组织编制洪水干旱灾害防治规划和防护标准并指导实施。承担水情旱情监测预警工作。

组织编制重要江河湖泊和重要水工程的防御洪水抗御旱灾调度及应急水量调度方案，按程序报批并组织实施。承担防御洪水应急抢险的技术支撑工作。承担台风防御期间重要水工程调度工作。⑮完成党中央、国务院交办的其他任务。⑯职能转变。水利部应切实加强水资源合理利用、优化配置和节约保护。坚持节水优先，从增加供给转向更加重视需求管理，严格控制用水总量和提高用水效率。坚持保护优先，加强水资源、水域和水利工程的管理保护，维护河湖健康美丽。坚持统筹兼顾，保障合理用水需求和水资源的可持续利用，为经济社会发展提供水安全保障。

其下设的农村水利水电司职责主要有：指导农村水利和农村水电工作，组织拟订农村水利和农村水电法规、政策、发展战略、发展规划和行业技术标准并监督实施。指导灌排工程建设与管理工作，组织实施大中型灌区和大中型灌排泵站工程建设与改造，指导灌溉试验工作。承担协调牧区水利工作。指导农村饮水工程建设与管理工作，组织实施农村饮水安全巩固提升工程。指导节水灌溉有关工作，指导农业水价综合改革工作。指导农村水能资源开发与管理，组织开展水能资源调查工作，组织拟订农村水能资源开发规划。监督司职责主要有：督促检查水利重大政策、决策部署和重点工作的贯彻落实。组织开展节约用水、水资源管理、水利建设与管理等相关业务领域的督查。组织实施水利工程质量监督，指导水利行业安全生产工作，组织或参与重大水利质量、安全事故的调查处理。

2018 年，中共中央办公厅、国务院办公厅印发《水利部职能配置、内设机构和人员编制规定》，对水利部承担的职能进行了优化，对水利部过去承担的水资源保护职责作出了较大调整，同时又赋予水利部很多新的职责。如指导河湖水生态保护与修复、河湖生态流量水量管理以及河湖水系连通工作；指导地下水开发利用和地下水资源管理保护；组织指导地下水超采区综合治理；组织编制并实施水资源保护规划，指导饮用水水源保护有关工作。从以上职能职责分析，水利部水资源保护工作职责任务丝毫没有减轻，从水量水质并重上升到水资源水环境水生态"三水"统筹，更加突出了水利工程在生态保护中的服务功能，更加凸显了水利工作在生态文明建设中的地位和作用。

由上述的职责内容可知，就饮用水水源保护领域而言，从管理角度看，水利部负责水资源及水库安全管理工作；从监督角度看，监督水资源规划的实施、水库安全、水权制度的建设及实施，组织取水许可和水资源有偿使用制度、水量分配和水资源调度工作的实施，以及对省界水量水质的监督。除了监督管理，水利部还负责指导水资源信息发布、组织指导水资源调查评价监测、指导水资源配置和节约，以及城市供水水源规划的编制和实施等工作。其与水源地安全保障有关的主要职能有：组织实施取水许可、水资源论证；组织编制水利规划、水量分配方案；负责饮用水水源与其他开发利用途径之间的协调与规划等。

3. 卫生健康主管部门

国家卫生健康委员会是国务院组成部门，为正部级单位。[1]其主要负责贯彻落实党中央关于卫生健康工作的方针政策和决策部署，在履行职责过程中坚持和加强党对卫生健康工作的集中统一领导。主要职责有：拟订国民健康政策，拟订卫生健康事业发展法律法规草案、政策、规划，制定部门规章和标准并组织实施。统筹规划卫生健康资源配置，指导区域卫生健康规划的编制和实施。制定并组织实施推进卫生健康基本公共服务均等化、普惠化、便捷化和公共资源向基层延伸等政策措施。

2018 年 7 月 30 日印发的《国家卫生健康委员会职能配置、内设机构和人员编制规定》第 1 条规定："根据党的十九届三中全会审议通过的《中共中央关于深化党和国家机构改革的决定》、《深化党和国家机构改革方案》和第十三届全国人民代表大会第一次会议批准的《国务院机构改

---

〔1〕 参见中共中央办公厅、国务院办公厅《关于调整国家卫生健康委员会职能配置、内设机构和人员编制的通知》。

革方案》，制定本规定。"2022年1月24日，根据《中国共产党机构编制工作条例》和党中央关于疾病预防控制工作的决策部署，经报党中央、国务院批准，对国家卫生健康委员会职能配置进行了相应的调整，下述职责划入国家疾病预防控制局，主要有制定并组织落实传染病预防控制规划、国家免疫规划以及严重危害人民健康公共卫生问题的干预措施，制定检疫、监测传染病目录；组织指导传染病疫情预防控制，编制专项预案并组织实施，指导监督预案演练，发布传染病疫情信息，指导开展寄生虫病与地方病防控工作；负责职责范围内的职业卫生、放射卫生、环境卫生、学校卫生、公共场所卫生、饮用水卫生等公共卫生的监督管理，负责传染病防治监督，健全卫生健康综合监督体系；制定传染病医疗机构管理办法并监督实施。贯彻新时代卫生与健康工作方针，全面推进健康中国建设，把保障人民健康放在优先发展的战略位置，织牢国家公共卫生防护网。

从上述内容来看，卫生健康部门主管地区饮用水卫生监督工作。从管理角度，负责饮用水卫生管理工作；从监督角度看，主管地区饮用水卫生监督工作及城市供水过程中的卫生监督。

4. 其他部门

城乡建设主管部门作为地区供水的主管部门，负责自来水和公共供水的安全工作。从管理角度看，负责本地区供水及饮用水卫生管理工作。除监督管理外，城乡建设部门还负责指导节水及城镇饮用水管网配套建设。

农村地区暴露出饮用水安全问题，引发这些安全问题的原因有很多，因而迫切需要政府领导各相关职能部门加以解决。但是，我国饮用水水源保护管理体制也不是集中统一的，而是有关部门根据各自职责开展饮用水水源保护。饮用水水源保护涉及发展改革、水利、环保、住房城乡建设、国土资源、卫生健康、农业、林业、交通运输等多个部门。在管理体制上，水利、环境、建设、农业、地质、卫生等行政部门在各自权限内行使行政职权，对饮用水水源进行水质等方面的监督管理，这样的多龙治水虽然符合由专业的人做专业的事，但对于日常监督管理而言，效率较为低下。尤其是涉及大型流域水源的情况下，因其覆盖范围广，通常也需要更大的监管力度。同时，在多部门管理且缺乏有效的部门协调机制情形下，会存在轻管理、责任不明的状况。[1]我国现存的涉及农村生活饮用水安全保障的立法本身也待全面完善，迫切通过地方性立法规范，明确政府各部门权责划分，健全水质监测、水源地监测及安全预警应急管理制度，完善多部门合作监管机制。并通过立法明确环保、卫生健康、水行政等管理部门在农村饮用水水源保护中的职责范围及合作事项。同时，建立多部门协同机制，消弭各部门之间的隔阂与误解，以有效应对农村饮用水水源保护中的重大事项或问题。

随着专业化程度的提高，需要逐步按照管理的目的和意图来划分部门，以增强自主性和降低协调成本。[2]然而，也注意加强相关机构配合联动，避免政出多门、责任不明、推诿扯皮现象的产生，为此，应坚持问题导向，聚焦发展所需、基层所盼、民心所向，坚持一类事项原则上由一个部门统筹、一件事情原则上由一个部门负责，破除制约发展的体制机制弊端，使各部门的职责的设置和划分更加科学、职能更加优化、权责更加协同、监督监管更加有力、运行更加高效。优化就是要科学合理、权责一致；协同就是要有统有分、有主有次；高效就是要履职到位、流程通畅。

所以，明确未来农村的饮用水供水管理职能，对相应的权责、应该遵守的准则和本属的义务都作出详细的划分，有助于地方政府及相关职能部门在执行过程中按照相关规定，实现有法可依。同时，这样的权利与义务的明确，也能使当地民众参与到农村饮用水的改进中来，发挥其

---

〔1〕 参见王彬、梁璇静："我国饮用水水源保护制度现状及完善建议"，载《环境保护》2016年第21期。

〔2〕 参见杨志云、殷培红、和夏冰："政府部门职责分工及交叉的公众感知：基于环境管理领域的分析"，载《中国行政管理》2015年第6期。

监督的作用，从而极大地调动人民群众的积极性，使农村饮用水供给机制更加公开、公平和完善。

二、《保护条例》对相关主管部门科学分工

当前我国还没有一个专门的综合性管理机构负责饮用水水源的保护和管理。水利、环保、卫生健康等部门均涉及饮用水水源地管理，人为割裂了饮用水水源地的管理过程，导致目前许多水源地存在轻管理、责任不明的状况。我国法律中缺乏饮用水水源地管理体制方面的规定，目前仅《饮用水水源保护区污染防治管理规定》第20条作出了"各级人民政府的环境保护部门会同有关部门做好饮用水水源保护区的污染防治工作并根据当地人民政府的要求制定和颁布地方饮用水水源保护区污染防治管理规定"的规定。

分工与整合之间的平衡，可视为政府部门职责设定与分工修正的基本原则。分工就是给予政府各部门权力激励的过程，其能够调动政府部门工作积极性，提升专业性基础上的主动性。分工的目的在于专业化，其愿景是通过提升工作过程中各个阶段、各个环节的专业化程度保障整体效率得以提升。同时，为了有效地协调各个部门职责，避免各个部门之间的职能出现交叉与冲突，防止出现多头治理或相互推诿的情况，严重影响管理事项的有序展开，降低政府整体行政效率，应合理设置部门分工。供水的监管方面规定交叉复杂，分别由不同的机构监管。我国饮用水安全保障涉及水利、卫生健康、住房城乡建设等多个部门，在饮用水的问题上不同的部门从各自的角度出发，难以全面地对饮用水安全的监管权责进行划分，其中有的环节多个部门权责交叉重叠，有的环节处于执法空白点，执法过程中易产生冲突，同时因系部门规章所赋予的权力，冲突问题又难以协调，导致执法过程出现了相互争夺权力等现象。

从管理的角度来看，组织分工理论提倡由不同专业和技能的人来完成相对应的专业工作，以达到"各施所长、人尽其才"的高效率目的。

注重让"专业的人做专业的事",如让卫生健康主管部门主抓农村饮用水水质监测和卫生监督工作。但是,如果分工过度,容易导致分散化问题的出现,影响管理的整体性效果。因此,在实施组织分工时,科学有效的沟通协调机制就显得格外重要。在现阶段实际的行政管理中,专业管理仍是主流,存在着明显的"碎片化"现象,例如,各个部门出于自身利益考虑,很容易造成权力、利益等部门化,而且职能交叉问题严重。针对"碎片化管理"问题,我们应该主动转用"整体性治理"的方法,即积极加强行政组织结构的调整和重组,在保证决策职能、执行职能充分发挥的基础上,进一步强调协调、沟通职能,科学地解决政府"边界冲突事件",提升资源的使用效率。因地制宜地划分各相关部门的职能,尤其是地方政府,要充分考虑当地的实际情况,例如自然条件、区位条件、历史传统等多方面因素,在此基础上,充分征求各个行业、各个职能部门、社会各相关主体的意见,综合考虑各方面的需求,最大限度地满足实际利益诉求。

以饮用水水源的污染源治理为例,点源由环保部门监管、面源由农业部门监管、入河排污口由水利部门管理、排水管网和污水处理由住房城乡建设部门管理、水污染事故应急处置主要由环保部门负责,一个完整的排污管理被"肢解"。部门职责分工的标准和界限缺乏一套清晰的逻辑标准,管理的业务流程被人为"切割",导致职责分工"碎片化"和动态上职责交叉。为此,在法律规则上,明规列典、建章立制,特别是完善政府部门组织法和程序性规制度,明确各个部门的基本职能、边缘性职能和部门间的共享性职能。在操作层面上,精细化管理政府职责和流程。凡是能够由一个部门承担的职能,就不要分别由几个部门共同承担;确需由多个部门共同承担的职能,就必须明确牵头部门、各部门的主次责任,以及部门间协调配合机制等制度细节。

饮用水水源保护是重要的民生问题,而人民群众对法律实施效果充满期待。要想实现法律中新制度新规定新要求的贯彻实施,切实把"纸上的法律"变为"行动中的法律"，使之成为清洁饮用水资源保护的有力武器，就必须严格落实好各级政府和相关职能部门的法定职责和法律责任，一个条款一个条款地对照落实，切实把法律制度的引领、规范、保障作用发挥出来。明确责任主体。水利、卫生健康、环保、农业以及国土等部门要熟知自身的职责，对每一个区域，每一项工作都进行严格的划分，避免出现工作盲区。同时，各部门需针对当地水源地的生态环境状况，制定并落实对应的水源地保护措施，改善水源地的生态环境。

《水污染防治法》第9条规定县级以上人民政府环境保护主管部门对水污染防治实施统一监督管理。交通主管部门的海事管理机构对船舶污染水域的防治实施监督管理。县级以上人民政府水行政、国土资源、卫生、建设、农业、渔业等部门以及重要江河、湖泊的流域水资源保护机构，在各自的职责范围内，对有关水污染防治实施监督管理。《地下水管理条例》第4条规定，国务院水行政主管部门负责全国地下水统一监督管理工作。国务院生态环境主管部门负责全国地下水污染防治监督管理工作。国务院自然资源等主管部门按照职责分工做好地下水调查、监测等相关工作。第5条第2款进一步规定，县级以上地方人民政府水行政主管部门按照管理权限，负责本行政区域内地下水统一监督管理工作。地方人民政府生态环境主管部门负责本行政区域内地下水污染防治监督管理工作。县级以上地方人民政府自然资源等主管部门按照职责分工做好本行政区域内地下水调查、监测等相关工作。另外，《广东省水污染防治条例》第5条也规定县级以上生态环境主管部门对本行政区域内的水污染防治工作实施统一监督管理。县级以上人民政府发展改革、工业和信息化、财政、自然资源、住房和城乡建设、交通运输、水行政、农业农村、卫生健康、城市管理执法等主管部门以及海事管理机构，在各自职责范围内对水污染防治实施监督管理。

为了化解"多龙治水"的难题与困境，本《保护条例》依据各相关部门的主要职责与专业能力，并按照"科学优化协同"的部门职责设置理念的指引，科学合理地划定了市、县人民政府各个职能部门在农村饮用水水源保护事项中的相关职责。因为要使法律实施得更加高效便捷，就需要处理好部门之间的权力与责任关系，克服部分的权益倾向，做到权责清晰、相互配合、高效联动。[1]明确工作中主管部门、政府及村委会的职责等，权责清晰，才能有效避免在执法过程中出现部门之间互相推诿和踢皮球等现象，切实保障法律得到有效实施，逐步成为"活"法，而不只是流于形式。

故而，本《保护条例》明确地规定本行政区域内的市、县（市、区）一级的生态环境主管部门负责农村集中式饮用水水源生态环境保护的监督管理工作；市、县（市、区）水行政主管部门负责农村分散式饮用水水源保护的监督管理工作；市、县（市、区）卫生健康主管部门负责指导开展农村饮用水水质监测和卫生监督工作；市、县（市、区）发展改革、公安、财政、农业农村、自然资源、城乡建设、交通运输、林业等主管部门按照各自的职责，做好农村饮用水水源保护的有关工作。尤其是各级政府和有关部门要对农村饮水工作给予高度重视。如有的地方就成立了由政府牵头，卫生、公安、水利、财政、水政和乡镇等多部门参与的农村饮水安全工程管理领导小组，切实把关系群众生命安全和切身利益的农村饮水提到重要议事日程。此外，各部门、各单位也应充分发挥各自职能作用，建立健全社会服务化体系，为依法加强和规范农村供水的运行管理提供政策支持和组织保障。

---

[1] 参见韩登池：《〈韶关市文明行为促进条例〉导读与释义》，中国政法大学出版社2022年版，第41页。

第六条 【宣传教育】

市、县（市、区）人民政府及其有关主管部门应当组织开展农村饮用水水源保护宣传教育工作。

广播、电视、报刊、互联网和手机媒体等大众传媒应当开展农村饮用水水源保护的宣传，并进行舆论监督。

【导读与释义】

本条是《保护条例》关于为了有效开展农村饮用水水源保护工作的推进与实施，要求市、县（市、区）人民政府及其有关主管部门应当组织开展农村饮用水水源保护宣传教育活动，同时也包括了大众传媒广播、电视、报刊、互联网和手机媒体等在农村饮用水水源保护进程中应当承担宣传及舆论监督职责的规定。

一、《保护条例》规定了政府及有关部门的宣传教育职责

法律的生命在于实施，实施的前提在于宣传，地方立法亦如此。在地方立法文本中有关宣传教育的常用表述方式有"县级以上人民政府及其有关部门应当加强……宣传教育，支持……科学研究，推广应用科研成果，提高保护水平""自治县人民政府及其有关部门应当开展保护……的宣传教育工作，普及……知识，提高公民保护……的意识"等。

虽然《保护条例》强调政府的主导原则，但是这并不意味着政府必须事无巨细地参与。时下在社会治理领域强调的协同治理观，正是要"倡导多元治理主体（包括公共部门、企业、社会组织和个人）在资源与利益相互依赖的基础上共同参与决策制定，并协同解决公共问题"。[1]毋庸置疑，人类活动导致的环境问题，已成为生态环境恶化众多因素的主因。由此凸显了对公众环境教育问题的必要性、重要性和紧迫性。科普教育体系的构建关系到生态文明建设的进程以及公众科学素养的提升状况。公民只有具备了一定的环境保护相关科学知识，才会更深刻认识到人与自然和谐共生的科学内涵，才会树立良好的社会主义生态文明观。换言之，公民的科学素养在某种程度上直接决定着生态文明建设的进程。如何提高公民科学素养和生态文明建设的互惠共赢，应成为建设社会主义现代化强国的重要课题。

就农村饮用水水源保护而言，绝大多数公民会关注日常生活饮水水质的安全问题，但公众对饮用水来源及其水质状况的认知度较低，不同年龄、不同学历、不同职业类型的人群对饮用水来源及其水质状况的认知度也存在一定差异。另外，公众对饮用水水源保护区划定范围、饮用水水源保护区的环境污染整治以及饮用水水源保护区管理的相关政策法规的了解状况不佳；饮用水水源保护公益活动和政策文件意见征询的公众参与度、活跃度尚有进一步提升的空间。所以，需要进一步宣传农村饮用水水源保护工作的重要性，广泛动员全社会的力量关心和支持农村饮用水水源保护事业的发展。首先要经常对用水户进行节约用水的宣传教育，让他们了解农村饮水的用途和范围，提高思想认识，减少和杜绝用自来水浇菜园子、搞建筑等违规、违章用水行为。除此之外，政府应制定相对透明的政策法规，规范培育支持市场和社会主体，激励和强制村民参与到农村饮用水水源保护中，消除市场主体和社会主体的参与障碍，提高农村饮用水水源保护的效率。众所周知，在我国生态环保领域，普遍存在着立法和执法标准的确立缺少"群众基础"的问题，致使在生态环保执法过程中，难以得到执法对象及社会公众的理解、支持与认同，

---

　〔1〕　参见张贤明、田玉麒："论协同治理的内涵、价值及发展趋向"，载《湖北社会科学》2016年第1期。

自然而然地要想取得社会公众的配合和协助也就十分困难了。

目前来看，本行政区域内的政府人员与农户对饮用水的安全健康问题认识还不到位，水源保护的意识观念也比较薄弱。从对一些地区的调研来看，当地人们对于安全与健康用水问题的认知度不高，观念意识落后。通过实地调研发现，一些地方政府并没有相应地配备宣传设备，也没有通过有效途径加强对农村地区饮水安全的宣传力度，如此未使村民能够更及时、更确切地了解农村饮水安全知识；另外，农村空心化、老龄化问题严重，青年人大多在外务工，留守农村的大多是老弱妇孺，他们的教育水平较低，接受新事物的能力较低，传统思想观念难以改变，环保意识较差。再加上农村居民健康意识薄弱，认为饮用水无味无色清澈就可以饮用，不关心也不知道水中存在的化学污染。这一方面是因为政府对于农村安全健康用水的宣传力度不够，没有积极地引导当地民众对饮用水引起高度重视。另一方面是因为有部分乡镇领导和村民对于饮用水的安全意识较为淡薄，要提高他们的饮水安全意识和认知度，就必须积极地引导他们，加强宣传力度，形成良好的氛围。无疑，加强农村饮用水安全教育就是着眼于长期对执法对象的培育。理解和认同农村饮水安全法律和标准的民众，在农村饮用水水源保护执法过程中更可能积极主动地配合相关部门，使得本《保护条例》的立法和执法的目的更具实现的可能性。

故而，市、县人民政府及其有关主管部门要组织开展农村饮用水水源保护宣传教育工作，提高农户思想觉悟，增强其饮用水水源保护意识。一是使全社会充分理解农村饮用水水源保护和绿色发展的必要性。当前，我国饮用水水源保护形势不容乐观的重要原因之一，就是不少地区对于饮用水水源保护的重要性认识不足，片面追求眼前利益、局部利益和经济效益，忽视长远利益、全局利益和环境效益。而通过加强宣传教育工作，可以转变这种重经济发展、轻环境保护的思想观念。二是将饮用水水源保护的宣传教育作为乡村振兴与社会主义新农村建设的基础性工作。

此举也是为推进农村饮用水水源保护工作奠定群众基础的重要途径。通过宣传教育，可以让公众了解农村饮用水水源保护的相关知识，有利于增强公众的农村饮用水水源保护意识，使公众理解和支持农村饮用水水源保护的各项工作。三是通过公众教育，转变人们对农村饮用水水源保护的认识，树立正确的保护理念，坚持科学的保护方法。

所以，应大力开展农村饮用水水源安全知识的宣传工作，帮助农民提高饮用水水源安全的意识，倡导农民安全饮水和健康饮水，从而避免由水污染引起的疾病。例如，蓄水池中的水是居民口中的直接用水。在这种情况下，非常有必要宣传和普及安全卫生知识，提出安全用水的建议，如防止蓄水池污染，在蓄水池上加清洁盖板、使用消毒水箱等保证水库水源的安全问题，这是保证农村饮水安全的重要措施。此外，明晰所涉教育型参与活动不同主体的差异化属性定位。其一，承担农村饮用水水源保护管理职责的政府相关职能部门是实施相应普法宣教活动的第一责任人。该类主体应主动通过各种方式、手段推进宣教成效，营造良好的农村饮用水水源保护社会氛围。其二，广大农村居民是该类活动的权利型受众。参与相关宣教活动是提升权利人实现参与所需素质能力的一种权利选项，当然有必要以尊重权利人的意愿、兴趣为前提，也可将相应的知识普及评价结果列为权利人实施监督型参与的奖励叠加指标。[1]

另外，可以逐步探索和推广逐户讲解饮用水水源保护方面的知识，让农民能够更加清晰深刻地了解到农村饮用水水源保护与其自身的身体健康的紧密关联性，认识到农村饮用水水源被污染后的危害性，增强其从自我保护意识出发加大对农村饮用水水源保护工作的支持力度，同时，相关部门应加强对专业的水务管理人员的培训，提高水务管理人员的健康常识。通过媒体网络、报纸、展览等方式加强对农村饮水安全知识宣

---

〔1〕 参见赵谦、索逸凡："食品安全社会共治的主体结构论"，载《西南大学学报（社会科学版）》2022年第4期。

传，通过综合运用多种教育手段来提高农民的饮水安全知识。如建立宣传小组，选取对农村饮用水安全较为熟悉、责任心强，而且对农村地区较为熟悉的人员，并对该类人员，配备宣传设备，加强对农村地区饮水安全的宣传力度，让村民能够更及时、更确切地了解农村饮用水安全知识。利用电视媒体对农村饮水安全进行报道，除了电视媒体，还可以通过广播、报纸、公交电视等进行宣传。比如，在人们的饭后新闻时间，早上看报纸或者乘车的时候可以向他们普及农村饮水安全知识，以增加宣传的广度。如通过建立一个网络平台，创建农村饮用水微信平台，或者其他互联网平台，及时通过手机电脑发布信息，以提高信息的时效性和影响力，使人民群众能够在第一时间及时地了解农村饮用水安全的问题和新闻；同时，还可以通过建立专门的网页和制作专门刊物来宣传，增加人们获取农村饮用水水源保护知识的媒介渠道。

考虑到农村饮用水水源保护宣传的受众面广、专业性强，在加大对《保护条例》等相关法律法规的普法宣传力度的同时，为提高群众对农村饮用水水源保护与饮用水水源污染防治的关注度和参与感，提升法律的宣传普及效果，应尽量适用通俗易懂的语言解读法条，用生动具体的案例阐释规定，推动形成人人有责、人人参与、人人受益的饮用水水源保护与水源污染防治氛围，让全社会共享清洁水资源。另外，鉴于媒体网络存在公信力不高、信息繁杂泛滥等缺陷，公众了解饮用水水源及水质安全相关信息的途径受限。因此，为增强公众保护饮用水水源的意识和行动自觉，扩展公民了解饮用水水源保护的渠道以及提高公民生态环境科学素养，政府部门需完善第三方水质监管体系，环境和水质监测部门需定期向公众公布相关监测报告，切实保障公众知情权，强化对饮用水水源安全相关信息的公开工作。

二、《保护条例》也赋予了新闻媒体宣传教育及舆论监督的义务

本条文进一步强调了新闻媒体的宣传教育和舆论监督作用。新闻媒体包括报纸、广播、电视、互联网四大类，具有受众广、传播快、影响大的特点。在农村饮用水水源保护工作中，要充分发挥媒体的环保宣教作用，通过创新新闻宣传方式和内容，以群众喜闻乐见的形式广泛宣传农村饮用水水源保护，加大正面典型的宣传报道力度，发挥好正面典型的引导、激励和教育作用。同时，也可以引导全社会关注农村饮用水水源保护事业，营造良好的舆论氛围，增强社会各界的知晓度、参与度，全力保障农村饮用水水源保护工作的开展。另外，充分发挥新闻媒体的舆论监督作用，针对破坏农村饮用水水源保护的违法违纪或者其他不良现象及行为，有重点地曝光和剖析一些典型案件，深入开展警示教育，推出有震撼力、能在人民群众心灵中产生强烈共鸣的警示性报道，弃恶扬善，以达到舆论监督的目的。舆论监督具有事实公开、传播快速、影响广泛、揭露深刻等特点和优势，能够迅速将公众的注意力聚焦，形成巨大的社会压力，并引起政府和有关部门的关注，促使执法部门依法对违法行为进行查处。并且，舆论监督也是公众参与的一种形式，其具备便捷、无形、力量强大的特点。妥善运用好舆论力量，对饮用水水源保护各项工作的开展进行监督，可以为公众提供多渠道的建议和举报途径，让每一个群众在发现破坏饮用水水源情况时，能够第一时间报告相关政府部门。

新媒体时代，人们随时随地都能通过多种媒介了解更多的信息，信息传递更加便捷，人们获得信息的途径更多。当前社会大众对饮用水水源保护相关知识的掌握还存在一定的不足，政府监管部门应做好宣传引导，除了利用报纸、广播、电视等途径，还可合理利用新媒体，通过公众号或微博平台、官方网站等，做好饮用水水源保护宣传工作，提高人们对虚假新闻的辨别能力，不信谣、不传谣。除做好相关新闻案例以及饮用水水源保护知识的宣传外，做好法律法规宣传，进一步做好饮用水水源保护知识的教育与普及工作，切实提高人们对饮用水水源保护工作的认识。大众媒体作为重要的监管力量，也应当认识到污染和破坏农村饮用水水源问题的危害性，主动担当起监管责任，发挥喉舌作用，坚守底线原则与职业操守，为我国农村饮用水水源保护提供支持。故而需要让更多的新媒体平台增设农村饮用水水源保护专栏，让流量大、传播面更广的媒体都参与进来，转发并传播正规渠道的农村饮用水水源污染防治科普信息，带动整个社会的农村饮用水水源保护科普行动，对农村饮用水水源保护真正起到社会监督作用。

为此，首先可以通过设计通俗易懂、清晰明了的墙体宣传画，逐步培育村民农村饮用水水源保护意识。丰富宣传工作与村民参与的形式，例如，指导村民有意识地将秸秆等有机垃圾定点填埋至农地、果园，这样不仅能够降低垃圾处理压力，还能够改善土壤的种植条件。其次，通过课程培训、生活晚会活动宣传，培养村民垃圾入桶、分类放置的习惯。最后，基层政府的决策要以激励为主，惩戒为辅，促使普通村民意识的进步，使其从被动的受众变为积极的践行者，实现从客体向主体的转变，真正成为农村饮用水水源保护的推动者和倡导者。[1]

此外，政府监管部门不仅需要完善农村饮用水水源水质水量数据，将数据进行可视化、科普化处理，还需要借助社会组织、社会媒体等第三方监督渠道去传播和承接农村饮用水水源保护科普的内容，最大限度地扩散农村饮用水水源保护的正确信息。这样才能让群众通过多种渠道了解农村饮用水水源保护的知识，提升对农村饮用水水源保护全过程的监管效力，提高农村饮用水水源全链条质量卫生保障水平，为人们提供实实在在的安全卫生的饮用水，从而提升人们的幸福感和安全感。[2]公民有保护饮用水水源地的权利和义务，也在饮用水水源问题上享有知情权和参与权。知情权是公众参与的基础，而科普是让公众科学、正确地认知和辨识，二者缺一不可。政府科普部门应该加大对饮用水水源保护

〔1〕　参见于水、江宁、李清华："乡村生活垃圾善治的逻辑重构——从政府主导到多元参与"，载《行政科学论坛》2021 年第 11 期。

〔2〕　参见朱月虹："社会共治下食品安全科普对食品质量监督的必要性探究"，载《食品安全导刊》2022 年第 5 期。

区划定、饮用水水源保护区保护条例等知识科普，有针对性地开展公众饮用水水源保护科普教育，如对于在校学生，可以通过开展生态科普读书或教育进行科普；对于企业员工，可以开展员工生态教育培训；对于社区居民，可以支持社区自行举办形式多样、丰富多彩的生态科普活动，全面开展饮用水水源保护区科普教育工作，提升公众对饮用水水源保护的知识素养。另外，环保部门还需与公众建立水源保护行动的互动机制，拓宽公众参与渠道。如开放公众对饮用水水源保护相关文件意见的专属反馈通道；完善水源地违法情况举报监督"一站式"互动服务体系等。[1]

---

〔1〕 参见郑子琪等："生态文明背景下深圳市公众饮用水源保护科学素养调查与研究"，载《环境生态学》2021 年第 10 期。

第七条　【社会共治】

任何单位和个人都有保护农村饮用水水源的义务，对污染、破坏农村饮用水水源的违法行为有举报的权利。

鼓励社会组织和志愿者参与农村饮用水水源保护工作。

市、县（市、区）人民政府及其有关主管部门可以对在农村饮用水水源保护工作中做出显著成绩的单位和个人依法给予表彰奖励。

【导读与释义】

本条是《保护条例》关于在农村饮用水水源保护工作中应当推动公众参与及鼓励社会共治的规定，并倡导市、县（市、区）人民政府及其有关主管部门通过构筑激励机制，来推动农村饮用水水源保护领域公众参与和社会共治的实现。

一、农村饮用水水源保护需要多元主体共同参与

十九大报告指出，要"提高社会治理社会化、法治化、智能化、专业化水平"，构建"共建共治共享"的社会治理模式，[1] 社会共治字面上就是社会上方方面面的力量共同来治理。参考借鉴我国目前对食品安全社会共治已经有的官方解读，涉及政府、企业、新闻媒体、公众等主体。[2] 在农村饮用水水源保护领域要实现社会共治，也需要充分有效地

---

〔1〕　习近平："决胜全面建成小康社会　夺取新时代中国特色社会主义伟大胜利——在中国共产党第十九次全国代表大会上的报告"，载 http://www. gov. cn/zhuanti/2017－10/27/content_ 5234876. htm，2017 年 10 月 28 日访问。

〔2〕　汪洋："构建社会共治体系　共享食品安全成果"，载 http://www. gov. cn/guowuyuan/2016－06/14/content_ 5082268. htm，2016 年 6 月 15 日访问。

发挥政府、企业、新闻媒体及公众的作用。由于前述部分已经对在农村饮用水水源政府主导和新闻媒体的作用进行了相关的阐述，此处不再赘述，这里将重点讨论公众和社会组织的作用。

党的二十大报告就提出要"健全共建共治共享的社会治理制度，提升社会治理效能……发展壮大群防群治力量……建设人人有责、人人尽责、人人享有的社会治理共同体"等。在农村饮用水水源保护中推动多元主体共同参与，是落实中共中央《关于全面深化改革若干重大问题的决定》第50条确立的"最严格的覆盖全过程的监管"基本原则的题中应有之义，也是中共中央《关于全面推进依法治国若干重大问题的决定》在"推进多层次多领域依法治理"中规定的"提高社会治理法治化水平"的一项重要内容。[1]

后现代社会风险的公共性、系统性极易引发社会多维度的连锁反应。也因此，多维度监督在社会治理中的重要地位日益凸显。而促进社会多元主体参与并充分发挥作用，是促进公共利益实现的不可或缺的环节，[2]也是实现共建共享美好生态生活的良好局面的必然选择。[3]污染、破坏农村饮用水水源的违法行为无疑是对公共利益的损害，通过发动群众对违法行为进行举报，增强其主人翁意识，发现安全隐患主动反映上报，为减少各类安全隐患、杜绝污染、破坏农村饮用水水源事故的发生贡献一份力量，也可以有效地缓解监管不力、威慑不足、社会参与度不够的问题。

"多元共治"因其所具有平衡多主体间利益、提升行政管理效率等特

---

〔1〕 参见赵谦、索逸凡："食品安全社会共治的主体结构论"，载《西南大学学报（社会科学版）》2022年第4期。

〔2〕 参见夏志强："公共危机治理多元主体的功能耦合机制探析"，载《中国行政管理》2009年第5期。

〔3〕 参见刘乃刚："习近平关于绿色生活方式的重要论述研究"，载《南京工业大学学报（社会科学版）》2021年第5期。

点而开始成为我国建设现代化环境治理体系的新理念。[1]"多元共治"首先强调的是包括政府、企业、公众等多主体共同参与环境治理，并且通过发挥不同主体自身环境治理功能，创造社会主体与行政主体协作的环境治理合力。党的十九大报告提出，要构建政府为主导、企业为主体、社会组织和公众共同参与的环境治理体系，并进一步提出了公众参与的政策要求。《环境保护法》第5条规定了环境保护公众参与的原则，专章规定了信息公开和公众参与制度，赋予公民、法人和其他组织依法享有获取环境信息、参与和监督环境保护的权利。2020年，中共中央办公厅、国务院办公厅印发《关于构建现代环境治理体系的指导意见》，强调建立环境治理全民行动体系，要求强化社会监督，发挥各类社会团体的作用，提高公民环保素养。2021年，中共中央、国务院《关于深入打好污染防治攻坚战的意见》规定，提高生态环境治理现代化水平，构建政府主导、部门协同、企业履责、社会参与、公众监督的生态环境监测格局。公众参与制度下公众的权利主要包括以下三个方面：①知情权，了解政府和企事业单位有关环境信息的权利，通过政府和企事业单位的信息公开，使得包括项目受理、审批以及监测结果等的信息公开得以实现；②参与权，参与政府环境决策的权利，包括对政府和企事业单位相关的环境行为进行批评，在各类政策文件以及建设项目环境影响评价文件公开征求意见期间，表达意见和提出建议的权利；③监督权，举报政府和企事业单位涉及环境的违法行为的权利。[2]

同时，在深入打好以大气、水和土壤污染防治攻坚战的大背景下，政府在污染防治领域的投入也有限。[3]2021年，中共中央办公厅、国务院办公厅印发《关于推动城乡建设绿色发展的意见》，强调推动美好环境

---

〔1〕　参见秦天宝："法治视野下环境多元共治的功能定位"，载《环境与可持续发展》2019年第1期。

〔2〕　参见侯健："当代中国环境治理的权利观"，载《中国环境管理》2021年第1期。

〔3〕　参见付莎："创新型社会生活噪声污染防治体系构建研究"，载《中国环境管理》2022年第4期。

共建共治共享，要求建立党组织统一领导、政府依法履责、各类组织积极协同、群众广泛参与，自治、法治、德治相结合的基层治理体系，推动形成建设美好人居环境的合力。

上述中央文件和部门规章还要求推动社会治理重心向基层下移，发挥社区作用，构建党组织统一领导、政府依法履责、各类组织积极协同、群众广泛参与，自治、法治、德治相结合的基层社会治理体系。而基层社会治理体系除了强调社会各界广泛参与的多元共治外，也特别注重发挥居民自治功能的公众自治。人们生产生活与饮用水水源问题相辅相成，密切相关。所以，在环境保护的执法过程中，公众广泛参与是主要的因素。对此，其一，应该使环境保护的执法获得人民大众行为及观念上的支持，从而使环境执法阻力得以有效地减少；其二，为了使环境保护的执法效率得到有效的提升，应该大力地引导和促进公众监督地方政府的环境保护执法工作。我国《环境保护法》首次明确了"公众参与"原则，并且通过作为其实施细则的《环境保护公众参与办法》进一步确认了公众通过多种途径参与环境治理工作的权利。

公众参与在饮用水水源保护中就是通过其自身力量监督排污企业或者个人的违法违规行为，同时督促和制约政府及相关职能部门的监管行为。《立法法》规定法规在制定的过程中要有公众参与的程序。根据《立法法》的规定，国家行政机关在制定各种规范性文件时必须采取多种措施，为有关机构、组织和公民提供表达意见的机会和途径，使他们在法规、规章的起草过程中，有机会就有关自己利益的事项向法规起草部门表达自己的立场和观点。当然，不同的法律法规，公众参与的形式应有不同，但不论法律采取何种公众参与方式，要明确的一点是，公众参与立法的目的是增进公众对法律的理解，这对以后的执行是极其重要的，并且公众参与也能够在一定程度上防止立法一开始就偏离公众的一般利益，充分保证立法目标和手段的正当，这当然也有益于执法。同样的，地方立法需要社会各方面的力量参与，从而形成社会合力，地方立法实践中也从政府角度提出鼓励倡导性规定。作为整体主义思维方式的体现，协同治理范式为化解农村饮用水水源保护难题提供了新的解决方案。其主要强调激发社会各主体的监管性，共同承担治理责任，形成协同合作的治理力量，搭建起系统化的食品安全监管体系，以更好地防范农村饮用水水源安全风险，为广大的农村地区人民群众喝上安全的饮用水、维护其生命健康提供良好保障。

而有效的公众参与离不开由包含程序性与实体性权利有机统一的各相关制度构成的保障制度体系。因此，必须构建农村饮用水水源保护信息公开制度，因为农村饮用水水源保护信息的公开是保障公众知情权、维护公众生态权益的基本前提。要大力推进大气、水资源以及土壤等环境要素治理规划、实施进度等信息的公开，推动排污企业有关污染物、防治措施及环境影响信息的公开，健全建设项目及各类规划环境影响评价的信息公开。要健全公众监督制度，搭建多层次、广领域的公众参与生态治理的行动体系，建立网络举报平台，完善包括公众举报、听证等在内的公众监督制度，这样才有利于充分发挥公众在生态治理中的监督主体作用，才能为公众参与生态治理提供法律保障。

农村饮用水水源保护存在着源多而杂、量大面广、监管难度大等问题，亟须充分运用社会治理的理念和方法，将农村饮用水水源保护并入社区社会治理中，推进多元共治和公众自治，即社会共治，以积极有效预防和化解污染或破坏农村饮用水水源的行为和事件的发生。鉴于污染、破坏农村饮用水水源的行为具有涉及面广、专业性强、违法行为隐蔽等特点，需充分调动一切单位和个人的积极性，鼓励其对违法行为进行举报，从而及时发现和制止违法违规情况，消除农村饮用水水源安全隐患。对于查证属实的情况，政府监管部门可结合相关标准给予嘉奖，同时注意保护其个人信息。这样，就能汇聚多方力量，共同努力，做好对农村饮用水水源的监督管理。

社会共治是饮用水水源保护领域权利与义务一致性的应有之义。农村饮用水水源保护作为一种环境问题，涉及千家万户，与每一个人都息息相关。农户个人既是受害者，也是享有者，同时也可能既是污染者，也是保护者。在农村饮用水水源保护中，单位和个人不能成为水环境保护的旁观者、指责者，而是要成为解决问题的参与者、贡献者。[1] 因此，公众参与农村饮用水水源保护已经成为目前治理模式转变的重要力量。在一定程度上也可以说农村饮用水水源保护的成效在很大程度上取决于公众参与的力度。[2] 唯有人人尽责、人人负责，才能更好更快地实现天蓝、水清。

饮用水水源地安全保护作为推动生态文明、建设美丽中国的重要实践，仅仅依靠政府的主导是不够的，还要依靠公众力量共同推进。在此背景下，加强公众对于饮用水水源环境保护的意识，提高公众对于饮用水水源保护公益活动的参与度，对提升生态文明时代的公民科学素质，推动生态文明建设和可持续发展，建设人与自然和谐共生的现代化，都有着重要的社会意义。所以，理应重视逐步健全完善公众参与机制，助推全民环保良好氛围的形成。如此，才能够使得环境保护的执法工作更好地发挥作用，更好地促进生态宜居乡村的建设。

二、农村饮用水水源保护需要增强各主体的责任感与积极性

农村饮用水水源保护是重大的民生问题，关系人民群众身体健康和生命安全，关乎经济平稳发展与社会和谐稳定。单一政府管制模式自身存在缺陷，必须发动社会力量参与农村饮用水水源保护、贯彻"社会共治"原则。"社会共治"原则作为一项治理的基本原则，重在强调要引导公众参与治理，并逐步寻求构建多元主体相互协调的社会共治格局。农村饮用水水源保护是一场需要地方政府、农民及其他社会主体都来广泛

---

〔1〕 参见"陈吉宁：不断加大执法力度　把环保法落到实处"，载《中国环境监察》2017年第3期。

〔2〕 参见杜辉："论制度逻辑框架下环境治理模式之转换"，载《法商研究》2013年第1期。

参与的伟大实践,它需要地方政府通过各种优惠政策来激励和动员整个社会的力量,让社会各界广泛参与进来,形成合力,如此才能真正推动农村饮用水水源保护。社会共治已经成为农村饮用水水源保护的重要方式,如何使农村饮用水水源保护领域的社会共治理念更具有适用性是我国现阶段亟须解决的问题。以往对农村饮用水水源保护社会共治体系的构建思路多局限在以政府部门为中心、其他市场和社会主体协同配合的蛛网状结构中,多以辅助完善政府监管职能为主,适用场景单一,且很难调动其他主体的积极性和能动性。而网络主导型合作治理模式是以网络机制为主、科层机制和契约机制为辅的治理模式。在这种模式下,蜂巢结构中的行动者之间建立的是彼此信任、自愿参与、平等开放、资源共享、互利共赢的关系。合作治理是政府联合其他力量联合决策、资源共享、共同参与、效率提升、责任共担,从而实现公共利益,因而更加强调建立多元主体地位平等、责任共担和秩序共建的多中心治理框架。[1]学者认为,合作治理产生的社会条件包括两个方面:一是要有相对成熟的市民社会,富有公共精神的个人和社会组织是推动国家和社会互动的中坚力量,只有成熟多元、运转规范的市民社会才能与政府或市场合作,参与公共治理。后现代社会存在众多复杂、不确定的社会系统性风险,政府无法凭借一己之力解决所有问题。同时,后现代社会追求多元的价值导向也与合作治理的理念相匹配。[2]因此,应运而生的全社会共治的做法则要求以公众协助监督、企业/社会协同监管、跨部门协同治理、多方参与风险控制等方式为主,来协助提高监管部门发现问题和采取行政手段的效率,弥补信息不对称的缺陷,建构的路径依然呈现的是"中心—边缘"结构或蛛网状结构,即政府依然处于治理网络的中心,发挥政府监管的主导作用,培育、规范、引导其他社会主体参与协助政

---

〔1〕 参见肖亚雷:"碎片化的共识与合作治理重构",载《东南学术》2016年第3期。
〔2〕 参见王辉:"合作治理的中国适用性及限度",载《华中科技大学学报(社会科学版)》2014年第6期。

府完成监管工作。在向理性、开放、价值观多元的后现代社会转型过程中，政府具有借助市场和社会力量解决公共问题的迫切需求。[1]

公共管理是针对政府管理缺陷而诞生的一种管理模式，一方面强调公权力必须积极履行职能，另一方面强调社会对公权力的监督和制约，旨在提高管理效率，推动公权力运用的科学化。在公共管理视域下开展多元主体参与的我国农村饮用水水源保护，能降低我国农村饮用水水源污染和破坏事件的发生频率，促进我国农村饮用水水源保护实现平稳健康发展。因此，通过公共管理有效促进我国农村饮用水水源保护成为正确探索方向。公共管理视域下的我国农村饮用水水源保护需要政府、企业、社会等多元主体的共同参与，从而形成高效的社会共治格局。为此，政府应主导搭建多元主体的监管平台，监管过程中需要充分借助互联网高效性、实时性等优势，政府应搭建网络监管平台，打通举报渠道，及时向举报人反馈，发布权威信息。同时为鼓励社会公众积极参与，可构建相应奖惩机制，一旦确定举报人检举揭发的问题属实，应对举报人给予适当奖励，并严厉惩处违规企业。同时，加强部门之间的信息共享，形成协同治理合力，制定具有可操作性、符合地方实际的统一标准，明确权责关系，确保出现问题能追责到部门与个人。

农村饮用水水源保护领域中的社会共治是基于当前饮用水关涉的庞大链条以及日益普遍的安全问题而提出的科学理念，主要强调激发社会各主体的监管性，共同承担治理责任，形成协同合作的治理力量，搭建起系统化的我国农村饮用水水源保护体系。其中，政府、企业以及第三方监管组织是实现共同治理的关键要素，分别发挥着不同的治理效能，如统筹协调、水质检测、曝光揭露等。而新闻媒体正是第三方监管主体的重要成员，能够迅速高效地整合信息，推动舆论环境的发酵演变，在农村饮用水水源保护方面发挥着愈加重要的作用。具体表现在以下两个

---

〔1〕 参见李佳洁："农村儿童食品安全社会共治的路径建构与合作模式选择"，载《中国市场监管研究》2022 年第 5 期。

方面：降低信息不对称风险，提高社会的危机应对能力。随着社会组织介入治理环节，污染和破坏农村饮用水水源的问题将得到大范围曝光。此外，社会组织的介入能够对供水企业形成良好的外部约束力，使得企业各项行为都处于透明状态，受到社会公众的共同监督，从而主动规范饮用水水源供应环节，提供更加安全的饮用水。社会组织作为第三方监管力量，应发挥良好的监管补充作用，高度重视饮用水水源保护问题，积极履行保护饮用水水源责任，并与政府相互配合，切实改善饮用水水源安全监管困境，构建起完善的饮用水水源保护社会共治体系。为此，社会组织应进一步增强专业素养，提高其参与农村饮用水水源保护工作的科学性与准确性。同时，应以认真尽责、一丝不苟的态度来对待农村饮用水水源保护工作，将呈现事件的真实情况作为第一原则，坚决抵制为博取眼球而报道不实新闻或者夸大事件危害等行为，防止对公众造成误导。同时，主动学习农村饮用水水源保护工作相关知识。

在农村饮用水水源保护中，由于水源的数量较多且分布较广，在进行日常的管护中除了发挥相关政府职能部门以及村民委员会等基层群众自治组织以外，公民个人的参与也不可或缺。水源地附近及周边的农户，能够更加及时地发现违法违规行为，对于非法排放污染物、破坏围挡标志等行为能够更加及时地予以举报和制止。因此，公众在农村饮用水水源保护的第一线的参与，将能够更加快速和及时地实现保护工作的开展。从国家与社会良性互动关系的思路出发，提出赋权以激发社会活力、赋责以强化社会担当、赋能以巩固社会防线、赋意以询唤社会自觉的路径规划，将为维护农村饮用水水源安全构建高水平的社会共治体系。

总而言之，农村饮用水水源保护工作没有局外人和旁观者，应积极引导推动全社会参与农村饮用水水源保护工作，做到人人守土有责、守土尽责，充分发挥广大人民群众的主观能动性，切实构建农村饮用水水源保护社会共治格局，鼓励群众举报身边的污染、破坏农村饮用水水源的违法行为，及时消除饮用水水源风险隐患，给非法违法行为以有力震慑。农村饮用水水源保护不只是某一个部门的责任，也不只是某一个人的事，而是全社会共同的责任。

尤其是农民群众既是农村饮用水水源保护的主体，又是农村饮用水水源保护的直接受益者，农村饮用水水源保护和宜居环境的建设始终离不开人民群众积极主动地投入和参与，也只有公众积极主动地投入和参与进来，才能确保农村饮用水水源保护工作的顺利推进。政府在充分发挥其政治主导地位和带头作用的同时，也必须高度重视和充分发挥我国农民这一社会主体的功能和作用，让公众深刻意识到其在农村饮用水水源保护过程中的作用是一个不可被替代的角色，同时应积极培养和造就一批懂得科学、会管理的新型现代化农民，让其更自觉主动地投入农村饮用水水源保护中去，为促进我国农村饮用水水源保护工作的进步贡献力量。

另外，也要注重调动企业、公众、新闻媒体等多主体力量，使其共同参与到我国农村饮用水水源保护中，形成立体全面的我国农村饮用水水源保护体系，更好地防范我国农村饮用水水源保护风险，为人民群众的生命健康提供良好保障。目前，社会共治模式已经被纳入法律，取代了以监管权为核心的我国农村饮用水水源保护模式，但当下我国农村饮用水水源保护社会共治并未达成理想状态。主要原因之一便是社会公众对我国农村饮用水水源保护参与度不足。近年来我国农村饮用水水源保护的公众参与度越来越高，诸多我国农村饮用水水源污染和破坏事件都是由自媒体账号最先曝光，但部分媒体为了赚取流量在曝光之前不做调查，同时由于媒体从业人员欠缺相关知识储备，报道内容多为刺激读者情绪的煽动性言语，缺乏专业性分析和指导。优化农村饮用水水源保护监管机制，充分利用市场机制和大数据、区块链等现代信息技术降低监管成本，提高监管效率，利用微信、微博等新媒介拓宽公众举报渠道，引导公众积极参与农村饮用水水源保护。

三、农村饮用水水源保护工作的推进需要善于利用激励机制

本条文第1款和第2款旨在鼓励公众参与，发动全社会的力量参与农村饮用水水源保护，打造出共建共治共享的农村饮用水水源保护格局，让守护一江碧水成为全社会的共同行动。本条文第3款旨在通过表彰和奖励的方式调动全社会参与农村饮用水水源保护的积极性和主动性。农村水源"点散面广"的局面，决定了保护工作不可能完全依赖行政管理部门和水厂管理单位，必须发挥农民和社会监督的作用。经验充分证明，推动农民群众广泛参与监督不可缺少，关系到农村饮用水水源保护工作效果和群众认可度。发挥基层政府和农民群众两方面作用，强化对群众参与的引导和鼓励，实现二者良性互动，完善农村饮用水水源保护监督体系。健全水质信息公开制度，确保农村居民的知情权，扩宽和畅通群众举报投诉渠道；充分利用多种媒介加大宣传，促进公众对相关工作和措施的了解，传播生态文明理念。努力建立和不断完善环境执法社会监督体系。社会团体、新闻媒体、公众舆论等都是环境执法监督体系中非常重要的一环。然而，这一监督体系尚未很好地开展或者说这一监督体系的积极性尚未得到充分的调动。这就需要媒体舆论对一些大案要案进行适度披露，正确引导公众对环境保护的重视和监督，从而提升环境执法的影响力，继而对环境违法行为起到威慑和遏制作用。

表彰奖励制度是环境保护工作中需长期坚持的一项重要制度，也是经实践证明行之有效的制度。表彰奖励的目的是在全社会树立榜样，引导人们的行为，调动全体公民参与。通过建立行之有效的表彰奖励制度，既对破坏农村饮用水水源保护的行为追究责任，也对在农村饮用水水源保护工作中作出突出贡献的单位和个人及时进行表彰奖励；有奖有罚，奖罚分明，如此一来，可以充分调动社会各界参与农村饮用水水源保护、促进农村饮用水水资源合理利用、促进绿色发展的活动的积极性和主动性，形成全民共护农村饮用水水源的良好社会氛围。

根据利益相关者理论，不同利益主体的相关利益及所关心的焦点问题存在很大差别，且往往存在矛盾和冲突，只有实现各利益主体的利益均衡，才有可能使农村饮用水水源保护问题得到真正解决。政府应该整合各种资源，协调各主体利益关系，发挥各主体优势，构建全方位、立体式、网格化的农村饮用水水源保护格局，调动企业、社会组织和个人的积极性及创造性。充分发挥公众在农村饮用水水源保护这一生态文明建设中的主体作用，鼓励与支持社会各界参与农村饮用水水源保护这一生态文明建设各项活动，开创党政领导主导和全民参与紧密结合的农村饮用水水源保护新局面。提升治理效率和治理水平，实现从"碎片化治理"向"整体性治理"转变，推进农村饮用水水源保护治理体系和治理能力现代化。[1]所以，必须从根本上建立一个政府、社会、农民三者之间的良性的相互作用机制，整合社会资源，调动农民积极性。

此外，农村饮用水水源保护既是环境问题，也是社会问题。从案例来看，末端治理环节取得优异成绩，足见地方政府重视。这部分的建设运营主要源于地方财政投入，建设周期短，见效快，契合了地方追求政绩的理念，其本身工作难度不大。但源头治理和清运同样重要，为了打通从源头到末端的治理通道，需要政府发布强制和激励措施，引导社会主体有效参与，健全激励与惩戒并行的长效运行机制。巧用激励与奖惩，能促进村民的持续参与。要充分调动广大人民群众的主观能动性，必要的激励必不可少。因此，应当对在农村饮用水水源保护工作中做出显著成绩的单位和个人，依法给予表彰和激励，发挥法律的激励作用，有效调动其积极性与能动性，使其投身到农村饮用水水源保护这一项公共事业中。同时，还可以通过一定的奖励激励措施，鼓励公众对违法违规行为进行及时的反馈，从而增强公众参与的主动性与持续性。

---

〔1〕 参见杨松、张言彩、王爱峰："多主体参与下食品安全社会共治演化博弈稳定性研究"，载 https://kns.cnki.net/kcms2/article/abstract? v = 3uoqIhG8C45SOn9fL2suRadTyEVl2pW9UrhTDCdPD67s_ kBxcpWeyXbp3wPys6ho35NSaMfuv5TC0tItLFsAEXttWxKyAfXk&uniplatform = NZKPT，2022 年 11月 17 日访问。

第二章　范围与保护

水源地保护是七大污染防治攻坚战之一，而建立饮用水水源保护区制度是我国开展饮用水水源环境保护与监管的重要着力点和重要抓手。因此，饮用水水源保护区划定范围的科学性和合理性至关重要，其对于强化水源管理、保障水质安全而言都具有重要影响。农村居民饮用水安全问题是关系到居民日常生活和生命安全的大问题。使用不安全的饮用水，水里的有害物质可以通过皮肤接触、呼吸和饮用等方式进入人体，从而对人体健康产生不良反应。要达到保障农村饮用水水源安全的目的，就必须建立健全的监督管理机制，严格监管饮用水水源的全流程，通过集成技术等对水源进行处理，利用电子信息技术实现智能监控，采用科学的手段管理水源，实现对饮用水从源头到用户的全程监管。将喝上干净的水、呼吸清洁的空气、吃上放心的食物等民生问题摆在更加突出的战略位置，逐步实现环境基本公共服务体系均等化，切实维护人民群众环境权益，增进人民福祉。如此，才契合以人为本的理念。

尽管在农村饮用水水源保护方面，政府及相关职能部门做了大量的工作，也取得了一定的成绩。但是，目前我市农村饮用水水源水质不安全的问题仍然还存在，水质、水量、用水方便程度及水源保证率不达标等方面均有亟待提升的空间。水源类型单一、储水规模不足、应急配套供水工程不完善、应急水源水质较差、水源地保护措施不到位等现象也较为普遍。部分农村地区并没有划定饮用水水源地的保护区和保护范围，即使划定了也存在保护措施不规范、日常管护不到位的情况，部分水源地保护区未能实现全封闭管理，仍存在着违建、养殖、设立有毒有害物品储存场所、使用高毒高残留农药、不当种植、采石、取土、采砂等污染或破坏水源的隐患。加上农村居民的饮用水保护意识淡薄，生活垃圾随意堆放、生活废水随意排放，这些都给饮用水水源地保护设置了障碍。受农村人口居住分散、地形条件复杂等因素的影响，农村饮用水水源地量大、面广，污染源多不易保护。而根据水源保护区划分技术规范相关的规定，保护区的划分涉及保护区内污染源的治理，以及土地用途，工作难度大。公众饮用水水源地保护意识淡薄，水源保护宣传力度不够。农村"重取水，轻保护"的问题较为突出，农村居民水源保护意识薄弱，化肥农药使用不当，生活、生产废水排放等现象普遍存在，农业污染具有影响范围大、因素多、方式复杂、防治难度大等特点。农业污染日益严重，从1990年到2018年，我国农业化肥施用总量由2590.3万吨增长至5635.4万吨，单位面积的化肥施用量从每平方百米174.59千克上升到每平方百米340.77千克，超过国际公认的化肥施用安全标准上限（每平方百米225千克）的1.51倍。过量施用化肥会对水环境造成严重的影响。而农作物秸秆、农家肥、农村生活垃圾的随意堆放，也易间接导致水环境污染，这一系列的因素交织叠加，严重威胁农村饮用水水源安全。部分地区在大力推进农村饮水安全工程建设的同时，由于水体污染日益严重，地下水铁、锰等含量普遍超标，水质性缺水的问题日益严峻，农村饮水安全风险不断增大，水源污染成为威胁农村饮水安全的主要因素。因此，抓好饮用水水源地保护，已经成为实施农村饮水安全建设最基础、最重要、最关键的内容。如何保护好饮用水水源、保证供水安全，已经成为各级政府的一项重要课题。

而保障饮水安全，必须从源头抓起，如此才能保护好饮用水水源。据此，应按照《饮用水水源保护区污染防治管理规定》的要求，划定规划项目供水水源保护区，加强对水源地周边环境的保护，采取有效措施防止污染，保护好农村饮用水水源。并进一步按照不同的水质标准和防护要求完成饮用水水源保护区一、二级及准保护区的划定工作。从地方立法实践来看，有关饮用水水源地保护方面，较为典型的有江苏省人大

常委会在 2008 年出台了《关于加强饮用水源地保护的决定》，并在 2012
年和 2018 年进行了相应的修订。这些地方性法规在饮用水水源地保护方
面规定得较早，也为其他地方根据实际情况制定相关法规起到很好的示
范和借鉴作用，且详细规定了饮用水水源地保护的相关制度、具体措施
以及对饮用水水源地的筛选等。上述地方性法规，既涉及水质保护又涉
及水量保障，形成了保护区保护、水质标准、水质监测、突发事件应急
预案等一系列法律制度，对农村饮用水水源地保护具有重要影响。

第八条 【水源规划和名录管理】

县（市、区）人民政府应当组织有关部门编制本行政区域内农村饮用水水源规划，其规划应当充分论证供水量、供水质量、供水人口、供水方式、经济技术要素等主要指标，科学确定农村饮用水水源，并实行名录管理，及时向社会公布。

【导读与释义】

本条是关于编制农村饮用水水源规划和实行目录管理的规定。

一、《保护条例》强调了应当组织编制农村饮用水水源规划

从目前国家层面的立法来看，尚无明确关于制定饮用水水源专项保护规划的规定。所发布的一些饮用水水源环境保护规划，多数只能间接地从《环境保护法》第 13 条的规定中找到法律根据。该条规定，县级以上地方人民政府环境保护主管部门会同有关部门，根据国家环境保护规划的要求，编制本行政区域的环境保护规划，报同级人民政府批准并公布实施。而环境保护规划的内容应当包括生态保护和污染防治的目标、任务、保障措施等，并与主体功能区规划、土地利用总体规划和城乡规划等相衔接。

从目前的地方立法实践来看，专项保护规划的制定主体主要有两类，一类为市级的生态环境主管部门；另一类为市人民政府。以市级生态环境主管部门为编制主体的保护条例基本上均要求生态环境主管部门应当会同其他有关的主管部门共同编制饮用水水源保护专项规划。典型的如《遵义市市辖区集中式饮用水水源保护条例》《驻马店市饮用水水源保护条例》等。另外,《上海市饮用水水源保护条例》还明确了应当会同"市发展改革、水务、卫生、规划国土资源等有关行政管理部门根据本市国民经济和社会发展规划、水环境功能区划,组织编制饮用水水源保护规划"的规定。同样以市级生态环境主管部门为编制主体的保护条例也规定了专项保护规划须经市人民政府批准后才能实施。而在以市人民政府为编制主体的保护条例中,有关编制主体的规定内容就较为简单。例如,《三明市东牙溪和薯沙溪水库饮用水水源保护条例》就仅仅简单地提出了"市人民政府应当编制水库水源保护规划,并组织实施";《孝感市饮用水水源保护条例》进一步规定了"市、县(市、区)人民政府应当根据本行政区域经济社会发展需要和水资源开发利用现状,组织编制饮用水水源保护专项规划"。同时,也有部分地市在编制主体上采取了较为模糊的规定方法,如《自贡市集中式饮用水水源地保护条例》就没有规定编制主体,仅要求"集中式饮用水水源地应当编制专向保护规划"。还有部分地市不是通过专门的条款对专项保护规划制度进行规定,而是通过在列举市人民政府或者各部门职责的时候提出编制相关的饮用水水源保护规划,如成都市、常德市、毕节市、眉山市、钦州市以及门源回族自治县等地区。

本《保护条例》在充分吸收与借鉴其他地方性饮用水水源保护条例的基础上,将编制本行政区域内农村饮用水水源规划的职责赋予县(市、区)人民政府,要求其牵头组织有关部门,做好本行政区域内的农村饮用水水源规划的编制工作。

二、《保护条例》对编制农村饮用水水源规划的指标进行细化

人民对于持久水安全、优质水资源、健康水生态、宜居水环境等美好生活向往的需求更加紧迫,而饮用水水源地作为赋存水资源的重要载体,关系到万千人民群众的健康福祉。正是因为其保护关系到人类生存的基本需求的满足,是农村居民的身体健康和正常生活的保障基础,也

是全面建设小康社会的基础条件，更是农村水利一项重要而长期的工作任务，因此，应对农村饮用水水源保护区重点予以考量，并对农村饮用水水源实行名录管理制度，及时向社会公布。这无疑为本市农村饮用水水源保护具体工作的开展提供了非常详细的说明，也为保护工作的开展提供了实施路径和具体方法。可见，真正地将一系列问题具体化，增进可操作性，能够实现对饮用水水源地的有效管理。

三、《保护条例》要求对本区域内的农村饮用水水源实行名录管理制度

之所以要对饮用水水源实行名录管理制度，就是为了更好地贯彻实施最严格的水资源管理制度，在水源地基础信息调查基础上，健全完善水源地信息管理档案，定期评估区域流域水源地管理状况，强化水源地动态管控。

原环境保护部于 2008 年印发《关于征求〈全国环境保护重点城市集中式饮用水地表水源主要指标达标工作考核办法〉（征求意见稿）意见的函》（环办函［2008］490 号），公布了全国环保重点城市集中式饮用水地表水 243 个水源地，这是从各自行业角度出发进行水源地管理。按照国务院"三定"规定，水利部承担指导饮用水水源保护和水生态保护工作，印发《关于公布全国重要饮用水水源地名录的通知》（水资源函［2011］109 号），公布全国重要饮用水水源地 175 个名录，开展全国重要饮用水水源地达标建设，在水源地监测、管理和饮用水安全保障方面发挥了重要作用。

国务院《关于实行最严格水资源管理制度的意见》（国发［2012］3号）以及《关于印发水污染防治行动计划的通知》（国发［2015］17号）两项文件都对饮用水水源地的保护提出了更加严格的要求。其中《关于实行最严格水资源管理制度的意见》也指出，县级以上地方人民政府要完善饮用水水源地核准和安全评估制度，公布重要饮用水水源地名录。指导饮用水水源地保护是国家赋予水行政主管部门的法定职责。

2011 年，水利部组织编制了《全国重要饮用水水源地安全保障达标建设目标要求（试行）》，对列入名录的全国重要饮用水水源地开展安全保障达标建设工作，分批核准了 175 个全国重要饮用水水源地名录。名录对加强水源地保护，规范水源地达标建设发挥了重要作用。

此后，为落实国务院办公厅《关于加强饮用水安全保障工作的通知》精神，水利部又印发了《全国重要饮用水水源地名录（2016 年）》，将全国 618 个饮用水水源地纳入全国重要饮用水水源地名录管理。而要全面深入落实饮用水水源地名录管理要求，需要从水源地名录制定、名录准入退出等管理制度，水源地保护措施，水源地管理机制等方面，建立起以饮用水水源地名录管理为核心的水源地保护管理体系。并进一步按照《关于开展全国重要饮用水水源地安全保障达标建设的通知》（水资源〔2011〕329 号）要求，组织做好重要饮用水水源地安全保障达标建设和年度评估工作，并会同有关部门，结合最严格水资源管理制度，落实对列入名录的饮用水水源地日常监督检查工作的开展。

为严格饮用水水源地保护，国家对重要饮用水水源地实行核准和安全评估制度，水利部先后公布了包括长江流域在内的四批全国重要饮用水水源地名录，并按照《水法》《水污染防治法》的要求，重点从水源工程、供水水质水量、日常管理等方面推动开展重要饮用水水源地达标建设工作。全面深入落实长江保护法饮用水水源地名录管理要求，从水源地名录制定、名录准入退出等管理制度，水源地保护措施，水源地管理机制等方面，建立起以饮用水水源地名录管理为核心的水源地保护管理体系。并通过调查统计饮用水水源地基本信息，摸清饮用水水源地家底，合理科学确定纳入名录的标准和规模，制定流域饮用水水源地名录，为加强水源地保护管理奠定基础。

总而言之，实行名录管理，可以科学评估流域饮用水水源地安全状况，可为流域水资源的保护管理提供依据，进而确保水资源能够有效支撑本行政区域内经济高质量发展，提升人民对于优质水资源的幸福感。

正是基于这一考虑，本《保护条例》也要求对本行政区域内的农村饮用水水源实行名录管理，并及时向社会公布，希冀通过这一加强饮水安全保障的重要举措，落实地方各级的主体责任，严格水源地监管考核，规范现有饮用水水源地管理，强化饮用水水源保护；更加强有力地统筹做好饮用水水源地规划布局和建设，提高区域饮用水水源供给和安全保障能力。做好饮用水水源地规划布局和建设，严格饮用水水源地取水管理和水量调度，加强饮用水水源地安全评估，健全饮用水水源地监测预警体系，强化对本市农村饮用水水源地的保护力度。

第九条　【保护区划定的原则】

农村饮用水水源保护区（范围）划定应当遵循科学合理、分级分类、风险可控、便于管理、水源良好的原则。

【导读与释义】

本条是关于农村饮用水水源保护区（范围）划定应当遵循的原则的规定。

饮用水水源保护是保障饮用水安全的一项基础性生态环境保护工作，事关人民群众的生命和健康。为贯彻落实中共中央、国务院关于打好农业农村污染治理攻坚战决策部署，各地纷纷开始推进农村饮用水水源保护区划定工作。按照中央的要求，在 2020 年底前，全国农村完成"千吨万人"即实际日供水千吨或服务万人以上饮用水水源保护区划定，与此同时，相关省（市）也同步完成乡镇级集中式饮用水水源保护区划定。

毋庸置疑，设定饮用水水源保护区的目的，就是要按照国家标准对保护区进行管理，并通过对保护区周边工业水、农业水、生活水排放严格管控，[1]来实现对饮用水水源的保护。而划定和保护饮用水水源保护区的总体要求，是以水质保护优先为前提，以便于实施环境管理为原则，按照国家和省相关要求，因地制宜，科学定界；保护区划定后，应当开展规范化建设和综合整治，强化监督管理，保障饮用水水源水质安全。让人民群众喝上干净水、放心水，满足人民群众对美好环境的需求，以保障饮用水水源环境质量为核心，以强化环境执法为抓手，聚焦饮用水水

---

〔1〕　参见赵伟："农村饮用水安全存在的问题及解决措施"，载《农业科技与信息》2021 年第 8 期。

源保护区突出环境问题，全面推进划定饮用水水源保护区、设立保护区边界标志、整治保护区内环境违法问题，提升环境风险防范能力，确保饮用水水源水质安全。保护区内环境违法违规问题基本解决，水源地风险防控和应急能力明显提高，饮用水水源地管理水平显著提升，饮用水水源水质明显改善。

一、《保护条例》要求科学合理地做好地下饮用水水源保护区的划定工作

近年来国家"碧水保卫战"及广东省的一系列环境管理政策的出台，使得对乡镇及以下集中式饮用水水源保护区的划分及管理要求也随之加强，并需要排查保护区现状环境问题，结合实际情况，提出有效可行的环保措施，为农村集中饮用水水源地建设和保护提供科学依据。加之相关的技术标准对各类型的地下饮用水水源都有清晰明确的保护区划定标准和参考数值，且技术标准对于地下饮用水水源的分类也较为全面。因此，在农村饮用水水源保护区（范围）的划定上，只需要按照相关技术标准，就能够对地下饮用水水源的保护区进行科学合理的划定。本行政区域内的农村饮用水水源保护区的划定，自然也不能例外，应当严格按照有关技术标准进行规范的、科学合理的划定。

（1）科学合理地划分饮用水水源保护区。这是加强饮用水水源保护区的基础和依据，更是加强饮用水水源地环境保护和监管的重要保障。一是大部分水源地主要由所在村民委员会负责管理，甚至部分水源地未设置专门的管理人员，通常由村主任或村会计兼职管理或无人管理，没有制定或认真执行相应的保护制度，导致供水秩序混乱。二是管理从业人员业务能力低，缺乏管理经验，对稍微复杂一点的处理工艺或设备很难做到有效管理。例如，虽然部分水源地已安装了消毒设备，但是由于管理人员缺乏消毒设备的维护与操作经验，大部分被闲置或停用，形同虚设。各水源地基本未建立水源管理档案和应急预案，没有饮水安全预警机制和事故应急机制。大部分水源地未设置标志标识，未对取水口采

取隔离措施。地方水利环保等部门普遍缺乏开展饮用水水源水质监测所必需的人员、技术和设施，水源水质监测尚未形成制度，监测频次差异较大。有的水源地每季度监测一次，有的一年监测一次，而大部分除在建井时进行过简单检测外，饮水工程多年运行以来基本未进行例行监测。管理部门不能及时掌握各水源地的水质变化动态，对水质的历史演变、现实状况和发展趋势无法作出科学评价，难以制定科学合理的水源地管理和保护对策。

故而，在饮用水水源保护区划定上，应严格遵照《饮用水水源保护区划分技术规范》中的要求进行，先开展水源地环境状况调查，充分考虑水源取水口位置、水质现状、上游污染源和风险源分布、排放特征等因素，进而根据当地的实际情况进行保护区划定，确保划定方案满足保障当地农村饮用水安全的目的。

（2）科学合理调整水源保护区。根据现有法律法规和技术规范，以水质安全作为根本保障原则，全局把握、整体考虑，科学合理调整部分中小型水库饮用水水源保护区范围，将中小型水库大坝下区域和非汇水区域调出保护区，为区域中小型水库水源地的有效精准保护提供技术支持。①具体科学选取水源地。如若饮用水水源已经受到污染且难以治理，条件允许的情况下，建议重新论证选取新水源，从源头上有效防止污染源对水源地的污染。山区发育着各种类型的岩溶地形，部分湖库型饮用水水源地存在地下水补给情况。因此，在对湖库型饮用水水源保护区进行划分时应充分调查其流域范围，若存在地下水补给情况，需将地下水补给区域划入保护区范围。②制定长效跟踪评估机制。水源地的安全是相对的，因此，应制定长效跟踪评估机制，制定监测方案，加强对饮用水水源的日常水质监测管理和跟踪评价，及时掌握饮用水水源地水质的变化情况，将水质监测和跟踪评估机制纳入地方环境保护的管理体系当中。

二、《保护条例》要求分级分类地做好地下饮用水水源保护区的 划定工作

水源保护区是为防止破坏和污染而采取防护措施的特定区域，是为保护饮用水水源洁净、安全而划定的，是保证水量安全、水质洁净的最直接、最重要、最有效的措施。美国、日本等发达国家在制定饮用水水源保护区水质标准时，根据各地保护区的实际情况，对不同的保护区适用不同的国家水质标准，这种将水质标准分类的做法值得我国借鉴。

划定饮用水水源保护区并进行特别保护，是饮用水水源地保护的核心，其基本思路是分级划分、分级保护。生态环境部、水利部联合印发的《关于推进乡镇及以下集中式饮用水水源地生态环境保护工作的指导意见》就明确了饮用水水源的类型和分级管理原则，强调将保护区分为一级保护区和二级保护区。如根据供水的水体类型，将饮用水水源保护区分为地表水源保护区和地下水源保护区；以供水人口数为分界线，将饮用水水源地分为分散式饮用水水源地，即供水人口一般在1000人以下，和集中式饮用水水源地，即供水人口一般大于1000人。根据水源地环境特征和水源地的重要性，地表水饮用水水源保护区分为一级保护区和二级保护区，必要时也可在二级保护区范围外设置准保护区。地下水水源保护区是指地下水水源地的地表分区，分为一级保护区和二级保护区，必要时也可在二级保护区范围外设置准保护区，准保护区范围为地下水水源的补给、径流区。

关于水质标准，也要遵循分级分类原则。遵循《饮用水水源保护区污染防治管理规定》要求，一级保护区的水质标准不得低于国家规定的《地表水环境质量标准》Ⅱ类标准，并须符合国家规定的《生活饮用水卫生标准》要求。二级保护区的水质标准不得低于国家规定的《地表水环境质量标准》Ⅲ类标准，应保证一级保护区的水质能满足规定的标准。准保护区的水质标准应保证二级保护区的水质能满足规定的标准。

各地市在污染物防治方面的举措比较类似，在有关禁限措施的列举

方面通过分级分类的方式进行了规定，分级主要是指在不同等级的保护区中禁止和限制的行为有所不同，由准保护区到一级保护区禁限措施依次变多，保护措施和保护力度逐渐变严；而分类主要是指对于不同类型的水源保护区采取不同的保护措施，部分地市是对地表水和地下水水源进行了区分，也有部分地市是对集中式的水源和分散式的水源进行了区分，但限于保护条例篇幅和条款数量的限制，未见到将两种分类方式结合进行详细区分的情况。饮用水水源保护区划分程序根据所涉及行政区划的范围不同而有所差别。但是，在乡镇级饮用水水源保护区划分上，则需要秉承"能划则划"原则。虽然饮用水水源保护区的范围大，不仅有利于水质保护，而且有利于强化监管，削减污染负荷，但是，若农村集中式饮用水水源保护区范围过大，则会导致保护区整治困难，整治资金难以保障。因此，在保障农村水源地水质安全的前提下，需结合当地实际，充分考虑到当地的地理地貌、风土人情、用水需求、水文地质、污染源分布、污染类型和特征、当地技术经济条件等因素，因地制宜、科学合理地确定农村饮用水水源保护区。[1]另外，饮用水水源保护区边界应结合水源地所处的地形地貌，根据行政区界线、公路、铁路、山脊线等具有永久性的明显界线优化，以便于后期定界及日常监管。

三、《保护条例》强调要遵循风险可控的原则来划定饮用水水源保护区

当前，我国已进入突发性环境事件高发期，且呈逐年增加趋势。数据显示：2014 年，原环境保护部调度处理的重大及敏感突发环境事件中，60% 以上涉及地表水饮用水水源地。引发突发性水污染事件的原因，主要有点源生产安全事故、流动源交通事故导致的危化品泄漏、企业违法排污、自然灾害诱发衍生、尾矿库的安全生产事故、人为投毒、第三方违

---

〔1〕 参见钱怡婷等："浅析云南省地表水型千吨万人饮用水水源保护区划分方法"，载《环境科学导刊》2020 年第 S1 期。

规施工等。此外，旧规范主要考虑当地地理位置、水文、气象、地质特征、水动力特性、水污染类型、污染特征、污染源分布、排水区分布、水源地规模及水量需求等因素，缺少风险防控理念和划分原则。水质监测是对水源地水质情况进行监测，对居民饮水安全至关重要。故而，应当将风险理念、风险控制技术思路和管控技术纳入新的规范之中。田学斌副部长在部署 2022 年度农村供水保障工作时，要求地方强化风险意识，勇于担当作为，抓紧补短板、强弱项，让农村群众长期稳定喝上安全放心水。要把水质提升作为重点，加快划定农村饮用水水源保护区或保护范围，配套完善净化消毒设施设备，强化水质检测监测，确保达标供水。[1]而要确保达标供水，需要明确划定水源保护区，实现与之相配套的监管，防止水源地附近人类活动对水源的直接污染；采取相关环保措施，减缓区域污染源对水源地的水质影响，保障水源地水质长期稳定达到相关标准和管理要求。突发事故、意外事件给人类带来了惨重的教训。饮用水安全与公众的身体健康和社会生活具有最直接的联系，饮用水一旦遭受污染就会影响人们的正常生活，威胁人体健康甚至生命。在对饮用水安全进行监管时，不能等危害产生了才吸取教训。为此，应当根据饮用水污染的危害程度来划分预警的级别，通过预警的级别来制定不同的应急方案。同时，水质监测机构也应当对集中供水水源和分散供水水源进行定期的监测，实现信息畅通，资料数据准确及时。通过水质监测人员的巡查，一旦发现有威胁饮用水安全的隐患就应上报有关部门，按照预警级别采取处理方案。坚持问题导向、分类施策，划定饮用水水源保护区，健全监测监控体系、建立安全保障机制、完善风险应对预案和应急措施，确保本区域内农村饮用水水源水质水量安全可控。

---

〔1〕 参见《农村饮水安全工作简报》第 41 期。

四、《保护条例》强调要遵循便于管理的原则来划定饮用水水源保护区

目前我国饮用水水源保护的法律规定主要散见于《水法》《水污染防治法》《环境保护法》和一些相关部门的规章及规范性文件中。这些法律法规等都是在城乡二元结构背景下制定的，主要针对的是城市集中式饮用水水源，而对农村分散式饮用水水源的保护只作了一些概括性、原则性的规定。

虽然发布有《分散式饮用水水源地环境保护指南（试行）》等技术性文件，但是这类文件在指导环境保护工作中表现出针对性不强、实用性和可操作性较差等问题。农村饮用水水源地类型区域差异性较大。因此，在国家法律体系不断完善的基础上，建议地方政府针对不同地区、不同类型的水源地，因地制宜，制定专门的管理办法。保护区的划分务必要结合农村水资源规划，统筹兼顾，特别是分散式农村供水的水源，应当确保饮用水水源地保护区制度落实到人，要充分发挥用户的积极性和主动性，确保切实可行。

按照《饮用水水源保护区污染防治管理规定》的要求，饮用水地表水源各级保护区及准保护区内，禁止一切破坏水环境生态平衡的活动以及破坏水源林、护岸林、与水源保护相关植被的活动；禁止向水域倾倒工业废渣、城市垃圾、粪便及其他废弃物；运输有毒有害物质、油类、粪便的船舶和车辆一般不准进入保护区，必须进入者应事先申请并经有关部门批准、登记并设置防渗、防溢、防漏设施；禁止使用剧毒和高残留农药，不得滥用化肥，不得使用炸药、毒品捕杀鱼类。对饮用水地表水源各级保护区及准保护区具体规定，一级保护区内：禁止新建、扩建与供水设施和保护水源无关的建设项目；禁止向水域排放污水，已设置的排污口必须拆除；不得设置与供水需要无关的码头，禁止停靠船舶；禁止堆置和存放工业废渣、城市垃圾、粪便和其他废弃物；禁止设置油库；禁止从事种植、放养畜禽和网箱养殖活动；禁止可能污染水源的旅游活

动和其他活动。二级保护区内：禁止新建、改建、扩建排放污染物的建设项目；原有排污口依法拆除或者关闭；禁止设立装卸垃圾、粪便、油类和有毒物品的码头。

五、《保护条例》强调要遵循水质良好的原则来划定饮用水水源保护区

饮用水安全是人类健康的基本保障，在生态文明建设上升为国家战略的今天，切实做好饮用水水质安全保障工作，直接关系到人民身体健康和国家长治久安。我国有《水污染防治法》《饮用水水源保护区污染防治管理规定》《饮用水水源保护区划分技术规范》等规定，建立了饮用水水源保护区制度。而饮用水水源保护区是国家为保护水源洁净而划定的加以特殊保护、防止污染和破坏的一定区域。

按照《地表水环境质量标准》和《地下水质量标准》的要求，集中式生活饮用水地表水源一级保护区适用《地表水环境质量标准》Ⅱ类水质标准，地表水源二级保护区适用《地表水环境质量标准》Ⅲ类水质标准；集中式生活饮用水地下水源保护区适用《地下水质量标准》Ⅲ类水质标准。收集水源地区域的自然环境、社会经济、水文地质、水质监测、污染源等资料。水源地现状调查。调查水源地污染源分布、土地利用现状、水质现状、水系分布情况。分析区域污染源对水源地的潜在影响、影响途径、影响程度。水源保护区的划分，根据水源地水质状况、水文地质和当地实际条件，提出水源保护区划分方案，确定一级保护区、二级保护区的范围及界线。

我国饮用水保护措施有以下几类：一是污染防治措施，规定了向饮用水水源排污的禁止和限制措施；二是生态保护措施，要求在准保护区内采取工程措施或者建造湿地、水源涵养林等生态保护措施；三是应急保护措施，饮用水水源受到污染可能威胁供水安全时，责令有关企业事业单位采取停止或者减少排放水污染物等措施；四是授权保护措施，根据水环境保护的需要，可以规定在饮用水水源保护区内，采取禁止或者

限制使用含磷洗涤剂、化肥、农药以及限制种植养殖等措施。这一系列的保护措施，都意在解决农村集中式饮用水水源地的保护问题，建设重要水源监测体系，提升饮用水水源地水质达标率，从而满足人民群众对饮用安全健康水质的要求。

世界卫生组织根据污染物毒性数据与饮用水贡献率制定的《饮用水水质准则》，为世界各国制定和更新水质标准提供基础。饮用水水质标准的制定经历了从最早重点关注病原微生物到重金属、农药等大宗化学品和消毒副产物等，再到现在关注新型污染物。作为标准体系核心的《生活饮用水卫生标准》，对我国饮用水安全发挥了关键作用，推动供水企业技术进步和管理升级达到水质标准的要求，同时促进了监管部门管理能力的建设与提高。我国卫生、建设主管部门于2022年对《生活饮用水卫生标准》进行了修订，水质指标构成日趋完善，限值也更加严格。标准的修订主要由国家卫生部门主导，这是由卫生部门的工作职能要求和信息数据资源条件所决定，也符合世界卫生组织引导世界饮用水水质标准发展的国际趋势。新版《生活饮用水卫生标准》明确了"末梢水"的定义：出厂水经输配水管网输送至用户水龙头的水。供水企业的水质责任边界延伸至管网末梢，即用户龙头，模糊空间大幅压缩，供水水质将更直接面对用户感官体验和安全关注。水质管理工作的重心也将逐步由净水工艺、管网输配向二次供水和用户龙头转移。供水企业将以智慧水务为抓手，构建从水源到龙头的水质智能感知系统，对水质数据资源进行深度分析和挖掘，在取水、制水、输配、龙头等方面精准预判，驱动供水企业智慧创新和智能生产。国家《生活饮用水卫生标准》对水质要求的提高，从"合格水"向"优质水"的需求转变，无疑对供水行业也提出了更高的要求。[1]

2022年3月15日，国家市场监督管理总局会同国家标准化管理委员

---

[1] 参见张金松、李冬梅："新《生活饮用水卫生标准》推动供水行业水质保障体系化建设"，载《给水排水》2022年第8期。

会正式颁布了修订后的《生活饮用水卫生标准》，自 2023 年 4 月 1 日起全面实施。这一新标准的实施将为我国饮用水卫生安全提供法律保障，为我国建立水质安全标准体系、水质保障管理体系、水质工程技术体系提供依据、奠定基石，为水行业持续健康、稳定、创新发展明确目标和方向。

目前，饮用水水源地水质监测主要集中在城市和重点流域，监管机构也主要针对城市供水水质。乡镇及以下的农村饮用水水质监测基本上还是空白，广大农村供水包含集中式供水和分散式供水，小型的集中式供水工程没有配备必要的检测人员和检测设备，对分散式供水甚至没有建立正式的检测制度。为此，应采取水资源调度、环境治理、生态修复等综合措施，切实保障饮用水水源地水量和水质要求。对保护区划定后的违法建设项目，坚决予以取缔；对保护区划定前已存在的建设项目，严格控制污染，逐步退出；对暂时难以退出的，要采取有效补救措施，确保水源地水质安全。

第十条　【集中式饮用水水源保护区划定】

农村集中式饮用水水源保护区划定标准，按照《饮用水水源保护区划分技术规范》执行。划定的农村集中式饮用水水源保护区应依法报经批准，并向社会公布。

【导读与释义】

本条是关于本辖区内农村集中式饮用水水源保护区划定标准应遵循的技术规范和程序的规定。

农村集中式饮用水水源，一般指分布在广大农村的作为饮用水来源的河流、湖沼、池塘、沟渠、水库等地表水体、土壤水和地下水的总称。而集中式饮用水水源是指进入输水管网送到用户和具有一定取水规模的在用、备用和规划水源，[1]典型的特征是供水人口一般大于 1000 人。因此，农村集中式饮用水水源在此定义为：分布在广大农村的进入输水管网送到用户和具有一定取水规模，如供水人口一般大于 1000 人的水源。从水源供给范围来看，包括乡镇跨村集中式供水的饮用水水源和村级集中式供水水源。水源保护区是为防止破坏和污染而采取防护措施的特定区域，是为保护饮用水水源洁净、安全而划定的，是保证水量安全、水质洁净的最直接、最重要、最有效的措施。水利部、生态环境部、卫生健康委员会等多部委在《农村饮水安全规划》中明确指出：对农村集中式供水工程，要依法依规划定水源保护区或保护范围。但农村由于受到自身发展等很多因素限制，农村居民的生活饮用水水源很难得到有效的

---

〔1〕　参见原环境保护部《集中式饮用水水源地规范化建设环境保护技术要求》。

保护。如何从根源上确保农村饮用水水源安全，实现城乡均衡发展已经成了摆在我们面前的现实问题，这就要求我们必须注重对农村饮用水水源地的保护。

在水源保护区划分上，执行《饮用水水源保护区划分技术规范》，这是由原环境保护部作为行业标准发布的。其规定：饮用水水源保护区是国家为保护水源洁净而划定的加以特殊保护、防止污染和破坏的一定区域；饮用水水源保护区可分为地表水源保护区和地下水源保护区；按照不同的水质标准和防护要求，饮用水水源保护区可分为一级保护区和二级保护区，必要时可以划分准保护区。

水利部门主要执行《水法》，由水利部主持开展的《全国城市饮用水水源地安全保障规划》，在水源保护区划分上，采用水利部制定的《全国城市饮用水源保护区划分技术细则》，城市饮用水水源保护区体系由保护区和准保护区组成。环境保护和水利部门在划分水源保护区上标准不一致，有可能导致在同一水源地水源保护区的划分范围不一致，从而出现执法难和相互推诿现象。

然而，不管是生态环境保护部门，还是水利部门划分的水源保护区，通常情况下都是针对城市饮用水水源，其相应的规则对农村饮用水水源适用性较差。因为农村饮用水水源即便是集中水源，一般规模也比较小，并且水源保护区划分没有根据农村集中水源的特点进行特别规定；然而，对于众多采用分散式供水的饮用水水源，往往规模更小，并且特别分散，目前饮用水水源保护区划分根本不适合。

目前，饮用水水源的划定范围一般是遵循由原环境保护部制定颁布的关于饮用水水源保护区划定的标准规范，即《饮用水水源保护区划分技术规范》。这里需要指出的是，该技术规范规定的标准较为严格，倘若完全按照该规范执行，甚至可以将整个小型的水库或者湖泊划为一级保护区，这也意味着该保护区周围较大范围的陆域内，不能从事工农业的生产经营活动，对于当地社会经济的发展易造成严重制约和限制，尤其

是当水源保护区周围的需水人口数量比较少时，将较大规模的区域设置
为保护区将会降低其效益。可见，按照这样的标准对农村饮用水水源进
行保护区的划定，则会严重与农村的实际情况相脱离。因此，饮用水水
源保护区的划定，是水源保护和污染防治监督管理的基础，除了要遵循
《饮用水水源保护区划分技术规范》的相关规定，还应根据上位法及实际
工作情况，更正准保护区划定、水源水质、水质监测及信息公布频次等
内容。结合实际，按照分级审批、逐步推进的原则，开展饮用水水源保护
区划定工作。严格执行《环境保护法》《水污染防治法》《水法》《饮用水
水源保护区污染防治管理规定》《广东省水污染防治条例》等法律法规和
《集中式饮用水水源地规范化建设环境保护技术要求》等标准规范，参照
生态环境部《关于答复全国集中式饮用水水源地环境保护专项行动有关
问题的函》（环办环监函〔2018〕767号）和《关于答复2019年饮用水
水源地环境保护专项行动有关问题的函》（环办执法函〔2019〕647号）。
特别是考虑到农村饮用水水源地数量多且分布广，个别地区每个村均有
饮用水水源地，监管难度大。加之部分地方政府对农村饮用水水源地保
护的重视度不高，与较完善的城市集中饮用水水源地保护管理制度相比，
农村饮用水水源地保护还依赖于保护区划定。因此，只有明确划定保护
区的水源地，才可以实现与之相配套的监管。故而，应针对农村饮用水
水源地保护，采取区别于城镇差异化的分类保护措施，采取针对性更强、
措施指向更明确的策略。

　　《集中式饮用水水源地规范化建设环境保护技术要求》对水源地规范
化提出了六个方面的要求，分别是水源水量水质、保护区建设、保护区
整治、监控能力建设、风险防控与应急能力建设以及管理措施。该技术
要求旨在通过对饮用水水源地环境保护明确具体工作内容，以确保水源
地水质不被破坏，实现可持续利用。而为保障集中式饮用水水源的水量
和水质满足相应的标准，应采取一定的措施和方法，例如，科学合理设
立饮用水水源保护区，即要求规范划定新设立的饮用水水源地和未划定

保护区的在用水源地保护区，完成规范化建设。同时，也应注意合理调整，即要对矢量位置信息不准确、取水口位置发生变化、保护范围不合理的已划定保护区，科学合理地调整其保护区范围，并注意合理布局和建设一批新的饮用水水源地，有计划地关闭、合并水质不达标、水量不足、环境污染风险较高、难以整治的水源地，及时撤销原保护区。

而之所以要强调农村集中式饮用水水源保护区应依法报经批准，并向社会公布，是因为饮用水水源保护区的划定，与社会公共利益密切关联，牵涉到政府部门、企业和群众等主体，还有可能会涉及为了提升保护区生态功能，强化水源地水质保护，需要对划定为水源保护区内的土地、林地等进行征用和租用等。正是因为其牵涉到政府部门、相应企业团体或者群众等主体的切实利益，为了确保农村集中式饮用水水源保护区的划定在合理合法范围内，所以从程序上对其施加了要求，要求其划定应依法报经批准，并向社会公布。

第十一条　【分散式饮用水水源保护范围划定】

农村分散式饮用水水源保护范围按照下列标准划定：

（一）河流型水源取水口上游不小于 1000 米，下游不小于 100 米，两岸陆域纵深不小于 50 米，但不超过集雨范围；

（二）湖库型水源以取水口为中心、半径不小于 200 米范围的区域，但不超过集雨范围；

（三）地下水型水源为取水口周边不小于 30 米范围。

【导读与释义】

本条是关于农村分散式饮用水水源保护范围划定所应遵循的标准的规定。

实际上，我国部分地区早已通过采取划分分散式饮用水水源保护范围的方式，来强化对饮用水水源保护的事例，并且经过多地的实践证明比较切实可行，其中典型的如威海市发布的有关加强农村饮用水水源地环境保护工作的通知就强调要加强对农村分散式饮用水水源进行保护，并对分散式水源的保护方案和管理制度进行明确规定，如在超过千人的村庄应当规划专门的水源保护范围，并由专人对其进行保护和管理。为了保护和改善本市行政区域内农村分散式生活饮用水水源水质，防止水源污染，保障农民饮水安全，建设社会主义新农村，按照国家有关法律法规和技术要求，《保护条例》对韶关市农村分散式生活饮用水水源保护范围的划定基准予以了确定。

在各地的水源保护条例中，对于保护范围的划定主体的规定都较为清楚，多数地方都是依照上位法的规定，要求由有关市（县）人民政府提出划定方案，报省（自治区、直辖市）人民政府批准。也有部分地区，如湖北省孝感市、云南省曲靖市等，将保护区划定方案的主体进行了进一步的细化，将生态环境主管部门等有关部门纳入了拟订方案的主体中，细化了相关的职责。《孝感市饮用水水源保护条例》第12条提出由市生态环境主管部门会同其他有关部门进行方案的拟定，经市人民政府同意后，报省人民政府批准；《曲靖市集中式饮用水水源地保护条例》第13条要求由市人民政府组织相关部门拟订拟定保护区划定方案。此外，湖北省黄冈市在《黄冈市饮用水水源地保护条例》中创制性地规定了分散式饮用水水源保护区划定的主体，其规定由乡（镇）人民政府提出方案，经县（市、区）人民政府批准后报黄冈市人民政府备案。

就保护区的范围划定的参照标准来看，多数地市的保护条例均规定按照国家相关的技术规范进行划定，即主要依靠《饮用水水源保护区划分技术规范》对于各类水源划分保护区的技术规范要求开展。在保证农村水源地水质安全的前提下，结合当地实际，因地制宜合理确定农村饮用水水源保护区。原则上，河流型保护区，以取水口为中心，上游不小于1000米，下游不小于100米，两岸陆域纵深不小于50米，但不超过集雨范围；地下水型保护区，以取水口为中心，径向距离不小于30米；水源保护区边界应结合水源地所处的地形地貌，利用具有永久性的明显标志，如公路、铁路、桥梁、分水线、行政区界线、大型建筑物、水库大坝、防洪堤坝、水工建筑物和河流岔口等，合理确定相关要求。

由于分散式的饮用水水源保护的划定目前尚未有正式的技术规范可供参考。因此，多数地市仅在相关条款中提出类似"参照集中式饮用水水源"或者"依照法律法规的内容"这样笼统的表述。当然，也有少数地市在有关保护区范围的规定中具体规定了分散式水源的划定范围，如《酒泉市饮用水水源地保护条例》第12条规定了供水规模在1000人以下的分散式饮用水水源的保护范围；《麻阳苗族自治县饮用水水源保护条例》第14条规定了乡（镇）、村中各类型的饮用水水源的保护范围；《铜仁市农村饮用水管理条例》第 8 条对农村的饮用水水源保护范围的划定标准也进行了明确，区分了泉水井水型、山塘水库型和河流型三类水源不同的划定范围。由于《水污染防治法》和《饮用水水源保护区污染防治管理规定》中均有相关的规定，各地在立法中的具体措施，多是依照上位法的内容进行补充规定的，总体来看相差并不大，仅是在部分条款上可能有结合当地具体情况而增减的情况。但因为上位法中的相关措施从内容上看更偏向于集中式的饮用水水源，对于分散式饮用水水源的保护措施比较有限，因此，部分地市的条例中含有分散式饮用水水源保护的规定，并对其进行了细化。如《成都市饮用水水源保护条例》要求按照集中式水源二级保护区中的要求对分散式的饮用水水源进行保护；而在《黄冈市饮用水水源地保护条例》中，分散式的饮用水水源也将划定保护区，在保护区划定后统一按照保护条例中的各级禁限措施执行。

本《保护条例》遵循后一类做法，也对农村分散式饮用水水源保护范围的划定标准予以了细化。依据水源地类型的不同，分别规定了相应的划定标准：对于河流型水源，保护范围为取水口上游不小于 1000 米，下游不小于 100 米，两岸陆域纵深不小于 50 米，但不超过集雨范围；对于湖库型水源地，保护范围为以取水口为中心、半径不小于 200 米范围的区域，但不超过集雨范围；对于地下型水源地，规定的保护范围为取水口周边不小于 30 米范围。

第十二条　【保护区范围划定及调整程序】

农村分散式饮用水水源保护范围的划定，由镇（乡）人民政府、街道办事处组织有关部门和专家论证提出方案，征求村民委员会、村民小组和村民的意见，报县（市、区）人民政府批准并公告。

由于公共利益、水质水量发生变化，确需调整农村饮用水水源保护范围的，按照前款规定的程序办理。

因农村分散式饮用水水源保护范围的划定或者调整，对公民、法人、非法人组织的合法权益造成损害的，由县（市、区）人民政府依法给予补偿。

【导读与释义】

本条是关于农村分散式饮用水水源保护区范围的划定的程序及调整过程的相关规定。

《保护条例》规定，在本行政区域内的农村分散式饮用水水源保护范围的划定，需由乡镇一级人民政府、街道办事处来牵头，程序上要求其组织有关部门和专家论证后提出划定方案，并在征求村民委员会、村民小组和村民的意见之后，再上报县级人民政府批准并公告。但是，在遇有如水质水量发生重大变化或者保护范围内出现资源压覆现象，而该资源具有重要的战略价值，不宜继续将该地域纳入农村分散式饮用水水源保护范围，确有必要对农村饮用水水源保护范围进行调整的，也应当遵循前款的程序要求，由乡镇人民政府、街道办事处组织有关部门和专家论证后，提出调整方案，并在征求村民委员会、村民小组和村民的意见之后，再上报县级人民政府批准并公告。同时，对于因为农村饮用水水源保护范围的划定或调整，对公民、法人、非法人组织的合法权益造成损害的，由县（市、区）人民政府依法给予补偿。如《广东省水污染防治条例》第 46 条就明确规定了县级以上人民政府可以依法征用或者租用饮用水水源保护区内的土地，用于涵养饮用水水源。严格限制饮用水水源汇水区内的生态保护与水源涵养区域变更土地利用方式。因划定或者调整饮用水水源保护区，对饮用水水源保护区内的公民、法人和其他组织的合法权益造成损害的，有关人民政府应当依法予以补偿。而水源保护区内的土地林地征用和租用，是为了提升保护区生态功能，强化水源地水质保护。即便如此，县级以上人民政府应当通过依法征收、租用、提高补偿标准等方式，将饮用水水源保护区范围内的林地纳入生态公益林管理。

一、农村饮用水水源生态补偿制度

农村饮用水水源生态补偿制度，是一种实现公平正义的手段，指在法律法规及相关政策等的指导下，灵活合理地利用资金及技术等多种方法，由受益的一方补偿由于保护农村饮用水水源而遭受损失的一方。

之所以要规定产权主体基于其所拥有的产权而享有流域资源的开发利用权利，是因为若出于流域生态保护的需要，而使其遭遇利益受损或发展机会被剥夺时，其应当从区域整体性的生态效益补偿金中取得应得的利益补偿。[1]具体到农村饮用水水源保护领域，也是如此。根据法律规定的要求，在划定保护区时，保护区内的相关可能造成水源污染的建筑物、构筑物需要拆除，相关的生产生活活动可能被禁止，由此就产生了对于相关产权主体或者是权利主体的限制，这自然而然地会对其本应当享有的利益造成损失。

法国是行政补偿制度建立最早的国家，其在 1873 年布朗戈诉国家案

---

〔1〕　参见杜群："长江流域水生态保护利益补偿的法律调控"，载《中国环境管理》2017 年第 3 期。

中确立了因国家行为对公民造成侵害的，应当给予相应补偿的制度，这也是法国行政补偿制度的开端，案件判决明确指出：公权力对公民权利进行损害，在补偿上与民事领域侵权赔偿是不同的。此后，全世界多个国家向法国学习，相继建立了行政补偿制度。从《宪法》第10条第3款和第13条对财产权的规定可以看出，财产权的概念不仅强调了个人利益，也规定了特殊情况，也就是为了公共利益可以对财产权进行剥夺的例外情况。对财产权的把握应该从两者间矛盾予以分析，限制是例外，保护是常态。因此，对于剥夺财产权应规定详细的条件。征收征用制度在本质上体现出了两种利益之间的冲突，对本该是严格保护的权利在一定条件和情况下予以限制。虽然我国目前并无单独统一的行政征收补偿法，但在土地管理法、草原法、渔业法以及矿产资源法中均有涉及征收补偿的相关内容。

从目前有关生态补偿制度的学说来看，主要有公共负担平等说、恩惠说、既得权说、社会职务说等。公共负担平等说主张：利益因大家而牺牲者，其损失理所当然由得到利益的大家分担。该学说还进一步提出：政府实施行政行为是为了公共利益的实现，所以，被侵权人受到的损害理应由公众平等分担。除此之外的恩惠说、既得权说、社会职务说等，其中心理论也都是：个人权益因公共利益受到损害，权利受到非正常损害，就理应给予公正合理的补偿，使得权利人在丧失权益的基础上得到平衡。特别是牺牲说近年来受到越来越多学者的认同。这一学说指出：虽然国家实施的是合法行为，但是对公民权益进行了剥夺，公民权利的损失超过其本应该负担的部分，该部分损失与法定义务不同，不同于纳税和服兵役等法定义务，是其本不应该承担的。在个人利益和公共利益大方向上，个人作出了让步，以确保社会绝大多数公共利益的实现。因此，本着公平正义的原则，应由全体公民对被征收人的损失进行补偿。补偿制度的主要目的与功能是平衡各方利益。党的工作重心在人民，以人民为中心的主旨使得政府与人民所追求的利益是一致的，公共利益是整体利益，个人利益是其中一部分，不是全然割裂的，要保持两者的平衡才能确保公平正义的实现。[1]

　　社会是由单独的个体组成的，社会的大多数成员总是反对将公共利益与其个人利益分开，每个人都希望在他人的牺牲下实现个人利益最大化，但在涉及自身利益时就会分毫不让，这就导致公共利益被个人利益所挤占，二者难以平衡，继而产生不可调和的矛盾。因此，应当从社会实际出发，充分考虑社会物质发展水平，运用补偿来协调矛盾，以达到最大的公平正义。征收和征用是在利益补偿方面在行政机关和公民之间建立了一座桥梁，是双方之间的交易，但这种交易不能以强制的方式进行，否则便会损害公民利益，给公民财产权带来严重威胁，过分强调行政权力的独大，将对本就处于弱势群体的公民更加不公平。[2]为了防止此类现象的发生，各国出于公平公正的原则，在法律中规定了公平补偿制度，公平补偿是对利益受损的公众进行合理事先补偿，此种补偿方式是最灵活的，可以按照市场价值和实际情况对补偿标准随时做出调整，市场价格高时，将补偿标准上调是对政府权力进行限制的最直接手段，对于公民利益损失的调整也是最优的。给予公正合理补偿是征收制度中最核心的部分。

　　补偿是征收的前提，而合理确认补偿原则是保证补偿公平合理的前提和基础，其在保障公民权益方面起到了决定作用，影响征收补偿的范围以及采取何种补偿方法。补偿原则的确立对征收补偿的范围及其方式的确定有重大影响。我国宪法条文为补偿提供了宪法依据，"适当补偿"或"相应补偿"是目前我国法律中对于补偿的规定，但规定不具体全面，在补偿时，往往可以发现被征收人所得到的补偿无法弥补其实际经济或其他损失，不足以保障其权益，对相对人保护不到位。

---

　　[1]　参见高志宏："公共利益观的当代法治意蕴及其实现路径"，载《政法论坛》2020年第2期。

　　[2]　参见张千帆主编：《宪法学》（第3版），法律出版社2014年版，第199页。

二、农村饮用水水源生态补偿制度的补偿原则

《宪法》和《民法典》在涉及征收补偿的条款中，都写明了必须给原权利人补偿。对于应当基于何种原则对权利人进行补偿，目前主要存在下列几种补偿方式的主张。

（1）完全补偿原则。所谓完全补偿，是指当被征收人权益受损时，对其损失予以全部补偿，恢复权利初始的圆满状态。除此之外，针对这一补偿原则，还有观点认为在补偿时不能仅针对财产损失进行补偿，其他附带性的损害结果也都应包含在补偿范围之中。

（2）适当补偿原则。也称为相当补偿说，该种补偿原则对相对人的补偿，从补偿程度上来讲是弱于完全补偿的。权衡利益与损失之后，全额补偿是不符合实际的。公共利益、国家财产等都应当作为补偿方案的重要考虑因素，之后再慎重决定针对损害给予何种补偿，是否"适当"多数情况下由法官进行裁量。

（3）合理补偿原则。合理补偿原则是在衡量公共利益与个人利益之后，对被征收人权益最大限度保障的一种补偿原则。即在对相对人进行补偿数额的判断时，不仅仅要参考其自身的财产状况，更要衡量公共利益需求，在二者之间寻求一种平衡。合理补偿原则能最大限度地降低行政征收行为给被征收人的影响，以市场价格对被征收人予以补偿。政府的征收从实际上讲已经干预了被征收人自由交易的权利，也就是政府具有行政优益性，因此对征收对象价值的认定就不可再以政府为主导，要尊重市场价格。

从我国实践出发，应适用合理补偿原则。主要理由如下：一方面，倘若遵循完全补偿原则，将会把因公益征收与民法当中的一般侵权行为相混淆，忽视了因公益收回使用权的公益性特点。从有效保护农村饮用水水源、更好地确保农村居民获得清洁卫生安全的饮用水这一公共利益出发，在划定和调整农村饮用水水源保护区范围的过程中，对私人财产

权益进行剥夺的行为并不是违法行为，而是合法的，其与民法中的一般侵权行为存在着本质上的区别。而完全补偿原则旨在使行政相对人的利益恢复到圆满状态，但是因公共利益对自然人、法人、非法人组织财产利益予以征收的行为，与一般的侵权行为是有区别的，为了公共利益的需要属于合法的理由，是有法律依据的，不是违法行为，因此，这里不应适用完全补偿原则。另一方面，从客观上来说，合理的补偿是保护公民财产权益的根本，起着协调公共利益与个人利益的重要作用，可以有效地防止权力滥用。同时，也为公共利益的实现提供了可操作空间。除此之外，合理补偿原则从本质上而言，是对补偿标准的确立，其并非一成不变，实际上是一种能够灵活调整的补偿方式，可以因市场价格的波动对补偿作出合理的调整，从而最大限度地保证因保护范围的划定和调整而使其合法权益遭受的损害得到弥补。[1]

合理补偿原则包括以下内容：合理补偿应该是对财物全部的直接损失加以补偿，对于间接损失合理予以补偿，只对于财产损失予以补偿，对于精神损失和情感损失不给予补偿。毕竟提前收回水域是为了公共利益而实施的，它不同于完全补偿，应对于现发生的利益损失和将来一定会获得的利益损失进行补偿。根据市场价值给予补偿是合理补偿的标准，目前此种补偿方式也是最合理的。首先看是否有市场定价，如果没有市场定价，则必须通过独立的中介机构作出合理公允的评估。

针对因相关禁限措施而导致主体损失的生态补偿，如《麻阳苗族自治县饮用水水源保护条例》就有涉及，其规定，"对因划定或者调整饮用水水源保护区和保护范围，给保护区和保护范围内的公民、法人或者其他组织造成财产损失的，应当依法给予补偿"。本《保护条例》也遵循这一体例，规定因农村分散式饮用水水源保护范围的划定或者调整，对公民、法人、非法人组织的合法权益造成损害的，由县（市、区）人民政

---

〔1〕　参见于丰："渔民退捕行政补偿法律问题研究"，大连海洋大学 2022 年硕士学位论文，第 29~30 页。

府依法给予补偿。至于补偿标准，结合《民法典》第 117 条及第 243 条规定的内容来看，为了公共利益的需要，依照法律规定的权限和程序征收、征用不动产或者动产的，应当给予公平、合理的补偿。基于此，此处的"依法给予补偿"应当解读为公平、合理的补偿标准。

第十三条　【警示要求】

镇（乡）人民政府、街道办事处应当设立明确的农村饮用水水源保护区（范围）界碑、界桩和明显的警示标志，根据保护需要设置隔离防护设施，或者种植具有界碑功能的灌木、荆棘等饮用水水源涵养植物围蔽取水口。

任何单位和个人不得拆除、覆盖、擅自移动、涂改和损坏界碑、界桩、警示标志和隔离防护等农村饮用水水源保护设施，不得破坏灌木、荆棘等围蔽取水口隔离带植物。

【导读与释义】

本条是关于在农村饮用水水源保护区设立警示标志和隔离防护设施的规定。

《水污染防治法》规定，有关地方人民政府应当在饮用水水源保护区的边界设立明确的地理界标和明显的警示标志。在水源保护区设置界碑、界桩和明显的警示标志，设置隔离防护设施，或者种植具有界碑功能的灌木、荆棘等饮用水水源涵养植物围蔽取水口等，其目的就是对过往行人、车辆起到提醒和警示作用，使其远离水源，不要在此处开展不利于水源保护的活动，防止污染或破坏饮用水水源。

饮用水水源保护区设立明确的农村饮用水水源保护区（范围）界碑、界桩和明显的警示标志，或根据保护需要设置隔离防护设施以及种植具有界碑功能的灌木、荆棘等饮用水水源涵养植物等，就是为了达到明确界线的效果。因此，任何个人和单位不得擅自涂改、损坏或移动宣传牌、地理界标和警示标志，否则将会破坏其警示效果。

近年来，饮用水水源地安全保障达标建设取得显著成效。饮用水水源地安全保障水平总体优良，水源地安全保障能力持续提升。水源地及相关部门更加重视水源地安全管理。一些水源地一级保护区内实现了全封闭管理，且界标、警示标示以及隔离防护设施完善，水源地保护区无公路、铁路通过。即使有公路、铁路通过的水源地，也已具备相应的防治措施。但是，仍有部分重要饮用水水源地物理、生态隔离措施建设不到位，导致水源涵养、水土保持和截污能力差，不利于饮用水水源地的水质保护。一些饮用水水源地生态隔离防护建设缺乏科学布局、系统性差，监督管控措施不到位等突出问题依然存在，饮用水水源地陆域隔离防护设施不足。相比城市，农村饮用水水源地划分与保护工作较为滞后，农村饮用水水源地大部分存在没有建立保护区、已建立的保护区划分不够规范、相关保护制度没有得到有效实施等问题。

饮用水是否安全直接关系到人的生命健康。有些地方出现了"癌症村"很大一部分原因就是当地的饮用水遭到了不同程度的污染破坏。研究表明，被污染的饮用水含有大量对人体有巨大危害的有机物，有些有机物会导致人中毒，人们长期饮用这种受到污染的水会使得有害物质在人体内长期沉淀，最后导致突变。

为减少污染物排放，分隔人类活动对水源的干扰，增加保护区的生物多样性，必须对水源地保护区进行隔离防护。饮用水水源保护区隔离防护工程的措施主要包括：农村饮用水水源地隔离防护工程、生态修复与保护工程、畜禽养殖污染治理和农村环境整治等农村点源与面源治理工程。其中生物隔离工程主要是建设防护林，而物理隔离工程主要是建设护栏、围网等。尤其是在水源地周边人口稀少的地区，可在其保护区边界线进行生物隔离，如由林业部门根据实际情况选取适宜的树种，以达到生物隔离、生态保护的目的。对于水源地周边人口密度较大的地区，在保护区边界线内外建围网，进行物理隔离。隔离防护措施是水源地工程紧要且必须的安全措施，它能有效保障水源地安全，主要包括物理隔离和生物隔离，比如防护栏、绿篱、绿化设施等，能有效避免人类活动对水源地的破坏，防止污染物流入水源地。通过设置防护林等生物隔离工程以及围网、护栏、围墙、井围等物理工程，减少水源保护区水质、水量受到人类活动的影响，防止人类活动对水源保护区水量水质造成影响，防止水源枯竭和水体污染。

就地下水水源的保护而言，主要采取隔离防护的措施。例如，在重要的地下水水源地的取水口周边布置隔离防护工程，以涵养水源，防止污染物继续渗入污染地下水，并通过生物净化作用改善渗入地下水的水质。通常的做法有：通过在地下水水源地的取水口周边100米到200米范围内建立绿篱网或树丛带等生态屏障，来减少农田径流、生活垃圾等面源污染物对地下水水质的污染。就水库型水源保护区而言，宜采用物理隔离设施和生物隔离设施相结合的方式，以物理隔离设施为主，生物隔离设施为辅，且生物隔离仅针对少量的水库周边的裸露坡地。

就隔离工程而言，原则上应沿水源保护区的边界建设，同时，视水源保护区的具体情况进行调整。此外，在供水水源卫生防护地带范围内，还应设置固定的告示牌。同时，建设包括物理隔离工程如护栏、围网等和生物隔离工程如防护林的隔离工程，避免因人类活动而对水源保护区造成的水质污染。隔离工程建设原则上要沿着水源保护区的边界。在具体实施时，可根据保护区的大小、周边污染情况等因素，合理确定隔离工程的范围。

总之，为了有效地保护水源地下水水质不受环境污染，必须加强卫生防护。如在一级水源地保护区范围内应明确划定并设立界碑或界桩，完善保护区保护设施。依据《饮用水水源保护区标志技术要求》（HJ/T 433-2008），在各级饮用水水源保护区地理边界设置界标，在进出饮用水水源保护区的道路或航道处设置交通警示牌，根据实际需要设立保护饮用水水源的宣传教育牌等标识，在饮用水水源一级保护区周边人类活动频繁的区域设置隔离防护设施。

第十四条　【引水、截（蓄）水行为】

任何单位和个人引水、截（蓄）水不得损害公共利益和他人的合法权益，不得影响饮用水水源安全。

【导读与释义】

本条是不得进行引水、截（蓄）水有害公共利益和他人合法权益行为的规定。

水资源作为人类赖以生存的自然资源，具有自身的特征和规律，即水资源的自然属性，它是水资源自身所具有的、没有施加人类活动痕迹的特征。主要表现为：时空分布的不均匀性、稀缺性、流动性和系统性等。随着人类社会的发展，水资源已成为稀缺资源，这对人类社会的发展乃至生存构成直接威胁。这说明水资源的社会属性日益突出。与此同时，水资源的公共性，[1]饮用水水源的目标指向也自然是维护公共利益。水对人类的不可或缺性和流动性，决定了水的公共性质。要实现水的公共性，必须由公共权力进行管理，以"水权归公，水尽其用，统一管理，众享其利"。如果以水进入用水户前后为界，把供水划分为两部分，向前是政府面向公共供水的水资源管理职能，向后是面向众多用水户的供水管理职能，以此来划分管理对象，最大的好处就是能避免把水资源的公共性和用水户的私人性混为一谈。由于水资源属于公共资源，进入用水户前的供水工程具有公共物品的属性，应以国家投入为主，以保证国家对水资源管理的绝对控制权，以便在分配水量时能够按照生活、生产、

―――――――――

〔1〕　参见祁建民："水利民主改革与水资源公共性的彻底实现——以山陕地区水利社会史的变革为中心"，载《广东社会科学》2018 年第 3 期。

生态的顺序和生活、生态的顺序以及生活、农业、工业的比例，来保证公共用水的公平。从这个角度看，对于用水户入口之前的水资源管理，政府必须发挥主导作用，不能完全依靠市场经济来进行管理和运作，防止一味追求利润最大化而影响公平。[1]

伴随着我国社会、经济的快速发展，水资源作为一种社会、经济发展的基础性资源，对其开发、利用和保护活动的规制显得越来越重要。尤其是鉴于当前水资源矛盾和纠纷愈演愈烈的现实状况。无节制地引水截水，过度开发流域水资源，将会导致河水断流，地下水超采，使得生态环境严重恶化。毕竟，水系是由干流和支流共同构成的，如果无节制地拦截干、支流河水，那么河流将成为无水源之河。因此，应有计划地开发地表水资源，实行以供定需，优化水资源配置。此外，为缓解流域日趋加剧的水资源供需矛盾，除保证沿岸生命用水外，要给地表水留足生态用水。《水法》第4条和第6条规定：开发、利用、节约、保护水资源和防治水害，应当全面规划、统筹兼顾、标本兼治、综合利用、讲求效益，发挥水资源的多种功能，协调好生活、生产经营和生态环境用水。国家鼓励单位和个人依法开发、利用水资源，并保护其合法权益。开发、利用水资源的单位和个人有依法保护水资源的义务。第21条更是明确指出：开发、利用水资源，应当首先满足城乡居民生活用水，并兼顾农业、工业、生态环境用水以及航运等需要。在干旱和半干旱地区开发、利用水资源，应当充分考虑生态环境用水需要。造成水源断流及生态环境恶化的主要原因是中上游截流工程过多，使得水资源开发利用严重透支。一条江河的流域极限水资源开发利用率为40%，倘若水资源开发利用率大大超过了水资源开发利用的极限，就会打破整个流域的水资源平衡，致使水资源紧缺，而地下水超采严重，又会造成生态用水的不足。在我国传统的用水思路中，水一直是经济发展，特别是工农业生产绝对优先享用的资源，而生态用水则很少考虑。这种用水思路导致了用水不平衡，

---

[1]　参见马欣华："水资源的公共属性与水务管理刍议"，载《河北水利》2016年第7期。

水资源配置不合理。故,《水法》第 28 条明确要求"任何单位和个人引水、截(蓄)水、排水,不得损害公共利益和他人的合法权益"。这正是基于水资源的公共性和稀缺性。所以,为了更好地满足国民经济发展和人们生活需要,实现人水和谐,增进整体社会福利,必须在坚持水资源承载能力和水资源可持续利用的原则下,对水资源进行权威性分配,避免出现对因作为公共资源的水资源过度开发和利用带来的枯竭、系统恶化以及利用效率降低等问题。

因此,《保护条例》为了确保农村饮用水水源安全,也同样要求任何单位和个人不得实施引水、截(蓄)水这类损害公共利益和他人的合法权益的行为。

第十五条　　【引用性规则】

已划定保护区的农村集中式饮用水水源保护按照《中华人民共和国水污染防治法》和《广东省水污染防治条例》规定执行，其中水源保护区与自然保护区重叠的，重叠区域的水源保护同时执行《中华人民共和国自然保护区条例》的规定。

【导读与释义】

本条是关于在划定保护区内农村集中式饮用水水源保护所应遵循相关法律法规的规定。

在立法理论中，存在着引用性规则，即法律条款在其构成要件或法律效力的规定中，引用其他的法条。其中两种最为常见的引用性规则形式分别为适用性规则与准用性规则。适用性规则以"适用（关于）……规定"作为标志，其所处理的事项类型与被引用的法条所调整的法律事实在实质上同一或在规范上被评价为同一，而准用性规则与被引用之法条在调整对象的法律事实上并不完全一致，甚至存在较大差异，但都是类似的、基于平等原则而作同一处理的情形。即适用性规则与被引用规则的关系是"同一"，准用性规则在法律事实方面与被准用规则的关系是"类似"。[1]适用性规则在实质上构成对上位法调整对象的外延所进行的进一步界定和解释，一般以"依照""适用"作为标志词；而准用性规则一般用于没有直接纳入法律调整范围，但是又属于该范围逻辑内涵自然延伸的事项，一般以"参照"作为标志词。适用性规则所指向的既可

---

〔1〕　参见黄茂荣：《法学方法与现代民法》（第 5 版），法律出版社 2007 年版，第 172~177 页。

以是整部法律，也可以是某一条款的具体规定，而准用性规则所援引的被准用条款更多地表现为某一条款的具体规定而非整部法律的所有条文。[1]准用性规范是指"一定的法律条文并未规定规范的完整逻辑结构，而明确指出准许适用某一法律文件中的某个规范"。[2]虽然其并没有直接规定某一规范的内容，但明确指出在这个问题上可以适用其他法律条文或法律文件中某一规定的规范。有关准用性规范的规定较多，但是，其参照的规范性文件却不尽一致。有些参照的是法律，有些参照的是法律、行政法规，有些参照的是法规。但是这类规范，一般都是概括性地规定"国家有关规定对……作出明确要求的，依照其规定"。

按照上述理论，本《保护条例》应归属于引用性规则中的适用性规则，而非准用性规则。其所适用的标志词为"按照"，而非参照，所援引的规范是《水污染防治法》《广东省水污染防治条例》《自然保护区条例》，而非仅仅只是某一条款的具体规定。本条较为明确地将水污染防治和自然保护区的规范引入，要求已划定保护区的农村集中式饮用水水源保护应当遵照上述规范执行，是对整体要求的指引性规定。通过这一条款，将《水污染防治法》《广东省水污染防治条例》《自然保护区条例》融入《保护条例》之中，以此来实现农村饮用水水源保护规范与水污染防治法规范及自然保护区规范的有效连接。

依据《水污染防治法》，对于已划定保护区的农村集中式饮用水水源保护，应当划定生态保护红线，实行严格保护。各级人民政府对重要的水源涵养区域，应当采取措施予以保护，严禁破坏。各级人民政府应当加强对农业环境的保护，促进农业环境保护新技术的使用，加强对农业污染源的监测预警，统筹有关部门采取措施，防治土壤污染和土地沙化及防治植被破坏、水土流失、水体富营养化、水源枯竭、种源灭绝等生

---

〔1〕 参见张鹏："概括准用规则的合法性研判与规范化设置——以燃放烟花爆竹行为的拘留处罚为例"，载《政治与法律》2018年第5期。

〔2〕 参见张文显主编：《法理学》（第3版），法律出版社2007年版，第120页。

态失调现象。县级、乡级人民政府应当提高农村环境保护公共服务水平，推动农村环境综合整治。《环境保护法》第47条规定，各级人民政府及其有关部门和企业事业单位，应当依照《突发事件应对法》的规定，做好突发环境事件的风险控制、应急准备、应急处置和事后恢复等工作。县级以上人民政府应当建立环境污染公共监测预警机制，组织制定预警方案；环境受到污染，可能影响公众健康和环境安全时，依法及时公布预警信息，启动应急措施。企业事业单位应当按照国家有关规定制定突发环境事件应急预案，报环境保护主管部门和有关部门备案。在发生或者可能发生突发环境事件时，企业事业单位应当立即采取措施处理，及时通报可能受到危害的单位和居民，并向环境保护主管部门和有关部门报告。突发环境事件应急处置工作结束后，有关人民政府应当立即组织评估事件造成的环境影响和损失，并及时将评估结果向社会公布。

　　而依据《广东省水污染防治条例》的要求，水污染防治应当坚持预防为主、防治结合、综合治理、公众参与、损害担责的原则，优先保护饮用水水源，严格控制工业污染、城镇生活污染，防治农业农村污染、船舶污染，积极推进生态环境治理工程建设，预防、控制和减少水环境污染和生态破坏。并强调各级人民政府对本行政区域内的水环境质量负责。县级以上人民政府应当将水环境保护工作纳入国民经济和社会发展规划，加强对水污染防治的资金保障，采取有效对策和措施，保护和改善水环境质量。县级以上人民政府应当根据国家或者省依法批准的流域水污染防治规划，组织制定本行政区域的水污染防治规划；在制定国土空间规划时，应当统筹水污染防治规划的空间布局和需求。进行各类开发建设活动，应当符合水污染防治规划的要求。饮用水水源保护等专项规划或者方案，应当与水污染防治规划相互衔接。县级以上人民政府应当组织有关部门对水污染防治规划执行情况进行监督检查；应当优化农业种植业结构和发展布局，推动生态农业发展。县级以上人民政府农业农村主管部门和其他有关部门应当指导农业生产者科学、合理施用化肥和农药，推广精准施肥、节水灌溉技术和高效低毒低残留农药，组织开展病虫害统一预防、统一治理，加强对生产、销售、使用农药和处置过期失效农药及农药包装物的综合监督管理，防止污染水环境。县级以上人民政府农业农村主管部门应当引导有关单位和其他生产经营者依法收集、贮存、运输、利用、处置农业固体废物，加强对秸秆等农业废弃物综合利用的监督管理，防止污染水环境。

从《自然保护区条例》的规定来看，所谓的自然保护区，是指对有代表性的自然生态系统、珍稀濒危野生动植物物种的天然集中分布区、有特殊意义的自然遗迹等保护对象所在的陆地、陆地水体或者海域，依法划出一定面积予以特殊保护和管理的区域。自然保护区的撤销及其性质、范围、界线的调整或者改变，应当经原批准建立自然保护区的人民政府批准。任何单位和个人，不得擅自移动自然保护区的界标。自然保护区可以分为核心区、缓冲区和实验区。自然保护区内保存完好的天然状态的生态系统以及珍稀、濒危动植物的集中分布地，应当划为核心区，禁止任何单位和个人进入；除依照该条例第27条的规定经批准外，也不允许进入从事科学研究活动。核心区外围可以划定一定面积的缓冲区，只准进入从事科学研究观测活动。缓冲区外围划为实验区，可以进入从事科学试验、教学实习、参观考察、旅游以及驯化、繁殖珍稀、濒危野生动植物等活动。原批准建立自然保护区的人民政府认为必要时，可以在自然保护区的外围划定一定面积的外围保护地带。自然保护区的内部未分区的，依照本条例有关核心区和缓冲区的规定管理。在自然保护区的核心区和缓冲区内，不得建设任何生产设施。在自然保护区的实验区内，不得建设污染环境、破坏资源或者景观的生产设施；建设其他项目，其污染物排放不得超过国家和地方规定的污染物排放标准。在自然保护区的实验区内已经建成的设施，其污染物排放超过国家和地方规定的排放标准的，应当限期治理；造成损害的，必须采取补救措施。在自然保护区的外围保护地带建设的项目，不得损害自然保护区内的环境质量；

已造成损害的，应当限期治理。

农村集中式饮用水水源保护区除了按照《水污染防治法》和《广东省水污染防治条例》规定执行外，在遇有农村集中式饮用水水源保护区与自然保护区重叠情形时，该重叠区域的水源保护自然也应严格按照《自然保护区条例》中的相关规定执行，否则将受到法律的追究。

第十六条 【禁止行为】

农村分散式饮用水水源保护范围内，禁止下列行为：

（一）新建、改建、扩建排放污染物的建设项目；

（二）从事畜禽养殖业；

（三）设立有毒、有害化学物品储存场所或者堆放丢弃医疗废弃物、电池、电瓶等有毒有害类垃圾；

（四）使用高毒高残留农药；

（五）栽种桉树等不利于水源涵养的树种或者破坏植被和非更新性砍伐；

（六）新建墓地；

（七）电鱼、炸鱼、毒鱼等；

（八）采石、取土、采砂；

（九）法律、法规规定的其他污染或者破坏饮用水水源的行为。

【导读与释义】

本条是在农村分散式饮用水水源保护范围内不得实施的相应禁止行为规定。

饮用水水源保护区是指为防止饮用水水源地污染、保证水源水质而划定，并要求加以特殊保护的一定范围的水域和陆域。[1]饮用水水源保护区分为一级保护区和二级保护区，必要时可在保护区外划分准保护区。2018年1月1日施行的《水污染防治法》对各级保护区内禁止或限制的

---

[1] 参见原环境保护部《集中式饮用水水源地规范化建设环境保护技术要求》。

活动进行了明确。通过规定各区域内的禁止措施及限制措施的方式,防治各类污染源,保护饮用水安全。在地方立法中,有关污染物的防治制度,也同样多以保护区内的各类禁限措施得以体现。典型的做法是通过列举各类保护区中所禁止和限制的行为,来预防和防止各类污染物出现或者进入饮用水水源保护区之中。这些禁止和限制规定,也是建立在充分考察与调研当下韶关市的饮用水水源的污染源的类型基础上的。

现行法律规范将饮用水水源保护区分为三个级别,而且保护区级别的重要性依次递减。针对农村饮用水水源规模小且分布较广的特点,可以根据具体情况适当地减少保护区级别的划定,对已经划定的保护区或者保护范围采取级别对应的保护措施,根据目前饮用水水源保护区通常采取的保护举措并结合农村的实际情况,首先,一级保护区内,禁止建设与饮用水水源保护无关的项目;禁止使用农药、化肥、含磷洗涤剂;禁止放养畜禽以及在其相应的陆域内堆放任何污染物。其次,二级保护区内,禁止建设排放污染物的工程项目或设施,已经建成或者正在建设的则应当让其限期拆除、关闭;严禁使用高污染和高残留性的农药、化肥;并禁止放养畜禽。最后,准保护区内,禁止建设污染严重、排放有毒有害或放射性物质的工程项目或者企业;禁止在其内部设立养殖场和养殖小区。[1]

水源地保护分为"源头治理""中途控制""末端拦截"三个过程,而"源头治理"与"末端拦截"相比于"中途控制"在重要性上更加显著。根据前期大量调研发现,韶关市农村饮用水水源地的源头污染源,即污染或破坏农村饮用水水源的行为和事件,归纳概括起来,主要有农村生活污水与垃圾污染、农业面源污染、畜禽养殖污染。工农业生产的发展,农药、化肥、工业废水、生活废水不当使用与排放成为造成韶关市农村分散式饮用水水源水质污染的主要原因。因此,要进一步加强饮

---

[1] 参见闫丽娟、耿直、袁建平:"农村饮用水水源保护管理现状及对策建议",载《中国水利》2015 年第 13 期。

用水水源管理，在一级保护区内禁止堆置和存放工业废渣、垃圾、粪便和其他废弃物；禁止开荒种地，放养和圈养畜禽，禁止可能污染水源的旅游、餐饮、游泳、洗刷污物、屠宰、挖沙和其他活动；位于一级保护区的建筑必须搬迁，涉及的耕地必须退耕还草。在二级保护区内禁止散养牲畜，禁止危害水源水质卫生的洗刷污物、屠宰和经营性挖沙、采石等作业，同时推广和普及生态农业科技，减少农药和化肥的使用量。在准保护区内禁止新建、扩建对水体污染严重的建设项目；改建建设项目，不得增加排污量，同时注重增加植被覆盖率，以涵养水源。结合水源地质条件、水工建筑类型、水质检测结果，改造水源周围环境。为了避免水源污染，方圆 100 米内不得设有生活区、养殖区、非绿色农业区，也不得堆放生活垃圾、农业垃圾，严禁使用生活污水、工业废水灌溉农田，农药以生物农药、低毒高效农药为主，避免污染土壤进而污染水源。

农村饮用水水源保护区范围内禁止行为规定的条款的实质，是依据生产生活实践，对于造成水质污染的主要原因进行归纳与总结。所以，《保护条例》采用概括式加列举式的方式，将禁止行为归纳为下列九项：①新建、改建、扩建排放污染物的建设项目；②从事畜禽养殖业；③设立有毒、有害化学物品储存场所或者堆放丢弃医疗废弃物、电池、电瓶等有毒有害类垃圾；④使用高毒高残留农药；⑤栽种桉树等不利于水源涵养的树种或者破坏植被和非更新性砍伐；⑥新建墓地；⑦电鱼、炸鱼、毒鱼等；⑧采石、取土、采砂；⑨法律、法规规定的其他污染或者破坏饮用水水源的行为。

这里，需要特别予以说明的是第九项，囿于人类知识与认识的有效性，而社会生活却是纷繁复杂的，在立法之时，肯定会有一些被遗漏的地方。即使再博学多识的立法者，也不可能在一部法律、法规中对其应予以规制的行为和事件的情形做到面面俱到。法律本身就具有滞后性，不可能对未来的情形作出精准的预判。同时，法律也具有稳定性，能有效应对将来发生的类似情形。法律会随着时间推移而发生变化，原本圆满的法律可能出现欠缺，原本不圆满的法律也可能会随着时间推移而自我修复。对于立法工作而言，立法者视角的分类使人们认识到法律漏洞存在的必然性、法律漏洞的成因、特征和形态等，这些成果可以提升立法科学化水平，最大限度减少漏洞的存在和发生。于是，我们在立法文本中常常会见到"其他情形"的条款。[1]这一条款在理论上被称为"兜底条款"，从其名称即可知其蕴含着拾遗补阙的作用。《保护条例》在禁止行为类型中设置"兜底条款"，也正是期望其能对农村分散式饮用水水源保护范围违法行为的规制起到补充和兜底的作用。考虑到认识的局限性，无法对污染或者破坏饮用水水源的行为进行穷尽性的列举，故而增设此兜底性条款，以期能在规制农村分散式饮用水水源保护范围内污染或者破坏行为中起到拾遗补阙的作用。仅仅凭借《保护条例》的列举，根本无法应对现实中纷繁复杂的污染或者破坏饮用水水源的行为情形。因此，第九项作为一个"兜底条款"被规定出来了。法律、法规的效力层次较高，具有相当的稳定性，受时机和条件的限制，不能随时制定或修改。即使通过补充规定扩大了禁止行为的范围，也只能滞后于不断出现的新的污染或者破坏饮用水水源的行为情形。倘若试图"以僵硬的模式去把握不可预见的发展"，[2]最终将导致《保护条例》不能很好地适应社会变迁。因此，为了更好地实现农村饮用水水源保护条例的目的，有必要对《保护条例》中禁止行为范围的列举式立法模式进行检讨，在《保护条例》中增设认定一般条款，以弥补纯粹列举模式的不足，使一般条款与列举式条款相结合，为农村饮用水水源提供更周全的保护。[3]《保护条例》对纷繁复杂的污染或者破坏饮用水水源的行为范围进行了列举式规定，这种模式实际上是立法者对法律拟规范的客体的经验总结的成

---

〔1〕　参见陈军：《〈韶关市皇岗山芙蓉山莲花山保护条例〉导读与释义》，中国政法大学出版社 2020 年版，第 167 页。

〔2〕　参见［德］拉德布鲁赫：《法学导论》，米健译，中国大百科全书出版社 1997 年版，第 71 页。

〔3〕　参见林嘉、魏丽："工伤认定一般条款之立法思考"，载《法学杂志》2008 年第 1 期。

文法化，由于人们对情形的预见能力有限，意图穷尽地列举纷繁复杂的污染或者破坏饮用水水源的行为，容易造成法律规范的不周延、不圆满，继而产生法律的规范漏洞，不能实现法律逻辑要求的自足性。

为了实现《保护条例》的目的，法律只有不停地增补污染或者破坏饮用水水源的行为，才能适应社会的变迁，这样会造成法律的频繁修订，影响法律的安定性。而通过一般性、概括性的语词，对污染或者破坏饮用水水源的行为法律概念进行界定，免除了——明示列举会耗费巨大的立法成本且不能穷尽的困扰，使污染或者破坏饮用水水源的行为的法律概念具有了开放性，同时，也使得污染或者破坏饮用水水源的行为认定的客体范围更加周延。

第十七条　【跨行政区域协商机制】

县（市、区）人民政府应当建立农村饮用水水源保护跨行政区域的协商机制。农村饮用水水源保护范围跨县级行政区域的，由相关县（市、区）人民政府协商；协商不成的，由市人民政府负责协调。

【导读与释义】

本条是关于建立农村饮用水水源保护跨行政区域协商机制的规定。

在水资源的自然和社会属性中，长期以来被忽视的是其系统性和准公共物品性。水资源的系统性，是指由一定的地质结构组成的、具有密切水力联系的统一整体的特性。也就是说，无论地表水、地下水都有一定的联系，是一个有机的整体。把某一个水源地、一个含水层当作一个孤立的单元看待和开发，将会造成各种水事纠纷、水资源浪费、水质恶化、环境质量下降等问题。水资源的系统性决定了水量、水质的评价应按自然系统来进行，开发利用时应充分考虑系统内各个部分的联系和制约关系，使各部分协调发展。[1]在水资源管理过程中，根据水资源的用途和地域人为地进行管理职权的划分和开发是违背水资源系统性的表现，也不可能达到提高水资源利用效率、优化资源配置的目的，无法实现水资源的可持续利用。

早在 2011 年，中央一号文件就对完善流域管理与区域管理相结合的水资源管理制度和建立事权清晰、分工明确、行为规范、运转协调的水

---

〔1〕　参见汪群、周旭、胡兴球："我国跨界水资源管理协商机制框架"，载《水利水电科技进展》2007 年第 5 期。

资源管理工作机制提出了明确要求。[1]建立健全协商机制是贯彻落实中央精神、强化流域管理与行政区域管理的重要举措。"逐级协商"是指流域内相邻上下游同一行政级别的各县就农村饮用水水源保护事项进行协商，倘若无法达成共识，则是由其共同的上级即市人民政府来协调，是一种自下而上、同一行政级别内上下游区域依次确定保护方案的办法，有利于协商成员互通水问题有关情况、探讨解决重大水问题的方法并协调一致行动。

一、《保护条例》规定了农村饮用水水源保护跨行政区域的协商机制

所谓"协商机制"，即利益相关方在平等互利协商一致的基础上，就大家共同关心的利益、公共事务、管理和决策，进行充分、平等的协商，作出权利义务的合理分配，再由各利益相关者认真履行协议的一种管理机制。

解决农村饮用水水源保护事项，就需要设计一套理性化的机制来规范、制约和引导流域上下游地方政府间进行合作，使得出于自身利益考量的流域政府能够实现相互间的利益协调，突破传统割据状行政区行政模式的制约，树立起饮用水水源整体发展、长远繁荣的共同愿景，并就农村饮用水水源保护事项相互间开启富有成效的沟通与协调。因此，做好农村饮用水水源跨行政区域协商机制，是关系到农村饮用水水源保护能否顺利实施的关键环节。长期以来，因流域管理机构职能职责不清，法律地位不高，流域内各行政机构间的矛盾和冲突较大。在流域管理与行政区域管理相结合的体制下，应设计制度协调流域管理机构与流域内行政机构的水事管理活动。而科层型协商机制是一种从地方到中央、从下而上逐级整合和协商的机制。其有效性有赖于合作双方意愿的一致性。故而，应将流域作为一个完整的系统制定其整体发展目标和规划，明确

---

〔1〕 参见王贵作、刘定湘："流域管理与行政区域管理协商机制建设现状、问题及对策"，载《水利发展研究》2012年第7期。

其共同目标和意愿，这样有助于各方达成良好的合作伙伴关系，构建起平等协商的氛围和环境。只有平等协商的氛围和环境，以实现人水和谐为目标，体现国家对水资源开发利用和保护的总体部署和宏观管理，实行最严格的水资源管理制度，大力加强民生水利，协调好经济社会发展、生态环境保护和水资源开发利用的关系，才有助于长期主动自发合作的实现，进而才能实现农村饮用水水源地跨越的各个行政区域的"共赢"，真正实现公平性，推动本市农村饮用水水源保护走向可持续的良性发展道路。

在协商机制的建立过程中，应始终遵循以人为本、统筹兼顾、保护优先、合理开发、互惠互利、团结互助的原则。此外，还应有效结合水资源自然属性、开发现状及未来需求，统一配置水资源，加强水资源的开发利用与保护，促进水资源的可持续利用。要在保护中开发，在开发中保护。其一，尊重客观规律、依法治水。其二，坚持水资源开发利用与经济社会协调发展。其三，坚持统一配置、科学管理。其四，坚持因地制宜、突出重点。

二、《保护条例》规定了跨县级饮用水水源保护协商机制流程

农村饮用水水源地保护涉及对饮用水水源地的管理、污染源控制、水资源保护、水源地上游水土保持及水源地涵养等多项工作，还涉及水利、环保、国土资源、卫生、农业、林业、交通等多个职能部门，各部门缺乏协调与联动机制，信息不能及时共享，将会导致农村水源保护管理责任难以落实。

而确保饮水安全，不仅局限于水源保护区的环境整治，尤其是地表水型水源地的环境保护工作，必须和全流域的水污染防治紧密结合。多起水污染事件表明，流域上下游协调机制不健全造成的跨界污染已成为影响下游地区水源水质的一个重要原因。基于农村饮用水水源保护事项的公共物品属性与水资源的单向流动性，流域内利益相关者基于自身利

益的理性思考常常陷入"囚徒困境",上下游之间很难通过集体行动来实现流域的合作治理。

由于饮用水水源同流域一样,多具有跨区域特性,在水资源日益紧张的流域地区造成了上下游地方政府间的生态经济利益纠纷与冲突的加剧。正是由于流域水资源的多区域共享性会造成水资源相关配置主体产生利益冲突,所以才需要借助协商仲裁机制来解决平等主体间的利益矛盾。尤其是水资源保护、水土流失防治等影响广泛,通常涉及多个利益主体,从已有协商机制的主体构成来看,主要以相关行政区域政府及其有关部门为主,即以行政协商为主。作为具体事务如水资源利用、跨流域调水的执行者,加强与行政区域有关单位、部门的协商工作,可以更好地落实农村饮用水水源保护工作。尤其是考虑到跨界水资源矛盾及水事纠纷日益增多,为快速有效地解决相应的矛盾和纠纷,农村饮用水水源保护跨行政区域的协商机制应根据问题的状况,采取逐级协商、逐渐上报的基本程序,紧急情况下可以采取先干预以停止冲突、后协商处理的方式。所以,在正常情况下,农村饮用水水源保护跨行政区域的协商机制,应先由相关县(市、区)人民政府协商,不能达成协议的情况下,再进入上报程序,由市人民政府负责协调。市人民政府在协调进程中,必须发挥统一指挥的权威作用,来厘清各自在农村饮用水水源地保护活动中的"法律地位和职权职责、权利义务"等结构事项,实现相互之间规制权力的良性协作。

所以,《保护条例》规定韶关市辖区内农村饮用水水源保护范围跨县级行政区域的,由相关县(市、区)人民政府协商;协商不成的,由市人民政府负责协调。

第十八条　【备用水源及周边环境保护】

鼓励村民对未列入名录管理的原用水井、山泉等可作为备用的农村饮用水水源及其周边环境进行保护。

【导读与释义】

本条是关于农村饮用水备用水源及周边环境保护的规定。

备用水源是抵御突发性污染、应对干旱等极端天气最有效的措施，是降低供水风险、保障特殊时期供水安全的重要手段。随着国家对提高供水保障率、确保饮水安全等饮用水水源保护相关工作的日益重视，如何在合理配置地区水资源的前提下，多措并举地建设应急备用水源，加强战略储备水源建设，以提高应对特大干旱、突发水安全事件的能力，[1]便成为饮用水水源水量安全的一项重要内容。

如前所述，长期存在的"城乡二元化"的思维，对饮用水水源保护的立法也产生了重要影响。有关备用水源建设的政策文件也再次印证了这一结论。如中共中央、国务院《关于进一步加强城市规划建设管理工作的若干意见》提出，建立城市备用水源地，确保饮水安全。《水污染防治行动计划》指出，单一水源地供水的地级以上城市应于2020年底前基本完成备用水源或应急水源建设，有条件的地区可适当提前。水利部《关于加强水资源用途管制的指导意见》要求，加快备用水源建设，单一水源地供水的地级及以上城市，要于2020年底前基本完成备用水源或应急水源建设，有条件的地方要适当提前，确保特殊干旱年份或发生突发

---

〔1〕　参见鄂竟平："深入践行水利改革发展总基调　在新的历史起点上谱写治水新篇章——在2021年全国水利工作会议上的讲话"，载《水利发展研究》2021年第1期。

性事件时城乡居民生活用水得到有效保障。水利部《关于加强城市应急备用水源建设的指导意见》对城市应急备用水源建设的总体思路、建设方案、运行体制机制也作出了具体要求。《水污染防治法》第70条第1款规定："单一水源供水城市的人民政府应当建设应急水源或者备用水源，有条件的地区可以开展区域联网供水。"国务院批复的《全国抗旱规划》更是明确提出，对于缺少饮用水备用水源或水源单一的城市，应实施应急备用水源工程建设。国务院《关于印发水污染防治行动计划的通知》（国发〔2015〕17号）进一步明确"单一水源供水的地级及以上城市应于2020年底前基本完成备用水源或应急水源建设，有条件的地方可以适当提前"。遭遇特大干旱或突发水安全事件时，地级及以上城市居民基本生活和必需的生产、生态用水可得到保障。水利部办公厅印发的《关于做好饮用水水源保护相关工作的通知》（办资管〔2019〕251号）明确提出，按照有关要求，加快推动应急备用水源建设，提高供水保障程度，切实保障区域水安全。因此，建立规模适宜、水源可靠、水质达标、布局合理的应急备用水源体系，应急供水保障能力明显提高，遭遇特大干旱或突发水安全事件时，能使居民基本生活和必需的生产、生态用水可得到保障。

上述有关应急备用水源建设的法律法规和政策文件，主要针对的是城市供水。然而，毋庸置疑的是，在农村饮用水水源保护进程中，也同样应注重对饮用水水源水量安全的保障，按照水量保证、水质合格的安全保障达标要求规划建设应急备用水源。鉴于我市农村饮用水水源保护实践中，存在着未规划饮用水应急水源、供水水源单一的短板，一旦现有水源遇突发水污染事故，供水水量不足或中断，将严重影响区域的正常生产生活。所以，应当按照水量保证、水质合格的安全保障达标要求规划建设应急备用水源，并根据区域水源条件，除已有饮用水水源外，统筹考虑地表水源、地下水源、其他功能水源及外调水源，合理确定城市应急饮用水水源和储备水源建设工程方案，提升城市应对突发水污染事件及干旱的应急供水能力。备用水源，其主要的目的在于确保其在非常情况下充分发挥应急作用。在遇到周围环境恶化时，确保该部分应急水源水质不受到污染，以满足饮用水的水质要求。

从韶关市农村地区的饮用水水源地类型来看，主要有河道型、湖库型和地下水型。区域内主要常规水源和应急备用水源均以地下水型为主，水库型次之，河道型最少。常规饮用水水源地以地下水型为主，占比在60%以上，而应急备用水源中，主要是以地下水源为主。正是出于对本市农村地区的饮用水水源地类型实际和各水源地类型的水源水质状况的考量，《保护条例》鼓励村民将未列入名录管理的原用水井、山泉作为备用水源选项，并强调应加强对原用水井、山泉等备用水源周边环境的保护。由于地下水水质好，且不易遭受污染，一般可直接并网供水，能够保证一定时期内连续稳定地供水并且取水设施不易遭受破坏。也因此，其是最为理想的应急备用水源。所以，从理想化的角度来考虑，也应选择厚度大、储存条件好的地下水含水层来作为备用水源。这样的水源具有集中供水前景，能够保证在非常供水情况下有足够的储存量可供使用，并可与现有供水系统连通，这对于强化区域内供水安全保障能力，促进区域内经济发展与社会和谐稳定都具有重要的意义。

备用水源必须平时维护，才能在应急时发挥实效。所以，《保护条例》同时强调要对备用的农村饮用水水源及其周边的环境进行保护，通过对保护区内影响水源环境的污染源及风险源，加强执法检查，依法依规处置，及时消除污染风险隐患，来切实提升环境风险防范能力，确保饮用水水源地水量和水质符合要求。如在《广东省水污染防治条例》生效实施前，原来的《广东省饮用水源水质保护条例》第11条就规定了，单一水源供水城市的人民政府应当建设应急水源或者备用水源；并要求县级以上人民政府可以根据本辖区的经济社会和人口发展情况以及水源分布和用水需要，确定备用饮用水源；确定为备用饮用水源的，应当采取措施加强保护。

第三章　保障与管理

在大力开展生态文明建设、持续推进水利行业强监管补短板的大背景下，饮用水水源地安全保障工作是重中之重。虽然国家早已设立了关于饮用水水源与地下水资源的相关法规和管理条例，但各地区针对饮用水水源保护与地下水污染协同防治的地方性条文尚待完善，具体的管理防治措施和各部门的监管责任亦未明确，从而阻碍了农村饮用水水源保护工作的开展。各地区的水环境保护工作涉及生态环保、水利、农业农村、卫生健康等部门，各个监管部门之间不仅职能交叉、权责不够清晰，而且没有健全的信息共享机制，使得日常工作中，各部门不能很好地协调联动。现阶段，相关监管部门对水污染防治的管理与宣传力度不足，公众对饮用水水源与地下水资源保护相关问题的关注度较低，尚未清晰地认识到水污染的复杂性和难修复性。这种意识的匮乏主要表现在两个方面：一方面表现在企业工业生产中，一些工厂为了降低排放成本，将未经处理达标的废水、废气直接外排，废渣随意堆放，这些有毒有害物质进入水循环中，对原本清洁的水资源造成严重污染；另一方面表现在日常生活中，不少民众没有意识到保护水资源的重要性，对水资源的使用过于随意，这些都会对水资源造成一定的影响。

要真正做到提升饮用水质量，必须从水源着手，强化与完善水源监管和保护，以确保和提升水安全保障能力和绩效为主线和框架的水安全保障管理体系。帮助和确保相关单位获得满足水安全要求的预期结果，即有能力全面识别、统筹均衡与其业务相关的水安全要素；有能力稳定地提供满足水安全要求和适用法律法规要求的产品和服务；能够适应内外部环境的变化，动态识别和控制风险，持续改进管理体系有效性；履行水生态文明建设的社会责任和义务，持续提升其水安全保障能力和绩效。农村饮用水法律体系的构建要着眼全局，从宏观、中观、微观三个不同层次出发。宏观层面要注重农村饮用水水源地规划建设；中观层面以科学合理地配置农村饮用水安全监管权力及农村饮用水水质监测和突发事件预警能力的加强为主；微观层面要建立农村工业和生活污染、农业面源污染、城乡污染转移等具体污染防治的系统。结合水源地水体敏感度和重要性，实施水源地分级分类管理。如明确相关市、县级政府要全面履行保护主体责任，市、区两级水行政主管部门的责任分工以及饮用水水源工程管理单位的运行管理责任。明确水源地环境管理专职机构，理顺水源地监管机制，明确责任，加强部门合作和信息共享，实施水源地建设与保护部门综合决策。建立有效的监管体制，对农村自来水系统要建立检测方案，科学、规范地开展农村饮用水水源的检测和监测。农村饮用水水源保护是一项系统工程，需要从整体上规划水资源利用，也需要对污水、垃圾、面源污染等统筹治理，对农村水环境全面整治。环保部门和水利部门要加大污染防治监督管理工作力度，大力推进村镇污水处理厂或污水处理设施建设并保证正常运行。另外，要大力推动生态农业建设，山丘区农村进一步深化小流域综合治理，平原区农村强化河道整治和养护。[1]

饮用水安全关系到广大群众的身体健康以及经济的发展和社会的稳定，保障饮用水安全是推动生态文明建设、实现中华民族伟大复兴中国梦的重要保障和坚强后盾。现代化饮用水安全保障体系更加注重科技发展，并在现有的技术上实现了突破，不断融入了新的思想与理念，提高了系统的可靠性与先进性。想要达到保障农村饮用水水源安全的目的，就必须建立健全的监督管理机制，严格监管饮用水水源的加工全流程，通过集成技术等对水源进行处理，利用电子信息技术实现智能监控，采

---

〔1〕 参见邓小云："农业面源污染的基本理论辨正"，载《河南师范大学学报（哲学社会科学版）》2013年第6期。

用科学的手段管理水源，实现饮用水从源头到用户的全程监管。

逐步健全和完善系统的饮用水水源地保护常态管理制度。如建立饮用水水源保护规划制度，明确饮用水水源保护目标和任务；建立饮用水水源环境安全风险评估制度，要求地方政府定期评估集中式饮用水水源环境保护状况；建立饮用水水源环境状况定期调查评估制度，地方政府及供水单位应定期监测、检测和评估本行政区域内饮用水水源水质状况；建立和完善饮用水水源地环境状况报告与公示制度，定期向全社会公布等。

第十九条 【水质标准】

农村饮用水水源水质应当符合国家规定的标准。

【导读与释义】

本条是关于农村饮用水水源水质标准的规定。

农村饮用水水源是指为满足农村居民家庭生活需求用水来源的水体，其主要通过两种形式来获得：一种是以村集体作为开采单位，统一进行管理，使用共同水源，如河流、湖泊或者水库水等；另一种是以农村居民个体作为单位，开发利用规模比较小的分散式水源，如村民自行开采、挖掘的浅层水井。作为水源功能水体的饮用水，其涵盖的范围也比较广泛，通常包括不需要经过加工处理的，能够直接提供给人们饮用的天然水源，也包括需要经过一定科学方法处理所得到的，符合饮用水水质标准的纯净水、瓶装水等。然而，我国相关法律规范对饮用水的内涵并没有作出具体明确的规定，《生活饮用水卫生标准》也只是对其作了简单的介绍，界定饮用水是可以为人们的生活提供正常饮用的水，一般情况下是通过集中式的供水单位向人们提供日常用水的方式供水，水质标准符合人体健康需求；而世界卫生组织在《饮用水水质标准》中指出，安全饮用水包括符合安全卫生标准的所有家庭用水。[1]其中，与饮用水水源地水质相关的标准共有五个，即生活饮用水水源的水质指标、水质分级、标准限值、水质检验以及标准的监督执行，适用于城乡集中式生活饮用水的水源水质，包括各单位自备生活饮用水的水源。

---

〔1〕 参见孙宏亮等："我国饮用水安全保障现状与对策分析"，载《环境与可持续发展》2015 年第 5 期。

饮用水要达到一定的标准才能使用，若饮用水水质不达标，会严重损害人类的身体健康，不利于人类的生存与发展。农村饮用水必须满足《生活饮用水水质标准》的要求，水源中细菌、微生物、浑浊度、臭味含量要达标，在体感上无任何不良刺激性因素，如果酸碱度、硬度、铜、铅、汞、锰等水体化学性状参数超标，会造成水体变色、异味增加，增加水体底部沉淀物总量。饮水中铁、锰含量超标以及硬度较大等问题较为常见，应采取有效的处理措施。同时，应重点考虑化合物超标问题，如氰化物、氟化物等。细菌、微生物超标可以采用相应的消毒措施。

近年来国家对于饮用水水源保护工作日益重视，与饮用水水源保护有关的技术规范也日趋完善。如《集中式饮用水水源编码规范》（HJ 747-2015）、《集中式饮用水水源地规范化建设环境保护技术要求》（HJ 773-2015）、《集中式饮用水水源地环境保护状况评估技术规范》（HJ 774-2015）与《饮用水水源保护区划分技术规范》（HJ 338-2018）等技术规范，都是从饮用水水源保护具体工作开展的各个方面或角度制定的国家标准。从相关的技术规范中可以看到，在部分技术规范中存在着不同于相关法律法规中保护目标的表述，即通常会提出"确保水源水质安全"这一目标。这一表述相较于宏观的表述有了进一步的具体化内容，即提出了"水质安全"这一概念，将保护目标集中到了水质上，从而为饮用水水源保护工作的开展提供了基准。目前，生态环境部正组织相关部门和专家研讨现行《地表水环境质量标准》（GB 3838-2002）的修订工作，强化有毒、有害物质指标的研究，更加突出保护人体健康的重要功能。同时，制定不同使用功能的共性水质指标，满足不同使用功能对水质的基本要求。按照水资源、水生态、水环境"三水"统筹的要求，使《地表水环境质量标准》（GB 3838-2002）能够从"三水"角度反映流域水生态系统的健康程度。

（1）生活饮用水卫生标准。《生活饮用水卫生标准》规定了生活饮用水水源的水质卫生要求，其根据饮用水水源类型的不同进行了两个种类的划分。其中，以地表水为水源的水质标准应当符合《地表水环境质量标准》的要求，以地下水为水源的水质标准应当符合《地下水质量标准》的要求。由此，在饮用水水源保护中，针对不同类型的饮用水水源，就出现了两大类的水质要求，以此为基准的饮用水水源保护工作的直接保护目标被予以明确。各类标准的适用，应当以满足饮用为最终目标。饮用水水源水质较好，达到《地表水环境质量标准》和《地下水质量标准》的，可以相应简化《生活饮用水卫生标准》中有关指标的适用。饮用水水源水质某些项目不满足《地表水环境质量标准》和《地下水质量标准》的，应当严格适用《生活饮用水卫生标准》有关指标。

（2）地表水水源水质要求。根据《生活饮用水卫生标准》中所提及的，地表水水源的水质标准需要达到《地表水环境质量标准》中的水质要求。该标准是由原国家环境保护总局于 2002 年发布的强制性国家标准，2016 年国家标准化管理委员会下达了制修包括该标准在内的 12 项国家标准的通知，但截至目前新的地表水环境质量标准尚未出台，故在此对于地表水水源水质要求的讨论仍以《地表水环境质量标准》为基础。该标准中，根据地表水的水域环境功能和保护目标，将水域划分成了五类，同时也明确了五类水域对应的基本项目标准值，明确了 I、II、III、IV 和 V 类水质标准。根据该标准的划分，五类地表水环境质量标准基本项目标准值中与饮用水水源有关的主要为前三类。其中 I 类适用于源头水，II 类适用于地表饮用水水源一级保护区，III 类适用于地表饮用水水源二级保护区。然而，无论如何，保障地表饮用水水源至少达到 III 类水环境质量标准是各地政府最基本的、法定的环境行政责任。

总的来说，依照相关法律法规及技术规范的要求，集中式生活饮用水地表水水源的水质标准至少应该达到 III 类水质标准，其中一级保护区内的水质应当达到 II 类水质标准。但对于分散式的生活饮用水水质标准，目前的技术规范、国家标准或其他文件尚未予以明确的规范，实践中多是类比集中式的水质要求进行保护。

（3）地下水水源水质要求。《生活饮用水卫生标准》规定以地下水为水源的其水质标准，应当符合《地下水质量标准》的要求。2017年原国家质量监督检验检疫总局联合国家标准化管理委员会发布了《地下水质量标准》，该标准于2018年5月1日正式开始实施，为推荐性国家标准。该标准同样将地下水的质量划分成了五类，分别为Ⅰ、Ⅱ、Ⅲ、Ⅳ和Ⅴ类。此外，还对地下水质量的常规指标及限值、非常指标及限值、地下水质量调查与监测和地下水质量评价等方面进行了规定，在附录中又规定了地下水样品保存和送检要求以及地下水质量检测的推荐分析方法。

与地表水水源水质要求不同的是，地下水水源并未按照保护区的等级来进行区别，其主要是基于水中的化学组分含量的高低来判断是否能够作为生活饮用水水源。在该标准划分的五类水质标准中，Ⅰ类、Ⅱ类和Ⅲ类的化学组分含量较少能够作为集中式生活饮用水水源；Ⅳ类水的化学组分含量较高，但在适当处理后仍可用于生活饮用水；而Ⅴ类水由于化学组分含量高，不宜作为生活饮用水的水源。

第二十条 【水质监测监督管理制度】

市、县（市、区）人民政府应当加强农村饮用水水源水质监测监督管理，建立和依托大数据平台，实现农村饮用水水源水质监（检）测数据资源共享。

县（市、区）人民政府应当加强农村饮用水基础设施建设和水源保护区（范围）内的生态环境综合整治，完善生活垃圾和生活污水处理设施以及配套管网的建设，防止污染农村饮用水水源，保障农村饮用水安全。

【导读与释义】

本条是强化市、县人民政府对农村饮用水水源水质监测监督管理和水源保护区环境综合整治的规定。

一、《保护条例》要求加强农村饮用水水源水质监测监督管理

水质监测是判断饮用水是否安全的重要手段之一，水质监测结果是否达标，是确定水源是否安全的主要依据。饮用水安全关系到广大群众的身体健康、经济的发展和社会的稳定，也是推动生态文明建设、实现中华民族伟大复兴中国梦的重要保障和坚强后盾。要切实实现保障农村饮用水水源安全的目的，就必须建立健全的监督管理机制，利用电子信息技术实现智能监控，采用科学的手段管理水源，实现饮用水从源头到用户的全程监管，将事前监管作为监管重点，辅以技术监管。

时下，我市水源地监测监控能力还存在着诸多的不足，信息化短板亟须补齐。目前，流域重要饮用水水源地全指标覆盖监测尚未系统开展，很多水源地监测单位只能进行常规项目监测，针对集中式饮用水水源地的80项特定参数，由于监测能力或监测经费的原因，尚未全面定期开展。不少饮用水水源地未建立信息化支撑体系，水源地监测监控预警和动态管理能力薄弱，亟须加强饮用水水源地的信息管理系统、自动化设施建设，提升饮用水水源地保护的监管水平。因此，应由地方人民政府建立长期动态监测网，制定监测规程，采用逐步扩大的方式，并利用开采动态资料评价允许开采量，为应急水源地管理保护、合理开采提供决策依据。

完善的水质检测制度是生活饮用水安全的重要保障。根据《环境保护法》，我国水质检测由环境保护行政部门负责。我国城市与农村的水质差异较大，但在水质标准上尚没有明确的规范。同时，我国现有的《生活饮用水卫生标准》相较于世界卫生组织的《饮用水水质标准》仍有一定差距，如农药、有机物等化学指标的监测，我国水质标准均落后于国际水平。[1]大部分县和区没有专门的农村饮用水管理平台，日常工作需要通过纸质记录存档，线下开展，工作效率较低。有些县和区，虽然已有农村饮用水管理相关的平台，但平台建设时间较早，系统功能已不能完全适应新形势下农村饮用水工程管理的需要，提升改造后新建的在线监测监控设施数据也不能在平台中应用，无法满足建立全方位、全流程、多维度的农村饮用水水源保护监管机制的要求，也不利于实现农村饮用水达标提标后对工程精细化管理的要求。

政府对公共物品的监管负有不可推卸的责任，当发生饮用水污染事件时，政府监管部门的责任是最直接的。所以，饮用水水源地管理与保护的主体责任是地方人民政府。但依据相关法律和部门"三定"，水利、生态环境、城建、卫生等政府相关部门在饮用水管理与保护方面等都有相应的职责和任务，这容易导致管理体制不顺、边界不清晰、协调不够。

---

〔1〕 参见汪淑琪："我国城市生活饮用水安全监管法律问题研究"，西南政法大学2013年硕士学位论文，第6页。

故而，地方人民政府应当做好饮用水水源地水质监测监督管理，以水质风险监管为核心，加强重要饮用水水源地的水质监测监督，积极推动与生态环境、住建、卫生健康等部门饮用水水质监测信息共享，及时掌握水源地水质状况。同时，还应加强特定指标监测能力和应急监测能力建设，提升饮用水水源地水质监测项目与监测频次要求，补齐水源地监测监控基础能力短板。此外，还应充分利用水文站网的优势，发挥水量监测的职责，统一规划布局水源地水量监测站点，全面掌握来水、水库蓄水量等实时情况。深入推进饮用水水源开发、利用、节约、保护和达标建设工作，建立饮用水水源地安全保障部门联动机制，实行资源信息共享制度，协调水利、生态环境、住建、卫生等部门，按照各自工作职责，加强对饮用水水源地的监督，检查和管理，积极探索建立长效管理体制和机制。

市、县人民政府承担起加强农村饮用水水源水质监测监督管理的职责，并通过建立和依托大数据平台，依托大数据平台资源，通过物联网、政务云等载体，构建水源地、水厂、管网、用水户、智能缴费等农村供水信息化监管平台，实现从"水源头到水龙头"的全过程信息化监管的同时，[1]也实现农村饮用水水源水质的监测数据资源共享。进而推动饮用水安全监测朝常态化、制度化方向发展。而设置数据库，定期更新农村水源地数据，将有利于掌握农村饮用水水源地在不同时期环境与水质的变化情况，同时也将有利于环保、农业、水利等部门在水源地开展安全保护的工作，使之成为各部门协调工作开展方式的基础保障。而饮用水水源地保护区所在地政府建成饮用水水源保护信息化管理平台，应当是建成"四张网"的模式，即隔离防护网、水质预警自动监测网、视频监控网、网格化巡查网，并完成保护区规范化建设。

国务院发布的《水污染防治行动计划》提出要"从水源到水龙头全

---

〔1〕　参见孟庆红："临沂市农村饮水安全管理对策探讨"，载《农业开发与装备》2022年第6期。

过程监管饮用水安全",并要求地方各级人民政府及供水单位定期监测、检测和评估本行政区域内饮用水水源、供水厂出水和用户水龙头水质等饮水安全状况。鉴于水质监测网络的建设方案,可以提高饮用水水源地水质自动监测和实时监测的能力。

建立健全农村饮用水安全监督体系和供水工程水源水质监测机制,对有关的物理、化学和生物水质指标定期、不定期地开展水质监测。[1] 建立科学动态监测体系,结合持续开展的巩固农村饮水安全脱贫攻坚成果专项排查及动态监测工作,组织相关部门持续监测重点区域、重点对象饮水安全巩固情况。对本地区农村饮水安全情况、农村供水工程运行情况开展排查,掌握存在的问题和隐患,制定整改措施,立行立改,对监测情况和问题整改情况实行相关报告制度,推动存在问题和各种隐患得到彻底解决,促进工程发挥实效,及时将问题清零。

统一饮用水安全监测的权责,用规范化的体制来保障饮用水安全,保证在发生饮用水安全问题时能准确找到责任主体。水质监测依赖于科技发展水平,利用先进技术来更好地应对水源水质污染风险的不确定性。故而,若是能够安装在线监控设备,形成数据联网,在监测值异常时,能立即发现,采取合适的措施,则进一步保障了群众生命安全,为及时调整水源地保护政策、整治方向提供重要依据。此外,我国在水质检测制度中没有规定行政部门的法律责任,[2] 行政主体有权力执法而无法律责任是导致执法者滥用权力的潜在风险,行政相对人无法通过法律的手段进行权利救济。因此,应做好农村饮用水水源水质监测的透明度建设,及时公开信息,加强公众参与,由公众监督执法,让阳光做最好的防腐剂。

---

〔1〕 参见褚梅等:"武汉市农村饮用水安全问题现状及对策",载《安全与环境工程》2009年第1期。

〔2〕 参见乔刚、唐忠辉:"我国水质监测制度的缺陷及其完善——以相关法律为背景",载全国人民代表大会环境与资源保护委员会法案室、中国法学会环境资源法学研究会、江西理工大学:《水污染防治立法和循环经济立法研究——2005年全国环境资源法学研讨会论文集》(第1册),第173页。

二、强化水源保护区内的生态环境综合整治

《保护条例》将本市辖区内的农村饮用水基础设施建设和水源保护区（范围）内的生态环境综合整治，会同农村生活垃圾和生活污水处理设施即配套管网建设的职责，授予县级人民政府。这是努力践行坚持以人民为中心的发展思想，始终牢记水利为民造福的历史使命，想人民之所想、行人民之所嘱，不断满足人民群众日益增长的水安全、水资源、水生态、水环境、水文化需要，不断把人民对美好生活的向往变为现实使命的必然要求。秉承促进人与自然和谐共生理念，统筹水资源、水环境、水生态治理，不断推进水资源节约集约利用，推动重要江河湖库生态保护治理，有序实现河湖休养生息，让河流恢复生命、流域重现生机的初衷。同时，要求其制定实施超标和环境风险大的饮用水水源地综合整治方案，加强饮用水水源保护区内非点源综合整治，开展湖库型饮用水水源地生态修复，解决好水源地受高藻、高氨氮、高有机物、重金属等污染物威胁问题。水源地保护区清洁卫生是农村饮用水水源水质安全的起点，因此，要做好农村饮用水水源地保护区的清洁安全工作，保证水源水质安全，就必然需要与农村环境综合整治工作结合起来，加强水源周边生活污水、垃圾及畜禽养殖废弃物的处理处置，综合防治农药化肥等面源污染。[1]

良好的生态环境是人类生存与健康的基础，也是饮用水水源安全的基础保障，更是人民健康的重要保障。[2]要保障饮用水水源水质安全，就必须全面加强水源涵养和水质保护。为了解决好污染源头问题，应当因地制宜探索农村饮用水水源日常管护模式，比如可由市、县补助，乡镇或村集体适当出资，组建专门队伍负责一些专业化要求较高的养护任

---

[1] 参见高利红、周勇飞："我国农村饮用水安全的法律保障问题探析"，载《中州学刊》2015年第6期。

[2] 参见李晓玲："浅议农村饮用水水源地保护区划分"，载《黑龙江水利科技》2020年第8期。

务，如污水处理、垃圾清运、河道保洁等。加强技术指导，对于一些与饮用水水源保护相关的工程治理活动，如河道清淤、水生态修复、沼气开发、人工湿地建设以及有机种植和环保农业等活动，基层政府应对其进行必要的技术指导。[1]通过积极治理种植和养殖业生产污染，不断提高农业面源污染监管能力和治理水平。水源地的管控现有法律为多龙治水，应将权力适当集中起来或加强政府在其中的角色，由政府进行领导，将现已割裂开的水源地监测各个方面重新集合起来，各部门协调配合，恢复水生态。推进测土配方施肥；制定补贴、税收等环境经济政策，引导和鼓励农民使用生物农药或高效、低毒、低残留农药；划定畜禽饲养区域，推广生态养殖方式；发展生态农业，加强秸秆等废弃物资源化利用等。

如《韶关市农村生活污水处理设施运行维护管理办法（试行）》第5条就要求"建立健全县级人民政府负责、乡镇人民政府（街道办事处）实施、村（居）委配合以及运行维护单位提供服务的农村生活污水处理设施运行维护管理体系"。为了解决饮用水水源地突出的环境问题，进一步提高饮用水水源地水质安全保障水平，县级人民政府作为责无旁贷的农村饮用水水源保护的责任主体，必须大力开展集中式饮用水水源地环境保护专项行动。

---

[1] 参见王亦宁、卞磊："农村饮用水水源保护经验和启示"，载《水利发展研究》2018年第7期。

第二十一条　【生态环境部门职责】

市、县（市、区）人民政府生态环境主管部门应当制定农村集中式饮用水水源保护制度，并履行下列职责：

（一）建立农村饮用水水源水质监测网络，对农村饮用水水源水质实施日常监测和监督管理；

（二）编制农村集中式饮用水水源水质年报，并及时向同级人民政府报告；

（三）会同有关主管部门依法对饮用水水源水质污染事故及其他突发事件进行处理；

（四）法律、法规规定的其他监督管理职责。

【导读与释义】

本条是关于生态环境主管部门在农村集中式饮用水水源保护工作中职责的规定。由该部门负责对各水源监测点进行常规定期监测，并将监测结果通报有关部门。

饮用水水源污染防治工作主要的牵头部门是生态环境部门，所以，一般由其来负责饮用水水源地的水环境管理。生态环境部门负责对水源地水质进行监测，通过深入水源地进行水质采样工作，收集和全面掌握饮用水水源地水质状况，精准检测饮用水水源质量，对水源地实施精准保护，以翔实可靠的水源地"体检"数据，为居民用水安全保驾护航。

从韶关市生态环境局的官方网站对其职责的介绍来看，韶关市生态环境局贯彻落实党中央和广东省委关于生态环境保护工作的方针政策和决策部署，按照市委工作要求，在履行职责过程中坚持和加强党对生态环境保护工作的集中统一领导。其主要职责有：①负责建立健全生态环境制度。会同有关部门拟订生态环境政策、规划并组织实施，起草生态环境保护地方性法规、规章草案。会同有关部门编制重点区域、流域、饮用水水源地生态环境规划和水功能区划并监督实施。②负责生态环境问题的统筹协调和监督管理。牵头协调环境污染事故和生态破坏事件的调查处理，指导协调县（市、区）政府对突发生态环境事件的应急、预警工作，会同有关部门实施生态环境损害赔偿制度，协调解决本市跨区域环境污染纠纷，统筹协调重点区域、流域生态环境保护工作。③负责监督管理全市减排目标的落实。组织对主要污染物排放总量控制、排污许可证制度的实施，确定大气、水纳污能力，落实污染物总量控制指标，监督检查各县（市、区）污染物减排任务的完成情况，实施生态环境保护目标责任制。④参与制定生态环境领域固定资产投资规模和方向的意见。组织申报中央、省生态环境专项资金。会同有关部门管理生态环境专项资金，配合有关部门做好生态环境专项资金使用的监督管理和绩效评价等工作。⑤负责环境污染防治的监督管理。制定大气、水、土壤、噪声、光、恶臭、固体废物、化学品、机动车等的污染防治管理制度并组织实施。会同有关部门监督管理饮用水水源地生态环境保护工作，组织指导城乡生态环境综合整治工作，监督指导农业面源污染治理工作。监督指导区域大气和水环境保护工作，组织实施区域大气和重点流域联防联控协作机制。⑥指导、协调、监督生态保护修复工作。组织编制生态保护规划，监督对生态环境有影响的自然资源开发利用活动、重要生态环境建设和生态破坏恢复工作。组织落实各类自然保护地生态环境监管制度并监督执法。监督野生动植物保护、湿地生态环境保护等工作。指导协调和监督农村生态环境保护，监督生物技术环境安全，牵头生物物种（含遗传资源）工作，组织协调生物多样性保护工作，参与生态保护补偿工作。⑦负责生态环境执法监测工作。统筹县级生态环境监测机构的建设。组织实施执法监测、污染源监测和突发生态环境事件应急监测。建设和管理全市生态环境监测网和生态环境信息网。组织对全市生态环境质量情况进行调查评价。统一发布全市生态环境状况公报和生态环境信息。参与生态环境监测相关工作。⑧统一负责生态环境执法和监督执法。组织开展全市生态环境保护执法检查活动。协调处理重大生态环境污染事故和纠纷。查处生态环境违法问题。负责全市生态环境保护综合执法队伍建设和业务工作。⑨组织实施和协调生态环境宣传教育工作。组织实施生态环境宣传教育纲要，推动社会组织和公众参与生态环境保护。

就农村饮用水水源水质的工作开展而言，生态环境主管部门需对农村饮用水水源地有计划地开展巡检，对水源保护区进行日常巡查，并应联合乡镇政府共同开展，检查内容包括：水厂运行情况、水源取水口周边是否存在集中堆放的垃圾、是否有新建排污口及其他破坏饮用安全的行为等。一旦发现破坏饮用水水源的行为，立即依法进行查处。

就市生态环境局而言，其所担负的职责要求其应当统一行使生态和城乡各类污染排放监督与行政执法职责，切实履行监管责任，全面落实大气、水、土壤污染防治行动计划，严格执行国家进口固体废物环境管理制度。构建政府为主导、企业为主体、社会组织和公众共同参与的生态环境治理体系，实行最严格的生态环境保护制度，严守生态保护红线和环境质量底线，坚决打好污染防治攻坚战，持续改善生态环境质量。对县级以上生态环境主管部门，《广东省水污染防治条例》第5条、第23条、第24条等作出了明确的规定，要求县级以上生态环境主管部门对本行政区域内的水污染防治工作实施统一监督管理，并进一步提出生态环境主管部门应当对排污单位污染物排放状况实施环境执法监测，对排污单位自行监测情况开展监督检查。授予生态环境主管部门统一发布本行政区域的水环境状况信息的职责。县级以上生态环境主管部门和县级以上人民政府其他负有水污染防治监督管理职责的主管部门应当建立水环境信息共享机制，避免重复监测。县级以上人民政府有关部门应当为生态环境主管部门开展生态环境监测活动提供相关数据支持。

因此，《保护条例》规定市、县生态环境主管部门在农村饮用水水源保障与管理中的主要职责是建立农村饮用水水源水质监测网络，对农村饮用水水源水质开展日常监测和监督管理活动；并将监测到的数据编制成农村集中式饮用水水源水质年报，及时向同级人民政府报告。而会同有关主管部门依法对饮用水水源水质污染事故及其他突发事件进行处理，是基于水资源环境具有整体性，在推进农村饮用水水源保护进程中，需要政府在政策和财政投入等层面起到带头的作用。同时也需要各个相应的主管部协力开展"保护水龙头的安全"整治行动。故而，为了使这些行动和法律法规真正发挥保障饮用水水源安全质量的作用，各地方政府在积极落实水污染防治的应急预案时，应由政府牵头领导、多部门各司其职，建立协调机制。应急是一种事后救济措施，旨在对比较严重的饮用水水源污染、供水工程故障等突发事件进行及时有效的应对。关于水污染事故处置的规定，要求地方政府建立城乡饮用水水源资料库和水质监测数据库，全面、准确、及时地发布农村饮用水安全信息。同时，明确地方政府生态环境、卫生防疫等部门在农村水污染预警、应急方面的职责。

第二十二条　【水行政主管部门职责】

市、县（市、区）人民政府水行政主管部门对农村饮用水水源管理应当履行下列职责：

（一）制定水资源利用规划，确定农村饮用水取水方案；

（二）调解农村饮用水水源利用纠纷；

（三）法律、法规规定的其他监督管理职责。

【导读与释义】

本条是水行政主管部门在农村饮用水水源管理中职责的规定。

水行政部门负责饮用水水源地的水资源管理，尤其是水量方面。水利部门的职责就是负责开发和利用水资源，具体涉及与水源地安全保障有关的主要职能有：组织实施取水许可、水资源论证；组织编制水利规划、水量分配方案；负责饮用水水源与其他开发利用途径之间的协调与规划等。合理布局饮用水水源取水口，直接和水利部门的职责相关。而韶关市水务局机构职能当中，与水资源相关的主要有：①负责保障水资源的合理开发利用。②组织开展水资源保护工作，如编制并实施水资源保护规划，指导饮用水水源保护有关工作，组织开展地下水开发利用和地下水资源管理保护，组织开展地下水超采区综合治理。③负责生活、生产经营和生态环境用水的统筹和保障。组织实施最严格水资源管理制度，实施水资源的统一监督管理。拟订全市和跨县（市、区）水中长期供求规划、水量分配和调度方案并监督实施，负责跨区域跨流域水资源调度，组织实施取水许可、水资源论证和防洪论证制度，组织实施水资源有偿使用工作。指导水利行业供水和乡镇供水工作。④负责节约用水工作。拟订节约用水政策，组织编制节约用水规划并监督实施，组织制定有关标准。组织实施用水总量控制等管理制度，指导和推动节水型社会建设工作。⑤组织开展水利设施、水域及其岸线的管理、保护与综合利用。组织开展水利基础设施网络建设。组织开展江河湖泊及河口滩涂的治理、开发和保护。组织开展江河湖泊水生态保护与修复，负责江河湖泊生态流量水量管理以及江河湖泊水系连通工作。⑥指导监督水利工程建设与运行管理。按规定制定水利工程建设有关制度并组织实施，组织指导工程验收有关工作。组织指导全市水利工程建设与运行管理。监督管理水利建设市场。⑦负责水土保持工作。拟订水土保持规划并监督实施，组织实施水土流失的综合防治、监测预报并公告。负责建设项目水土保持监督管理工作，指导全市重点水土保持建设项目的实施。⑧组织开展江河湖库和地下水监测。负责发布水资源信息、情报预报和全市水资源公报。组织开展水资源、水能资源调查评价和水资源承载能力监测预警工作。⑨组织开展农村水利工作。组织开展农村灌区骨干工程、涝区治理工程建设与改造。组织实施乡村振兴战略水利保障工作，指导农村饮水安全工程建设管理及节水灌溉有关工作。指导农村水利改革创新和社会化服务体系建设。指导农村水能资源开发、农村水电站改造和农村电气化工作。⑩承担水利水电工程移民管理工作。组织实施水利水电工程移民有关政策，组织实施水利水电工程移民安置验收、监督评估等制度。指导监督水库移民后期扶持政策的实施。⑪组织开展水政监察和水行政执法。承担重大涉水违法事件的查处，协调和仲裁跨县（市、区）水事纠纷。依法负责水利行业安全生产工作，指导监督工程安全运行，组织指导水库、水电站大坝、农村水电站的安全监管。⑫开展水利科技工作。组织开展水利行业质量监督工作。组织实施水利行业的技术标准、规程规范。[1]

---

〔1〕 "韶关市水务局机构职能"，载 http://water. sg. gov. cn/zwgk/jgsz/content/post_ 2335278. html，2022 年 12 月 5 日访问。

从上述职责范围来看，作为水行政主管部门的水务局，应加强农村饮用水改造和管理模式，尤其是要做好规范化建设、水量计量、水质监测和台账记录等工作，确保工程运行安全和供水安全，努力实现水量保证、水质合格、监控完备、运行管理规范的目标。可见，行政区域内的水量分配方案的制定权归属于水行政主管部门，其负责制定水资源利用规划，确定农村饮用水取水方案，调解处理农村饮用水水源利用纠纷，及时化解因水量分配产生的矛盾与冲突。此外，还应建立对各水功能区水环境进行定期监测的监测系统，定期对水源水、出厂水和管网末梢水进行严格的水质检测，并建立水质检测档案资料，从源头上保证安全可控，确保水质安全。[1] 按水源保护区的水质目标，定期评价水质并及时了解水质变化趋势以及各功能区水质状况，对主要水域入河排污口进行监督性监测，及时了解入河排污口对水质的影响情况，防患于未然，为集中式饮用水水源地的科学管理与保护提供可靠依据，充分发挥其水质监测工作的耳目和参谋作用。

---

〔1〕　参见彭小玉、周理程："湖南省典型农村饮用水水源环境状况调查与保护对策"，载《安徽农业科学》2017 年第 25 期。

第二十三条 【农业农村主管部门职责】

市、县（市、区）人民政府农业农村主管部门对农村饮用水水源保护应当履行下列职责：

（一）推广生态农业，指导农业生产者科学、合理地使用化肥、农药、农膜等，指导畜禽养殖废弃物综合利用，防止饮用水水源面源污染；

（二）监督管理渔业船舶和水产养殖管控，减少水体污染；

（三）法律、法规规定的其他监督管理职责。

【导读与释义】

本条是农业农村主管部门在农村饮用水水源保护工作中所应履行的职责的规定。

农业农村部的主要职责为：统筹研究和组织实施"三农"工作战略、规划和政策，监督管理种植业、畜牧业、渔业、农垦、农业机械化、农产品质量安全，负责农业投资管理等。农业农村部不是综合管理部门，是党中央的"三农"工作机构，是国务院组成部门，应立足"三农"全局来开展工作、履职尽责。统筹实施乡村振兴战略，涉及农村经济、政治、文化、社会、生态和加强党的建设等方面工作，拓展了统筹研究和组织实施"三农"工作战略、规划和政策等方面职能。在部门调整改革之后，整合了原来分散在几个部门的涉农投资建设项目管理职责，囊括了实施乡村振兴战略、推进农业农村现代化、推进农业高质量发展与推进农村人居环境整治多项内容。

农村水质主要污染源有两个方面：农村地区的内源性污染和城市地区转移来的外源性污染。内源性污染主要来自三个方面：其一，农业耕种过程中大量使用化肥、农药，然而其利用率只能达 30%~45% 的程度，远低于发达国家的水平，未被吸收利用的化肥、农药经雨水或者灌溉水冲刷、渗漏进入饮用水水源，从而造成对水源的面源污染。其二，村民养殖畜禽所产生的粪便、废水以及生产生活过程中产生的垃圾等，由于缺乏监管和基础的处理设施，在未经任何处理或者缺少处理的情况下随意地排放和倾倒。其三，随着城乡一体化进程的加快，乡镇企业迅猛增加以及城市的高污染、高耗能企业迁往村镇，在缺乏管理且污染处理设施落后匮乏的情况下，其在生产的过程中产生较多的废水、废物未经严格处理就任意地排向或者倾倒到附近的沟渠或者湖泊中，严重污染和破坏了附近的地表和地下水源。在农作物生长过程中，需要对其浇水灌溉、喷洒农药、施加肥料等，由于缺乏相关知识，部分劳动人员在生产作业中，会采用严重污染的地表水灌溉农作物，过度使用农药、化肥的情况也时有发生。这些灌溉水、农药和化肥等污染物，不会被农作物完全吸收，会剩下少量渗透到土壤中，这部分残留很难在土壤中降解，最终随着降水进入水循环中，对饮用水水源与地下水造成污染。大规模农、林、牧、渔业生产区及农村生活区产生的面源污染，逐渐成为水体污染的首要污染源。从长期来看，由农业生产和农村生活带来的农村水污染压力还将不断增加，水质超标持续成为影响农村饮用水安全的主要问题。[1]

为了给农村饮用水安全提供有力的保障，政府应建立有利于农村饮用水安全保障的经济机制，特别是在环境立法和执行中，应充分重视政府引导型环境政策的运用，促进环境正义价值的实现。引导型环境行政寓管理于帮助给付之中，利用激励机制，以引导、示范、支持为手段，既减少了行政成本，避免权力滥用，也更容易获得社会的广泛认同。所以，在农村饮用水水源保护工作中，应当注重充分发挥引导型政策的功用。

---

[1] 吕亚荣：“我国农村饮用水安全现状、问题及政府管制”，载《生态经济》2007 年第 12 期。

《广东省水污染防治条例》第 36 条规定，县级以上人民政府应当优化农业种植业结构和发展布局，推动生态农业发展。县级以上人民政府农业农村主管部门和其他有关部门应当指导农业生产者科学、合理施用化肥和农药，推广精准施肥、节水灌溉技术和高效低毒低残留农药，组织开展病虫害统一预防、统一治理，加强对生产、销售、使用农药和处置过期失效农药及农药包装物的综合监督管理，防止污染水环境。县级以上人民政府农业农村主管部门应当引导有关单位和其他生产经营者依法收集、贮存、运输、利用、处置农业固体废物，加强对秸秆等农业废弃物综合利用的监督管理，防止污染水环境。

所以，本《保护条例》也要求市、县（市、区）人民政府农业农村主管部门在履行保护农村饮用水水源职责过程中，着重推广生态农业，指导农业生产者科学、合理地使用化肥、农药、农膜等，指导畜禽养殖废弃物综合利用，防止饮用水水源面源污染，并通过监督管理渔业船舶和水产养殖管控来减少水体污染，以此来达成实现严格控制农业面源污染、农村生活污染、畜禽污染的目标。

第二十四条　【卫生健康主管部门职责】

市、县（市、区）人民政府卫生健康主管部门应当负责指导农村饮用水水质监测和卫生监督管理工作，定期向社会公布农村饮用水水质信息，配合有关部门做好农村饮用水水源污染事故应急处置。

【导读与释义】

本条是卫生健康主管部门在农村饮用水水源保护工作中所应履行的职责的规定。

卫生健康部门负责饮用水的安全卫生管理，主要是对涉及饮用水安全的产品进行监管，同时还需定期实施卫生监测等。负责饮用水卫生监督检测工作的主体一般是该行政区域的县级以上人民政府的卫生行政管理部门。然而，在实际执法过程中，县级以上人民政府卫生行政管理部门的工作人员，往往因为各种因素未能掌握每个行政村的实际情况，也就无法因地制宜制定最优方案。乡镇一级的环保部门的经费和人员不足，也并未配备高端监测设备，致使监测水平低，履行环保职能效果差强人意。相关的执法手段和管理措施也因为多层次执法的影响，难以真正在基层农村得到贯彻落实。

现行《水法》总则部分增设水资源开发、利用和保护的联防联控制度，其规定：由水行政部门统一负责水资源调度，环保部门负责水资源生态环境综合保护和治理，卫生部门负责饮用水水质日常监测并及时发布水质信息。《水污染防治法》在"饮用水水源和其他特殊水体保护"一章的水源保护制度中，作出了进一步细化：强调环保部门在农村饮用水水源保护中的主导地位，明确水利、建设、国土资源、卫生、农业、渔业等部门的协同责任；特别是专门规定了县、乡两级卫生防疫部门定期抽检农村水源水质，开展饮用水水源保护培训，提高农村居民的饮用水安全意识。[1]

此外，作为卫生健康主管部门对饮用水卫生进行监督管理主要依据的《生活饮用水卫生监督管理办法》，也对饮用水卫生标准和相关部门的职权作出了详细的规定。从其对卫生健康主管部门的主要职责来看，县级以上地方人民政府卫生计生主管部门主管本行政区域内饮用水卫生监督工作，供水单位的供水范围在本行政区域内的，由该行政区人民政府卫生计生主管部门负责其饮用水卫生监督监测工作；供水单位的供水范围超出其所在行政区域的，由供水单位所在行政区域的上一级人民政府卫生计生主管部门负责其饮用水卫生监督监测工作；供水单位的供水范围超出其所在省、自治区、直辖市的，由该供水单位所在省、自治区、直辖市人民政府卫生计生主管部门负责其饮用水卫生监督监测工作。[2]如《广州市卫生健康委规范行政强制自由裁量权办法》第9条第2款规定：卫生健康行政部门发现传染病病原体污染公共饮用水源、食品的，应当及时通知水务行政部门、市场监督管理部门，并依据《广州市城市供水用水条例》《食品安全法》的规定采取封闭水源、封存食品等控制措施。

本《保护条例》规定：本辖区内的市、县卫生健康主管部门在农村饮用水水源保护工作中的主要职责，是指导农村饮用水水质监测和卫生监督管理工作，定期向社会公布农村饮用水水质信息，同时要配合有关部门做好农村饮用水水源污染事故应急处置。可以说，卫生健康部门除了应做好水源保护及水质量监测服务，建立严格的取样和监测制度，确保水质合格达标，强化农村饮用水安全的环境行政法律监管，还应与生

---

〔1〕 参见谢玲、黄锡生："城乡一体化背景下农村饮用水安全法律制度的重构"，载《华中农业大学学报（社会科学版）》2015年第3期。

〔2〕 参见《生活饮用水卫生监督管理办法》第16条。

态环保、水利、农业农村等行政部门相互配合，强化水质监测工作开展，尽快实现水质监测常态化，水源地实时在线监测、检测全覆盖；通过监测和检测水源水质及时掌握其变化情况，科学评价、合理开发利用水源并对其进行污染防治。

第二十五条　【巡查制度】

镇（乡）人民政府、街道办事处应当建立农村饮用水水源保护区（范围）的巡查制度，定期检查水源保护情况，及时协调处理水源保护中出现的问题。

村民委员会或者村民小组应当严格执行农村饮用水水源保护区（范围）的巡查制度，定期巡查，及时上报存在的问题。同时积极配合当地人民政府卫生健康部门开展农村饮用水卫生监测工作。

【导读与释义】

本条是关于在农村饮用水水源保护区内建立巡查制度的规定。

饮用水水源巡查制度作为保证水源保护区制度和污染物防治制度能够得到有效落实的重要制度，在饮用水水源保护工作中具有重要的意义。饮用水水源巡查制度旨在通过相关部门或单位的监管巡查活动及时发现保护区域内出现的违法行为和污染行为，从而减少因缺乏监管而出现的饮用水水源污染事件。

水源地具有高风险性和流域性，要加强建设重要控制断面的在线监控设施、落实对地方河流型水源地巡查工作的考核；构建河流型水源地综合监控机制，将复杂的水源地监控工作细化，分多级、多方面有序开展监控。而多层次的巡查工作体系，有助于对水源地实现较全面的实地巡查工作，各相关利益方，均可根据自身的利益需求进行巡查，并根据巡查过程中发生的安全问题、安全风险，及时采取措施。

在建立巡查制度方面，各地采取了不同的实施方略，最突出的差异表现在各地保护条例中的巡查制度责任主体方面的不同。首先，建立巡

查制度的规定在不同的保护条例中的体现方式不同。部分地市是通过
"总—分"的形式在保护条例中对巡查制度进行了规定，即通过在某条的
第 1 款规定"建立饮用水水源巡查制度"明确该制度，而后通过其余款
项确定相关的责任主体；也有部分地市是直接在明确相关责任的监管职
责的条文中列举出了有关的巡查内容。其次，各地的责任主体存在差异。
尽管多数地市在这一制度中涉及的责任主体主要是当地的生态环境主管
部门和水行政主管部门，但也有不少的地市在这两者之外还规定了各类
其他的责任主体。如宝鸡市、成都市、连云港市、南宁市、随州市、孝
感市以及镇江市等均将供水单位和水源的管理单位纳入了巡查的责任主
体之中；毕节市、广西壮族自治区、湖南省、乐山市、麻阳苗族自治县、
钦州市和驻马店市的保护条例则将乡镇人民政府及街道办事处等纳入了
巡查的责任主体之中。此外，还有部分地区采取了较具特色的巡查方式，
如《门源回族自治县饮用水水源保护管理条例》就将河长制与巡查制度
结合起来，将全县饮用水水源保护管理纳入河湖（库）长制巡查范围，
同时明确了乡镇人民政府可以聘用水源保护管护员开展常态化巡查；《云
南省德宏傣族景颇族自治州饮用水水源保护条例》则将巡查任务交给了
其设立的饮用水水源保护区综合执法机构，通过专门的综合执法机构实
现对保护区的巡查；《达州市集中式饮用水水源保护管理条例》也要求市
级人民政府通过明确保护管理机构的方式实现安全巡查；而《丽水市饮
用水水源保护条例》则将选择权交给了市、县人民政府，其可以明确相
关的机构承担保护管理工作，从而开展日常巡查等具体工作。

　　对于饮用水水源的巡查实际上可以分为两类，即日常式的巡查和监
管式的巡查两种。日常式的巡查是对保护区内以及保护区周边进行的日
常的巡逻和管护，以及时地制止可能污染水体环境的行为；而监管式的
巡查更多的是对日常巡查单位的监督，保证日常巡查工作的正常开展，
同时发现一些在巡查和管护过程中出现的问题。基于这样的类型划分，
我们能够很好地理解相关规定中为何有生态环境主管部门和水行政主管

部门等存在行政联系的职能部门，又有像水源管理机构和供水单位这样的直接负责单位，还有像乡镇人民政府和街道办事处等属地行政组织。实际上，生态环境主管部门和水行政主管部门等职能部门所要开展的巡查应该为监管式的巡查，特别是市级的有关部门很难保证能够对区域内的每一处饮用水水源进行巡查，而这种监管式的巡查既能够保证有关职能部门的责任落实，还能够督促日常巡查的开展。而像其他的直接负责单位以及属地行政组织，其开展的应该是日常式的巡查活动。直接负责单位和属地行政组织处在饮用水水源保护工作的最前线，最容易开展单个水源的巡查活动。也因此，它们能够最为及时地发现保护区范围内的违法行为和污染行为，从而以最快的速度防止污染的发生。这也就意味着强化水源保护区内巡查，能够快速地发现已经出现的污染情况，通过报告制度将情况及时向上反馈。此外，各直接负责单位和属地行政组织所开展的单个饮用水水源的日常式巡查活动，能够将整个大区域划分为若干个小区域，这种"化整为零"的方式也更加适合于区域整体内多个饮用水水源的保护。由直接负责单位或属地的行政组织进行日常式的巡查更切合实际，也更容易落实。直接负责单位和属地行政组织不论是在距离还是在对水源周边状况的熟悉程度上都要比相关主管部门更有优势。

第一，坚持水陆兼治，加强巡查检查，依法规范水源地保护范围内的各类开发利用活动。落实巡查责任、巡查人员、巡查制度和巡查方案，通过定期巡查、突击巡查、专项巡查和重点巡查等方式，监视水源保护区内饮用水、水域、水工程及其他设施变化状态，掌握工程安全情况。及时巡查发现各种人为破坏水源地工程设施与环境的非法行为，严肃查处各类水事违法案件。

第二，实行多层次巡查工作体系。开展政府、部门（生态环境有关部门、水利部门、水源地管理部门等）、社会公众"三线共存"的水源地巡查体系，三类相关利益方根据自身的利益和需求，开展相应的水源地巡查工作和巡查记录，并采取措施解决巡查过程中发现的水源地安全问题、安全风险。如，社会公众参与水源地安全巡查，政府、部门根据社会公众提供的巡查信息，识别水源地安全问题，采取措施应对，并对公众给予一定的经济奖励；公众参与水源地安全巡查，有助于水源地管理者、部门管理者获得河流型水源地、河流的实地实时情况，人民政府应为公众提供反映信息的渠道，秉承"有反映必有回应"的原则，水源地管理人员对公众反映的问题要及时处理。特别要落实水源地管理机构对水源地的日常巡查和巡查记录工作。从调研可以看出，目前水源地管理人员虽已开展巡查工作，但巡查目的性不明确，"走形式"的成分较大，巡查记录的落实也不到位。重视水源地的日常巡查工作，在确定了巡查项目的基础上，将水源地巡查工作和巡查记录列入管理人员的绩效考核中，根据其工作成效，对其进行经济奖励或行政处罚。强化乡镇水管部门保护责任。今后随着基层水利服务体系的健全和最严格水资源管理制度的落实，乡镇一级在水资源管理和保护方面需要承担更多责任。引导市、县水行政主管部门逐步开展试点探索工作，依托乡镇水利站，根据实际需要设置专门的乡镇级水资源技术服务组织，从监测、巡查、工程治理、应急管理等方面加快健全乡镇水资源管理和保护工作体系，切实提高基层水资源管理队伍能力。

第二十六条 【供水企业的职责】

农村饮用水供水企业应当做好取水口和出水口的水质日常检测工作，发现水质不符合相关标准的，应当及时采取相应措施，并向当地镇（乡）人民政府、街道办事处报告。

【导读与释义】

本条是饮用水供水企业在农村饮用水水源保护工作中所应履行的职责的规定。

《生活饮用水卫生监督管理办法》第6条规定供水单位供应的饮用水必须符合国家生活饮用水卫生标准。近些年来水污染事件频频爆发，尤其是在2014年4月兰州发生自来水苯含量超标事件，一时之间造成当地居民对饮水安全的担忧。担忧主要有主客观两方面的原因，客观方面源自供水企业提供的饮用水水质的确是不安全的，主观方面则是基于对供水企业自检水质的客观真实性的质疑。作为农村饮用水的供应方，其对水质的自查能否客观真实准确，对于保证供水安全而言十分关键。而取水口、出水口的水质检测是农村饮用水水源安全的眼睛，若能做好取水口、出水口日常的水质检测，就能发现饮用水水源水质变化趋势，定位到水质异常指标，可以及时溯源整改。

由于供水单位采用的水处理工艺不同、净水设施的处理能力不一，供水工程消毒设施运行状况及消毒剂的投加量，都会对水质达标产生重要影响。此外，水污染因素具有叠加累积性，前一道工艺的水质指标是合格的，下一道工艺的水质可能累积到超标，不能饮用。加上水质不达标原因界定困难，增加了检测工作的难度。对于供水企业而言，出厂水经过专业流程处理，并且经过严格的检测，合格达标后才出厂，但出厂水达标不等于用户家里水龙头出水达标。造成供水管网余氯衰减的原因主要有两个方面：一是主体水衰减。氯在主体水中与有机物以及一些还原性无机离子反应引起的衰减，与有机物、温度、酸碱度、初始氯浓度、还原性无机离子有关。常见的原因是供水管网到用户的距离较远，管网内积蓄的水难以在短时间内得到交换，从而导致管网内的水流动相对缓慢，水中的余氯逐渐消耗，甚至消耗殆尽，从而引起水中滋生大量的微生物，导致水质不达标。二是管壁衰减。氯与管壁上的生物膜、腐蚀产物或者管材本身反应引起的衰减。与水力条件、管材、管径、管道铺设年代等有关。采用钢管、铸铁管材的给水管网，当出厂水具有腐蚀性或管道使用年限过长时，管道内壁就会腐蚀结垢，锈蚀物中含有大量的铁、铅、锌和各种细菌及藻类，管道内水流速度、方向或水压发生突变时，就会造成短时间的水质恶化，出现铁、锰、色度、浊度和细菌等指标值的大幅度上升。塑料管材对水质的主要影响在于使用过程中可浸出化学物质而污染管内水质。此外，突发事件如台风等引起的强降雨，也会导致山上及水库周边的农田、蔬菜大棚、房屋等基础设施及牲畜被淹，供水管网断裂损毁、供水设施遭受破坏，水质变化呈现时间短、波动大、影响面广的特点。因此，只有形成全天候的水质监测，才能确保饮水安全。

我国现行的《生活饮用水卫生标准》将饮用水质量和国际接轨，把饮用水水质检测指标调整为97项，更加重视关注感官指标、消毒副产物和风险变化的特点。但是，由于资金和技术等方面的限制，目前我国只有小部分供水企业具备全指标检测能力。为了严格把好水厂原水水质检测关，需要加快建立完善水厂自检、县域巡检等相结合的水质管理体系，并将入厂水质作为一项重要的检测项目。按照国家发展和改革委员会、水利部等四部委《关于加强农村饮水安全工程水质检测能力建设的指导意见》（发改农经〔2013〕2259号），也需落实日供水1000吨或服务人口 1 万人以上的供水工程单位水质检测责任，配备与供水规模和水质检验要求相适应的检验人员和仪器设备。

此外，为了加强公众对供水水质的监督，供水企业应当按照所在地直辖市、市、县人民政府城市供水主管部门的要求公布有关水质信息，并接受公众关于城市供水水质信息的查询。为了使供水企业更好地做好取水口和出水口的水质日常检测工作，应要求其在进行水质检测前，一定要对当地的水源分布、地理状况进行充足的调查和了解，提前制定好检测方法、检测项目和做好目的分析。在采样过程中，要根据实际情况来决定采样点，严格按照水质检测规范的标准来执行。检测人员实施检测实验工作，是重要的一环。也因此，要严格把控好检测人员的专业水平、责任感以及各项素质。对此，可以通过对检测人员进行岗前培训，确保实验人员的专业知识储备，提高检测人员的心理素质。另外，为提高检测人员工作的积极性，也可以对检测人员实行考核制度，以检测结果的准确性作为考核标准，对于检测结果正确的给予奖励，检测结果有误的实行处罚，提高检测人员对检测工作的重视性和娴熟度，从而保证整个水质检测工作的效率。总之，在坚持将农村饮用水水源保护作为重点工作的同时，也需要进一步增强农村供水企业的责任，要求其安排专人做好取水口和出水口的水质日常检测工作，确保水源水质安全。

第二十七条　【应急预案】

市、县（市、区）人民政府、镇（乡）人民政府、街道办事处应当制定农村饮用水水源污染事故处置应急预案，并定期组织供水企业、村民委员会、村民小组等有关人员演练。

【导读与释义】

本条是关于农村饮用水水源污染事故处置应急预案和演练制度的规定。

饮用水水源地突发性污染事件，一般都是复杂多变，具有时间、空间、污染源的不确定性，难以预料或预测。在此类事件目前还难以预测和预防、难以控制的情况下，突发性污染事件发生后的紧急应对和及时处置，就成了最大限度保护饮用水水源地水体安全的关键，也就成了饮用水水源地管理体系中的关键环节。然而，农村集中式饮用水水源在应急防护体系的建设上，仍十分欠缺。要保障广大农村群众饮水安全，需从多个方面补足应急防护短板。通过细化应急预案，开展应急演练范围与保护，逐级细化分解农村供水保障目标任务，落实责任分工，层层传导压力，不断提升农村供水保障水平。

首先，为了保证处理突发污染事件的效力，以最小投入获得最高成效，应提前制定应急预案，并在实际演练中不断改善，来提高应对突发事件的能力。虽然《水污染防治法》已经对应急预警机制进行了初步规定，但是，其目前的形态多数仍是事后应急补救。因此，必须以法律的形式，确立更加完备的饮用水水源地应急预警机制，通过水利部门、卫生部门、环保部门等共同制定完善的预测预警机制，根据饮用水水质监测所获得的信息开展风险分析，在水源地可能被污染时及时进行事前应急预警，快速应对、有效处置，将损害降到最小。为贯彻《水污染防治法》，指导地方县级及以上人民政府开展集中式地表水饮用水水源地突发环境事件应急预案编制工作，提高预案的针对性、实用性和可操作性，生态环境部制定并发布了《集中式地表水饮用水水源地突发环境事件应急预案编制指南（试行）》。2019 年，水利部要求流域管理机构和各级水行政主管部门加强水污染事件易发期水源水量、水质研判，制定突发事件应急预案，做好水源统筹和联合调度。

随着社会、经济的发展和人口的增长，人们对水资源的需求量、依存度越来越大。对于饮用水水源相关职能部门来说，不仅要保障常规供水，还要考虑非常态供水危机的可能性并做好充分的准备。由于水体发生污染事件，被迫停水可能会导致的恐慌状态，暴露了应急供水系统存在的问题，反映了有些地区虽然已经编制了应急供水预案，但预案的制定流于形式，一旦出现重大供水事件，仓促之间不能有效地组织应对。而供水风险的应对能力是衡量社会的综合发展水平与政府的行为责任能力的重要指标，对地区的可持续发展具有重要的意义，如果这方面出现差错，不仅会严重影响人们的基本生活条件和地区的稳定，而且会动摇民众对社会与政府的信任，后果非常严重。

为处理好本市辖区内的突发性水污染事件，及时、有效地预防、控制、减少和消除水污染事件带来的危害，维护境内水环境安全，保障人民饮水和生产生活用水安全，提高突发性重大水污染事件的防范和处理能力，地方人民政府应制定饮用水水源地安全应急预案。[1]在饮用水工程的日常运行当中，预警与应急措施的及时开展，能使损失大大降低。

为此，各地市可以根据上位法的要求对相关的主体进行明确，同时还可以根据当地情况进行一定的细化。可以统一要求由市、县人民政府

---

〔1〕 参见侯新："农村集中式饮用水水源地水资源保护规划——以重庆市铜梁县为例"，载《节水灌溉》2012 年第 1 期。

组织编制本行政区域饮用水水源污染事故应急预案，同时还可以进一步要求供水单位这些最一线、联系最密切的单位进行相关应急方案的准备，通过详细具体的方案制定，结合日常、定期的应急演练，确保真正遇到突发的饮用水水源污染时，能够采取有效的方案予以应对。尤其是应加强饮用水水源应急管理，制定水源污染事故处置应急供水预案，实时开展应急演练。这主要是为了应对非常情况下，如各种突发事件引起的非常供水系统的启动，以便在常规供水不足或受阻中断时，能够快速启用以保障安全供水的应急系统，确保供水保证率和供水设施运行情况总体保持稳定。

本《保护条例》将制定农村饮用水水源污染事故处置应急预案的职责授予给市、县（市、区）人民政府、镇（乡）人民政府、街道办事处。为了提高应急预案的针对性、实用性和可操作性，还要求定期组织供水企业、村民委员会、村民小组等有关人员演练，以增强相关人员应对农村饮用水水源污染事故的处置能力。

第二十八条 【河（湖）长职责】

农村饮用水水源保护区（范围）内河（湖）长，应当在各自职责范围内，具体负责组织领导农村饮用水水源保护、水域岸线管理、水污染防治、水环境治理等工作。

【导读与释义】

本条是河（湖）长在农村饮用水水源保护工作中所应履行的职责的规定。

河湖作为一种典型的公共自然资源，是一个兼具多样性和不确定性的复杂系统。[1]河湖长制作为我国近年来河湖水环境治理与保护的制度创新，在加强水资源保护、落实水污染综合防治、改善水环境质量等方面发挥了关键作用，得到社会各界的一致肯定。

河湖长制是地方实践的产物，是生态问责制在河流、湖泊等水域治理方面的制度探索。河湖长制从本质上来说就是责任制，通过强化落实地方党政领导生态责任，发挥河长、湖长协调各方共同治理河湖的作用，从而对河流湖泊进行有效治理和保护。其设立之初只是强调了河湖长对所辖河湖负总责，在起初的制度安排中，更多的是提到河湖长的管理职责。但在实践过程中，为了更好监督河湖长履职尽责、让其能更科学施策、更精准管控，各地开展积极探索，不断完善配套机制建设，比如引入了为河湖长配备协管辅助人员的制度。武汉推行的"三长三员"制度，为河湖设立河湖长的同时，也配备了督查长、警长、技术员、保洁员、

---

〔1〕 参见朱德米："中国水环境治理机制创新探索——河湖长制研究"，载《南京社会科学》2020 年第 1 期。

监督员五个辅助职位，其他"长""员"需要全面配合河湖长履职尽责，这开创了河湖治理主体一主多辅的局面，使得河湖治理人员得到进一步扩充，队伍也得到进一步壮大。河湖长制发展中存在的难题，究其根本还是各级河湖长履职不够到位所引起的。可以说，河湖长制的核心要义就是责任制，缺乏有责任心的干部依法履职尽责。倘若河湖长不尽职尽责，河湖长制就难以发挥其设立之初所被寄予的期待。而生态问责制正是破解河湖长制发展难题的一剂良药，生态问责聚焦的是干部们的履职尽责，对象恰好是能影响湖河治理的关键少数，千次动员比不上一次问责，生态问责能将河湖长们的责任压实，督促其更好履职尽责。

2016 年 10 月，中央全面深化改革领导小组审议通过全面推行河长制的有关文件；2016 年 12 月和 2017 年 12 月，国家层面先后印发关于全面推行河长制、湖长制的官方文件。至此，我国首次从顶层设计层面，明确全面推行河湖长制的路线图和时间表，河长制、湖长制进入全面推行阶段。根据顶层设计，2018 年底前全国各地需全面建立河长制、湖长制。全国在省（自治区、直辖市）、地级市、区县、乡镇四级行政区划均已建立成熟的河湖长制体系。另外，部分地区还因地制宜在行政村、社区居委设立了村级河湖长。

一般区县级及以下河湖长，被称为基层河湖长。由于常年工作在水环境治理与保护一线，需直接面对并协调解决各类问题，因此，基层河长的履职能力是推动河湖长制真正落地的关键所在。扎实推进基层河湖长制落地落实，不仅是全面推行河湖长制的必然要求，也是有效改善河湖水环境的关键所在。切实落实河长制管理要求，加强部门间协调联动，实施"一库一策""一河（湖）一策"，严格落实饮用水水源地管理保护主体责任，对水源地实行统一监督和管理，并与水源保护区内有关部门或其他饮用水环境管理相关部门建立联动机制。

河湖长制全面推行 6 年多来，全国河湖治理与保护工作成效显著，水生态环境明显改善。如广西永福县就借助河湖长制，完成了河湖确权划界老大难问题，有效遏制了非法排污、违规倾倒垃圾等行为，村民自发制定村规民约、主动对辖区河湖进行监督管理。广州市白云区充分发挥河长的统筹与监督作用，协调多部门联合开展辖区内白海面涌水环境治理，成功通过国家挂牌督办验收。〔1〕长江中上游的江西、湖南、湖北等六个省级行政区域实施河长制以来，9364名县级河长和44 517名乡镇级河长认真履职，2016年至2018年年均巡河超过115万人次，使长江流域中上游地区河湖面貌初步改善。

采用浅层地下水作为饮用水来源的地区依然比较多，虽然浅层地下水易于开采，但是也存在着易受污染且治理难度大的现实情况，加强防治农村地下水源的污染，就显得尤为重要。从《广东省水污染防治条例》第6条规定的内容来看，其要求该省建立省、市、县、镇、村五级河长湖长体系，设立总河长及各江河、湖泊的河长、湖长，分级分段组织领导本行政区域内江河、湖泊的水资源保护、水安全保障、水污染防治、水环境治理、水生态修复、水域岸线管理等工作，促进水环境质量改善。加强监督性检查结合水源地安全评估检查、水资源监督检查等形式，结合日常发现问题、现场发现问题等，通过最严格水资源管理制度、河长制湖长制予以督导。〔2〕

因此，《保护条例》专门就农村饮用水水源保护区（范围）内河湖长的职责的履行作出了规定，希冀能够充分发挥保护区（范围）内基层河湖长的作用，使其在领导农村饮用水水源保护、水域岸线管理、水污染防治、水环境治理等工作上积极有效履职履责，全面推进农村环境综合整治。此外，还可以通过建立农村环境综合整治目标责任制，来促进基层河湖长积极有效地履行职能，使其担负起饮用水水源的日常维护和

---

〔1〕 参见舒亮亮、何小赛："基层河湖长制工作实践与思考"，载《水利技术监督》2022年第7期。

〔2〕 参见邓瑞等："加强长江流域饮用水水源地名录管理的思考和建议"，载 https://kns.cnki.net/kcms2/article/abstract？v=3uoqIhG8C45SOn9fL2suRadTyEVl2pW9UrhTDCdPD64JMTkQDlKknosYCKE00I9iHOF5iNoRLfHhnZkwpz_7Kcxb-7SKoPMX&uniplatform=NZKPT，2022年11月17日访问。

监管工作。如引导农村居民积极参与防治农业面源污染工作，规范农民在垃圾分类、农药化肥使用、水产畜禽养殖、秸秆处理等方面的行为，从根源上控制面源污染的发生率，以此来逐步健全农村饮用水水源保护长效机制。

第四章　法律责任

　　所谓责任，本是指分内应做之事，而法律责任则是重在表达其"因自己的失误而对不利后果应承担的处罚"之义。[1]责任在本质上解决的是"对什么负责"的问题，即某主体对某行为负责还是对某结果负责的问题，是对谁的行为或对谁造成的结果负责的问题，也可以归结为关于"我们对谁负责"和"我们对什么负责"的问题。一般认为，法律责任的功能主要有惩罚、救济、预防三项。[2]同时，这三个功能也是对某人或某一组织施加法律责任的理由。所谓施加的理由，就是说对某事项负责，要有负责的依据，也就是主体对所要负责的事项的依据。在法律上要求某主体承担责任意味着利益的丧失，这种丧失无论以什么方式表现，对责任主体来说都意味着一种不利或负担。既然责任要求的是主体付出这样的代价，并且最终要以国家强制力的方式来实现，那么，国家在令责任主体付出这样的代价时就必须有一定的理由和依据。换言之，国家只有凭借合法的理由和依据才能要求主体作这样的付出，而某主体也只有在合法的理由和依据下才能接受这样的负担。这一依据通常是通过两条路径展现的，即以行为为中心的路径和以结果为中心的路径。也因此，责任便呈现出对行为负责和对结果负责的两种样态。[3]一个社会的运作需要通过规则来事先确定某些事项由谁来负责，并在纠纷出现的时候，能够通过一种机制来确定具体由谁来负责，而由谁来负责表现的是谁要接受惩罚或作出赔偿、补偿的问题。它是关乎着主体的切身利益的问题，

---

〔1〕　参见涂可国："儒家责任伦理考辨"，载《哲学研究》2017 年第 12 期。
〔2〕　参见刘彦辉："民事责任与刑事责任功能之比较"，载《求是学刊》2010 年第 2 期。
〔3〕　参见李拥军："法律责任概念的反思与重构"，载《中国法学》2022 年第 3 期。

它表征着国家与公民之间的关系。从某种意义上说,法律对社会关系的调整正是通过责任的形式来完成的。

对法律责任的界定有多种观点,大致可以分为新义务说、处罚说、后果说、责任说、资格说等。但无论采用何种观点,其存在意义大抵一致,即"违法者在法律上必须受到惩罚或者必须做出赔偿",亦即"存在于违法者和救济之间的必然联系"。[1]倘若农村饮用水水源保护相关的主管部门权力没有约束,权力与责任不平衡,权利与权力无法对抗,其必然会脱离控制,其所履行农村饮用水水源保护行为的职责也将无法有效进行。因此,各级人民政府、有关主管部门的直接负责主管人员和其他直接责任人,应当承担农村饮用水水源保护职责,履行法定职责,倘若不履行或者不正确履行相应保护职责,则应承担相应的行政甚至刑事层面的惩罚。由于农村饮用水水源保护是重要的民生工程,事关人民群众身体健康和社会稳定,农村饮用水水源保护应当通过严格的法律法规进行约束。如若在供水工程领域尤其是在饮用水水源的保护议题上,没有完善的法律法规,问题势必会更加严重。所以,在制定地方性法规的过程中,应当结合不同地区的具体情况,根据危及饮用水的行为类型的不同,分类处理,对违反《保护条例》规定的相应行为进行相应的惩处,以期形成威慑。

法律责任可以分成广义法律责任和狭义法律责任两类。按照这种区分,广义的法律责任就是一般意义上的法律义务的同义词;狭义的法律责任则是由违法行为所引起的不利法律后果。越来越多的学者倾向于在狭义上使用法律责任这一术语。[2]法律责任作为保障法律实施、维护法律秩序的关键机制,可理解为因违反法律义务而承担不利后果的应当性。[3]因损害法律上的权利义务关系而导致的强制性不利后果,[4]其本质就在

---

[1] 参见蔡宏伟:"'法律责任'概念之澄清",载《法制与社会发展》2020年第6期。
[2] 参见张文显主编:《法理学》(第5版),高等教育出版社2018年版,第164~165页。
[3] 参见张恒山:《法理要论》(第3版),北京大学出版社2009年版,第73页。
[4] 参见葛洪义主编:《法理学》(第3版),中国人民大学出版社2011年版,第193页。

于"处罚""惩罚"或者说是"强制性不利后果"。

法律责任还可以分为公法责任和私法责任。公法责任意味着国家的惩罚和制裁；私法责任虽然可以由当事人以自主协商的方式实现，如若不能如此，则可通过国家强制的方式来实现。因此，法律责任不仅体现为责任主体与利益受损主体之间的关系，还体现为责任主体与国家之间的关系。在公法领域，责任解决的是主体应该对其行为负责的问题，因此该主体的认知和控制能力，或由此形成的期待其为合法行为的可能性，或在此基础上形成的对其违法行为的道德上的非难可能性，就成为这个主体应当承担惩罚性措施的依据。在私法领域，在强调过错作为损害赔偿的必备要件的形态中，主体对他人实施的损害存在道德上的可责性是其承担不利性后果的依据。正因为如此，出于特殊性的要求，在某些事项上甚至可以设置惩罚性的赔偿。在不以过错为损害赔偿的必备要件的形态中，围绕着损害后果而形成的主体间的逻辑对应关系为主体承担赔偿或补偿性不利后果的依据。

就法律责任的承担的具体内容来看，又可分为刑事责任、民事责任及行政责任。民事责任，主要是指承担义务的义务实体，在履行义务过程中未能履行义务或履行义务不当，以及因未能履行义务而造成损失时，根据法律的规定需要承担的损害赔偿责任或惩罚性赔偿。刑事责任，主要是指相应的主体在履行法律义务的过程中，由于履行不当或者未能履行法律义务而需要承担刑法上的不利后果。行政责任，则是指有一般违法行为的单位或个人，依据法律规定而需要承担的法律责任，具体包括行政处罚和行政处分，行政处罚主要针对行政相对人，而行政处分则主要针对国家公职人员。饮用水水源保护作为生态环境法律领域内容之一，自然也适用于现行环境法律制度，其针对不同的环境违法行为规定了相应的民事责任、行政责任或者刑事责任，甚至为减少污染规定了生产者延伸责任等新的责任形式。[1]

---

〔1〕 参见胡苑："生产者延伸责任：范畴、制度路径与规范分析"，载《上海财经大学学报》2010 年第 3 期。

法律责任的施行程度是法律责任价值目标的外在反映。从法律责任的施行程度可以看出一个社会对法律责任的接受程度。法律责任若能得到良好执行，则表明民众对法律是认可的，对于法律责任的实施是信服的、能够接受的。如果法律责任的施行程度低，社会绝大部分民众并不能接受承担因其自身行为所导致的法律责任，则立法者便应思考该法律责任制定所引导的价值目标是否切实顺应时代需求。因此，从法律责任施行程度可以预见，一个社会的法律责任价值目标是否真正与该社会需求契合。

由于污染和破坏饮用水水源的行为会危及人类社会生存和发展的基础，造成普遍性的健康威胁、生产活动的难以为继；在微观层面，污染和破坏饮用水水源的行为直接损害自然人身体健康、降低生活质量，污染和破坏饮用水水源的行为都可能导致财产损失。经过几十年的发展，已经基本形成了以《环境保护法》为基础，涵盖污染防治、生态环境保护以及专门事项的法律制度体系，[1]环境保护基本法、综合性环境保护单行法、污染防治单行法和主要自然资源保护单行法都已经出台乃至经过多次修订，其中规定的法律责任主要是行政法律责任，基本覆盖了所有的环境行政违法行为，并且明确了按日计罚规则、扩大了责任主体范围、规定了较高的罚款标准和限制人身自由等处罚，在执法实践中也得到了日益严格的执行。环境侵权制度也在《侵权责任法》规定的框架下不断发展，《民法典》规定了环境污染、生态破坏以及生态环境损害的侵权责任，明确惩罚性赔偿可适用于环境侵权领域，环境民事责任的作用范围不断扩张、制度规则逐步细化，通过司法途径对环境民事责任的追究也逐渐严格。环境犯罪的罪名和具体规则通过刑法修正案和相关司法解释、典型案例不断发展，导致对环境违法的刑事制裁出现了范围扩大、介入时机早期化、量刑标准加重的倾向，环境刑事责任扩大化、重罚化

---

〔1〕　参见吕忠梅、吴一冉："中国环境法治七十年：从历史走向未来"，载《中国法律评论》2019 年第 5 期。

发展趋势十分明显。

对法律责任的性质和功能的分析一般多隐含在具体责任制度的分析中。虽然现代法律体系中的责任仍然以惩罚为根基，但已经在很大程度上超越了惩罚思路。一方面，法律责任对于法律实施的保障难以避免事后救济属性，而惩罚在事后救济中具有基础性地位，否则不足以显示对违法行为的根本性否定，造成严重侵害后果的行为人理应接受法律惩罚。法律的发展逐步追求对惩罚的超越，特别是在无道德性法律责任领域不再强调法律责任的惩罚性，主要体现在对惩罚范围和程度的限制以及责任原则、责任方式的不断发展方面。从结果归责向过错归责的转变、从团体责任向个体责任的发展为法律责任摆脱惩罚窠臼提供了理论基础，而民事损害补偿责任的普及化、预防性侵权责任方式逐步得到认可和重视。行政管控的介入和责任分配等显示了法律责任制度可以通过惩罚之外的途径保障法律义务的落实、实现权利保护等目标。这为矫正环境法上的重罚主义思路、妥当配置环境法律责任提供了可能路径。以制裁为目标和实施方式的惩罚功能是法律责任的基本功能，也是传统法律责任机制运转的核心，在法律责任体系中占有基础性地位。损害填补功能是随着民法在法律体系中的地位日渐重要而逐步受到重视的，民事侵权责任制度的主要目的和机能在于填补受害人的损害，这一主流观点在很长时间内不存在异议，[1]行政法律责任的补偿性也日益受到重视，补偿也是法律责任实现的基本方式，补偿功能已经成为法律责任的基本功能。[2]预防功能在法律责任体系中受到重视是较晚出现的事，因为预防的事前视角与惩罚的事后视角正好相反。所以，除了承认"杀鸡儆猴"的一般性预防意义之外，法律责任的预防功能长期得不到重视。但是，随着刑法上特殊预防思想的影响日益扩大、侵权行为法对加害行为的预

---

〔1〕 参见于敏：《日本侵权行为法》（第3版），法律出版社2015年版，第63~64页。

〔2〕 参见葛洪义主编：《法理学》（第3版），中国人民大学出版社2011年版，第196页。

防和抑制机能被承认和重视、行政处罚之风险预防目标的确立，[1]预防功能已经成为法律责任的重要功能。总体上看，法律责任的功能已经呈现惩罚、补偿和预防并重的格局，环境法律责任的重罚思路主要局限于对惩罚功能的运用，难免显得狭隘，重罚主义的威慑型环境法也面临正当性问题。在生态环保领域，应当以惩罚为基础、注重补偿和预防功能的发挥，实现环境法律责任保障法律实现的作用。法律责任的作用是保障环境法的实施，责任规则的分散化无助于制度落实和整体性环境保护目标的实现，甚至可能因为责任配置不当而导致执行中的冲突。[2]因此，为实现生态环境保护的目标、确保环境法取得实效，需要在环境法律责任的设计上克服对惩罚的迷信和依赖，着力突破"复仇与报应""事后追责""损害赔偿"等传统思维，[3]全面认识法律责任的功能，并科学合理地加以运用，以法律责任的惩罚、补偿和预防功能合理配置为目标重整环境法律责任体系。

总之，尽管预防不是环境法律责任的核心功能，但对于环境秩序的维护和环境利益保护都具有重要意义。有学者就指出，尽管我们还面临比较紧迫的环境问题，但是环境法律责任制度的发展绝不应主要限于惩罚性制度的扩展，而应当致力于构建功能健全、方式多样的环境法律责任体系以及更广的环境法律制度体系。生态环境法治也面临以生态守法为逻辑中心转型的现实需要，生态守法应当是生态环境法治的基石范畴。[4]不能主要关注环境法律责任，环境法律责任制度设计不应过于倚重惩罚性措施，而应当致力于构建惩罚、补偿和预防功能相互协调的制度体系。[5]

---

〔1〕 参见熊樟林："论《行政处罚法》修改的基本立场"，载《当代法学》2019 年第 1 期。

〔2〕 参见刘长兴："超越惩罚：环境法律责任的体系重整"，载《现代法学》2021 年第 1 期。

〔3〕 参见钭晓东："论环境法律责任机制的重整"，载《法学评论》2012 年第 1 期。

〔4〕 参见肖爱："生态守法论——以环境法治的时代转型为指向"，载《湖南师范大学社会科学学报》2020 年第 2 期。

〔5〕 参见刘长兴："超越惩罚：环境法律责任的体系重整"，载《现代法学》2021 年第 1 期。

毕竟法律责任的惩罚功能是有一定限度的，一方面，惩罚要符合报应观念的对称性要求，不能对违法行为进行不合比例、破坏公平性的惩罚；另一方面，惩罚并非实现法律目标的唯一或者最佳途径，并且存在失效的可能，仅依赖惩罚并不总能保证目标的实现。法律责任的一般预防主要是通过惩罚功能实现的，惩罚和补偿都具有一般性预防违法的效果，而相对独立的预防功能是法律责任理论发展的结果。

第二十九条　【主管部门及其工作人员责任】

各级人民政府及有关主管部门违反本条例规定，不履行或者不正确履行农村饮用水水源保护职责的，对直接负责的主管人员和其他直接责任人员依法给予处分；构成犯罪的，依法追究刑事责任。

【导读与释义】

本条是对在农村饮用水水源保护工作中，各级人民政府以及相关的主管部门未履行或者未正确履行农村饮用水水源保护职责的直接负责的主管人员和其他直接责任人所进行的责任追究的规定。

农村饮用水水源的安全关系着农民生命健康、农业健康发展与农村和谐稳定，也关系着整个经济社会的稳定、健康、可持续发展。出于保证实效之需要，有必要在农村饮用水水源保护立法中加入责任内容，对于各级人民政府及其部门在农村饮用水水源保护工作中不作为或不当作为，以及其他违反有关法律法规的行为进行责任追究。从责任类型来看，主要是行政处罚和行政处分，也包括民事责任、刑事责任以及新型的生态环境修复责任等不同的责任。从责任主体看，双罚制在污染控制法律中亦有采用，即对违法的企业事业单位等经营者进行处罚的同时，对其直接负责的主管人员和其他直接责任人员进行处罚，如《水污染防治法》第94条的规定。考虑到多数责任内容已在相关立法中有所规定，不必在农村饮用水水源保护和立法中重申，可采用引致条款的立法技术作简化处理。如此一来，农村饮用水水源保护立法中关于法律责任的内容体量得以大幅缩减。

一、通过问责制来强化主管职能部门及人员在饮用水水源保护工作勤勉性

责任政府理论是现代民主政治发展的产物。政府具有众多的属性，如公共性、服务性、权威性等，而责任应当算作其中较为独特的一种。责任政府是指政府及其公务员作为责任的主体，以社会公众作为责任履行的对象，以公众意志及公共利益的实现作为履职的目的，组织开展各项活动并承担相应职责的国家机构。而当政府的行为或决策发生了重大失误，违背了公众意愿或侵害了公众利益时，其需要承担否定性后果。因此，责任政府实质上有两层意思，一是肯定性政府责任，即宪法或法律法规要求政府承担的责任。如组织经济建设、发展社会文化、提供公共服务等。二是否定性政府责任，即政府及其工作人员违反了法律法规的规定，或未履行法律法规规定的特定义务，而应承担的相应的责任，如官员因不作为而被约谈、警告或辞退等。[1]责任政府的价值核心是固定的，即为人民服务、对人民负责。责任政府理论要求为了避免生态环境的恶化进一步危害公众身体健康、制约公共利益的实现，政府在新时期必须强化其生态职能，在法律法规的约束范围内运用公共权力，开展各项生态监管和环境修复活动来维护公众生态利益，回应公众对美好环境的诉求并积极履行生态环境执法监管义务，并为其在这一系列过程中的失职失责承担相对应的责任。对于水源保护区环保工作不到位，发生饮水安全事故所涉及的主管领导要坚决问责。同时，依法落实地方责任，党政同责以及生态环境保护问责制、政府环境质量责任等是生态环境保护督查背景下进行责任追究的重要方式。[2]

而问责制，顾名思义是关于责任追究的制度，其概念可从三方面理解，即"问""责""制"。问责制的重点在"问"，即查问、追究；着眼

---

〔1〕 参见何崇喜："我国生态问责制研究"，武汉科技大学 2020 年硕士学位论文，第 10 页。

〔2〕 参见吕霞："我国《环境保护法》中的政府环境质量责任及其强化"，载《法学论坛》2020 年第 5 期。

在"责"，即因行使法律、法规及上级领导授予或赋予的权力而需承担的相对应的责任；落脚在"制"，即需构建政府部门及公务员需共同遵守的规范性文件。因此，问责制可以理解为政府部门及其公务员因未履行法律、法规及上级领导要求其应尽的责任或履行上述责任不够到位，而被追究相应责任的一整套具有强制性和约束性的制度。对各级各类肩负生态环境保护责任的政府部门及公务员，根据其未履行生态保护责任或履行过程中存在不当行为进行追究的制度。生态问责制作为行政问责制在生态保护领域的分支，同行政问责制一样包含五个要素，分别是生态问责的主体、对象、程序、范围以及法律救济。

生态环保领域治理的核心思想，是在不同社会主体间进行科学有效的权责分配，既包括中央政府和地方政府之间、不同地方政府之间、平级政府部门之间的权责分配，也包括政府与市场之间、政府与公众之间的权责划分和关系协调。除了通过对社会主体程序性环境权利的保障，促进环境法律体系对于程序性环境权利的关注，在环境多元共治中围绕环境法律制度而形成的权责分配、利益保障、责任追究等机制也使法律制度实现了由规范向现实的转换。[1]

实施生态责任追究机制的根本目的不是问责，而是要通过追究这种方式督促地方政府及环境保护主体依法履行责任，保障生态政绩考核的结果落到实处。就是要明确地方政府及其官员的权力和义务，让忽视生态环境、不顾生态成本盲目追求发展的官员付出代价。自党的十八大将生态文明建设纳入国家"五位一体"工作布局开始，地方政府的生态责任便开始逐步被压实起来。在党的十八届三中全会中，还一改以往对地方政府职能的表述，在地方政府职能的表述中增加了环境保护的生态职能内容。地方政府的生态职能指作为地方行政权力核心的政府在应对资源约束和环境污染、开展生态环境保护等方面应履行的职责和发挥的功

---

〔1〕　参见秦天宝："法治视野下环境多元共治的功能定位"，载《环境与可持续发展》2019年第1期。

能，包括制定生态保护法律法规、进行严格的生态环境执法监管、强化生态污染防治能力建设等。这反映了领导层对地方政府的生态职能有了新认识，也体现了其对地方政府生态职能的落实提出了新要求。

2015 年，国家层面出台《加快推进生态文明建设的意见》，指出对领导干部生态责任进行追究在生态文明建设中的重要意义，并要求加大对资源能源耗损、生态环境破坏、生态经济效益等方面的考核，对因治理失效而造成生态破坏的领导干部要进行备案并实现终身追责，同时既要追究领导的直接责任又要追究其监管责任。党的十八大以来，包括土壤、水源、空气等污染防治的专项法律相继修订修改，诸如"土十条""水十条""大气十条"等系列环保法规出台，为生态环境执法、生态问责的有法可依提供了完善的法律支撑。此外，中央和地方出台了专项问责法规和规范性文件，如中央出台了《党政领导干部生态环境损害责任追究办法（试行）》（以下简称《追究办法》）及《领导干部自然资源资产离任审计规定（试行）》（以下简称《审计规定》），地方层面如云南省出台了《云南省环境保护行政问责办法》，江苏省针对领导干部生态问责的工作规程进行了规定并出台了《江苏省党政领导干部生态环境损害责任追究工作规程》等，生态问责法律体系逐渐建立起来。2019 年 6 月《中央生态环境保护督察工作规定》的出台，首次以党规的形式突出地方党委的生态保护责任，实现党政同责、一岗双责，将党内法律与国家法律衔接起来，进一步强化了对官员生态失责的追究。

从法律层面来看，《环境保护法》总则第 6 条明确规定了地方各级人民政府应当对本行政区的环境质量负责。另外，根据《水污染防治法》《大气污染防治法》《环境保护法》《追究办法》之相关规定和问责实践，问责的性质主要有以下几种方式：①政治责任的追究。具体包括三种情况：一是将环境保护目标完成情况作为对下级党政领导干部进行考核评价、奖惩任免的主要依据；二是对推进环境保护工作不力的领导干部给予诫勉、责令公开道歉；三是对负有环保责任的领导干部进行组织处理，具体方式有调离岗位、引咎辞职、责令辞职、免职、降职等。②纪律和行政责任的追究。即针对下级党政领导干部不适当履行环境监管职责的行为给予相应的党纪政纪处分，具体分为党内纪律处分与行政处分主体（记过、记大过、降级、撤职、开除）两个方面。③法律责任的追究。即针对追责对象严重损害生态环境、构成环境犯罪的行为，移送司法机关依法处理。

二、明确了直接负责的主管人员和其他直接责任人员的责任承担方式

行政法律责任是污染控制领域法律责任的最主要类型。对污染行为进行控制，主要涉及政府和经营者两类主体，其中政府包括人民政府及其生态环境等相关主管部门是环境污染管理者，享有环境管理职权、承担环境管理职责，该职责实质上是政府的法定环境保护义务，其违反应当承担相应的责任，包括继续履行职责等，但主要是对"直接负责的主管人员和其他直接责任人员"的行政处分。我国对公务员的惩戒有行政处分、政务处分两种方式。性质方面，行政处分属于行政权，是一种内部纪律制裁方式；政务处分属于监察权，是一种外部法律制裁方式。事由方面，行政处分主要包含一般违法和违纪情形，政务处分则主要针对公职人员的职务违法、犯罪行为。二者均旨在加强对公权力的监督，促进公务员依法履职。[1]2006 年颁布的《环境保护违法违纪行为处分暂行规定》对公职人员在环境保护监督管理中的职责进一步明确，对于违反相关生态环保职责的行为和情形进行了限定，并对相应采取的处罚措施进行了制度安排，但条例规定过于笼统导致执行困难、效力不足。2007年中共中央组织部颁布了地方领导干部考核评价办法，明确将环境治理成效作为领导干部选拔、任用、晋升的一项重要指标。2014 年《环境保护法》进行了颁布以来的第一次修改，修改后的法案丰富了生态执法的手

---

〔1〕　参见唐勇、徐丹彤："行政处分与政务处分异同的法哲学思考"，载《湖南警察学院学报》2022 年第 4 期。

段，加重了对环境破坏行为的惩罚。同时对生态治理过程中因领导干部包庇、失责情况所造成的严重生态环境破坏，要求相关责任人"引咎辞职"。

《追究办法》与《审计规定》详尽描述了党政领导干部违反规定将被追责的情形，明确提出了包括诫勉、调离岗位等责任追究形式，更鲜明地提出了生态问责的终身追究制，向外展示了领导干部生态保护失责必被追究的决心。同时从中央法规条例到地方配套的相关追责办法，都体现了行为过程追责与实质结果追责的有机融合，有利于发挥规章制度的惩前毖后、治病救人的作用。通过问题发现—溯源问责，既还清了生态污染破坏的历史欠账，同时对担负生态环保责任的后进者进行了有效预警。

1. 行政处分

在我国政府文件中，很早就有了行政处分的正式用语。对于行政处分性质的认识主要存在以下两种不同观点：第一种观点认为，行政处分是针对违纪违法公务员的一种纪律处分方式；第二种观点认为，行政处分是针对违纪违法公务员的一种法律制裁方式。

从法理上讲，行政处分其实是行政法上的一个概念，根据国家和地区的不同，其所具有的含义也不一样。对于行政处分，我国《行政诉讼法》将其看作是不可诉的行政机关奖惩行为。因此，从《公务员法》开始，行政处分一般不会存在于法律的概念中，通常采用的是纪律处分。另外，从法律规范文本中可以看出，行政处分其实对应的是纪律责任。当前，《行政机关公务员处分条例》（以下简称《处分条例》）、《公务员法》等法律法规是我国对违纪违法公务员进行行政处分的主要依据。例如，《处分条例》规定，公务员出现违反法律、法规、规章的行为，以及违反行政机关的决定、命令的行为，应承担纪律责任，行政机关公务员的任免机关或原行政监察机关有权对其给予处分。此处明确将行政处分定为纪律责任。为此有学者就指出：不管是政纪处分，抑或行政处分，这些其实本质上都属于行政纪律处分，其基本含义主要是国家机关工作人员出现了违反纪律的情况，应根据相关纪律规定需要受到纪律处分，这种纪律处分在法律法规上，被称为行政处分。行政处分是行政机关内部的一种纪律惩戒方式。在我国，行政法总论的通说认为，在行政法律关系中存在内部行政法律关系与外部行政法律关系，内部行政法律关系最为典型的代表就是行政机关和公务员两者所存在的关系。行政处分其实是针对行政机关公务员的违纪违法行为；行政机关所作出的管理行为，仅对行政机关内部的工作人员有效力，而不能够作用于行政机关系统之外的其他人身上。因此，行政机关对其公务员所作的行政处分是一种内部纪律惩戒方式。

行政权其实是行政机关在进行行政事务管理过程中，依据法律而行使的权力，是维护经济、社会秩序的重要权力。对于行政机关而言，行政处分表示的是其在规定的行政权力范围内，针对公务员存在的违纪违法情况，作出相应的惩罚措施。[1]从行政处分的适用对象来看，它针对的是违纪违法的行政公务员。从行政处分的影响范围来看，它是在行政组织内部发挥作用的权力，影响范围也仅限于行政系统内部。因此，行政处分在本质上属于行政权范畴。2006 年 1 月《公务员法》实施，该法第九章为公务员纪律处分的规定，在使用的称谓上有"纪律""惩戒"与"处分"，其实质上都属于行政处分。[2]行政处分事由与政务处分事由有着极其相似的特点，也称行政处分情形，表示的是在处分违纪违法的行政公务员方面，原行政监察机关或任免机关所依据的事由。环境行政处分，是指国家机关、企业事业单位按照行政隶属关系，依法对环保及改善生活环境和生态环境，防治污染和其他公害中违法失职，但又不够刑事惩罚的所属人员的一种行政惩罚措施。[3]

---

〔1〕 参见张诗瑶、伍华军："行政处分与政务处分并行的现实问题与完善路径"，载《湖北警官学院学报》2021 年第 6 期。

〔2〕 参见张茂林：《公务员行政处分制度研究》，光明日报出版社 2009 年版，第 2 页。

〔3〕 参见曹明德主编：《环境与资源保护法》（第 2 版），中国人民大学出版社 2013 年版，第 74 页。

2. 行政问责

行政问责是建立责任政府、转变政府职能的产物，也是民主政治的重要体现。问责意味着在评价的基础上给予惩戒，是政府从管制行政向服务行政转变的标志。在常态化问责的语境下，综合行政监督和绩效考核能保证"能者上、庸者下、劣者汰"，确保领导干部廉洁高效。只有这样，政府才能真正实现"有责必问"，成为真正的责任政府。能够有效地从根源上杜绝"懒政""怠政"，行政问责的落实不力，不仅造成了严峻的社会负面影响，而且使得政府的公信力受到损害。党中央本着建立服务型政府的目标，掀起了行政问责风暴。党的十八大以来，我国逐渐开始建立由中国共产党统一领导的行政问责制，并向着制度化和程序化迈进。饮用水水源污染事件呈现出了突发性、公共性、危险性、不能预料性的特征，给人们的身体健康造成了严重威胁。行政问责是特定问责机构，对各级政府和公务员所承担的职责与义务履行情况实施的一项规范。建立健全行政问责制，可以强化行政人员的责任感，在起到震慑、教育作用的同时，也能够提升人民群众对于政府的信赖度。

我国行政问责制的发展经历了一个漫长的历程，从同一主体问责向多主体问责发展，由应急事件驱动转向长效型行政问责制度，从行政、法律责任转向以政治道德责任为主，从权力问责过渡到制度问责。在地方层面，我国的问责制度也不断得以拓展，一些地方，如广东、湖北等地在官员懒政、庸政等方面专门制定了问责法律法规；除征地、拆迁等重点领域外，我国在环境保护、节能减排等领域也制定了相应的问责规定；除政府部门外，国有企业、事业单位等也在广泛实施问责制。这种制度安排的形成一方面是因为以往的问责实践受到我国党政体制基本特征与运作机制的影响；一方面也是为了适应我国 21 世纪初经济社会快速发展，政府追求更高效率和更迅速回应人民群众诉求与关切的现实需要。[1]

---

〔1〕 参见宋艳玲、夏飞朋："权力制约：中国问责制的形成与演变"，载《学术交流》2021年第9期。

20世纪末颁布的《中国共产党纪律处分条例（试行）》和《关于实行党风廉政建设责任制的规定》等党内法规中也存在问责。以《中国共产党纪律处分条例（试行）》为例，在处分情形中，包含了政治类错误、组织人事类错误、经济类错误、失职类错误、侵犯党员权利和公民权利类错误、严重违反社会主义道德类错误、违反社会管理秩序类错误七种类型，但具体如何在操作层面进行落实，还缺乏党内下层法规规定的办法、细则等的补充说明。我国在21世纪初加入WTO等国际组织后，为进一步融入全球化进程，也引入了国外的"责任政府""问责理念"等；此外，21世纪初我国发生的一些安全生产事故、群体性事件，也"倒逼"我国党政体制必须进行调适。我国的问责制度发端于建立"责任政府"的问责实践，而问责制度初创期主要以行政问责为主，旨在减少行政失误、提高政府效能和增进政府公信力。在客观结果上，问责实践改变了我国长期以来行政体制之中权责不相对称的状况，使得我国的党政公权力运行更为科学和规范。伴随我国国家治理的精细化需要，我国开始演变出行政问责与党内问责并行的"复合型"问责制度安排，[1]并在党的十八大以来全面从严治党的战略布局之下进一步加快了党内问责制度的建设，从而实现了党政领域的全覆盖问责，并通过加强对日常问责的关注，将绩效标准和日常工作相联系，推动问责工作的常态化。但对在事件发生后组织领导问责的主体、问责对象与范围、问责的程序和"起点标准"以及责任承担方式等具体内容没有明确的规定，导致行政问责工作在具体开展过程中缺乏规范性。除对相关主管人员、责任人员予以行政处分外，严重的可以按照玩忽职守罪等追究刑事责任。在环境监管领域，自2005年国务院发布《关于落实科学发展观加强环境保护的决定》之后，地方人民政府的"环境目标责任制"逐渐得到普遍实行，并纳入随后修订的《水污染防治法》《大气污染防治法》《环境保护法》等

---

〔1〕 参见景跃进、陈明明、肖滨主编：《当代中国政府与政治》，中国人民大学出版社2016年版，第18页。

多部环境立法之中，政府环境保护目标责任制与考核评价成为一项正式法律制度。2015 年 8 月，中共中央办公厅、国务院办公厅联合印发了《党政领导干部生态环境损害责任追究办法（试行）》，确立了"党政同责"的问责原则，对地方各级党委及政府领导干部造成生态环境损害的各种行为进行严格追责，将环境监管问责的范围扩大至地方各级党委，强化了问责逻辑在环境监管中的适用力度。[1]

如前所述，在农村饮用水水源保护中，政府负有主体责任，如果政府不履行或者不正确履行，就要承担相应的法律责任。法律责任强调的是对于政府未能履行其主体责任内容所应承担的法律后果，这里的法律责任是指政府作为有责主体因违反法律义务或其他法律规定而应当承受的、由专门国家机关依法确认并强制其承受的合理的负担。[2]这种负担就像权力主体在行使权力过程中必须背负的包裹，在依法行使权力的时候，包裹看起来可有可无；但是当权力遭到滥用时，这个包裹就会变得重如千钧，给触犯法律的行为以有力的制裁。政府在农村饮用水水源保护中所负有的必须付诸行动或者予以积极回应的义务，也可以理解为此种合理的"负担"。尽管事后责任追究具有被动性，但是完善有力的责任追究机制能够对农村饮用水水源保护起到一定的威慑作用。为增加威慑的可信性，最大限度减少实施威慑的裁量空间极其必要。应进一步完善事后责任追究机制，对在农村饮用水水源保护中主管部门中有违法犯罪的机构与负责人采取刑事责任追究或行政处罚等手段，并进一步明细违法行为类型化且配套责任追究制度，将农村饮用水水源保护中的违法行为与责任制度提高到法律明文规定层面，以有效减少其钻空子、找漏洞的牟利心态。

---

〔1〕 参见陈海嵩："我国环境监管转型的制度逻辑——以环境法实施为中心的考察"，载《法商研究》2019 年第 5 期。

〔2〕 参见汪诗尧："法律责任概念浅析"，载《法制与社会》2008 年第 31 期。

第三十条　【公众行为的法律责任】

违反本条例第十三条第二款规定，拆除、覆盖、擅自移动界碑、界桩、警示标志和隔离防护等农村饮用水水源保护设施的，由市人民政府生态环境主管部门或者县（市、区）人民政府水行政主管部门根据职责分工，责令改正，处二千元以上一万元以下的罚款。

【导读与释义】

本条是对在农村饮用水水源保护中，违反《保护条例》的有关规定，实施了拆除、覆盖、擅自移动警示标志和隔离防护等农村饮用水水源保护设施的行为，所应科处的法律责任的规定。

农村存在较多的分散式饮用水水源，点多、面广而且情况相对比较复杂，管理难度较大，目前很难将全部的分散式饮用水水源纳入现有的管理体系之中，因此仅仅注重对集中式饮用水水源的保护和管理，就会忽视对分散式饮用水水源的监管，不利于对农村饮用水安全进行全面的保障，适当地增加农村分散式饮用水水源保护点是很有必要的。在具体工作的实施中，全面分析农村分散式饮用水水源的特点，以某一分散的饮用水水源为中心然后划定一定范围的水域和陆域作为保护范围，在该范围内环保、卫生、水利等部门应当严格执行水源水质的监测规定，实时地对其进行监测，适当情况下可以在分散式水源保护范围的周围设立卫生防护地带，并采用规范性文件的形式规定防护地带的范围以及在其内部的禁止和限制性活动，用来防止水源保护范围内的水体遭受污染和破坏。

由于涉及饮用水水源保护的法律法规比较抽象，没有具体的处罚措施，执法主体也不清晰，让人觉得没必要遵守，不遵守也不会受到任何惩罚，流于形式，变成形同虚设的"僵尸条文"。因此，在进行地方性立法时，尤其应当注重制度条文设计的可操作性，对一些上位法中的指导性条款予以细化，为实践的具体操作提供参考依据。要切实有效地防止水源保护范围内的水体遭受污染和破坏，在相关法规中规定较为完备的、具有针对性的违法责任条款是必不可少的，只有设置完善的法律责任制度才能保证相关防止饮用水水源保护范围内的水体污染的法律条文得以有效施行，而不至于成为形同虚设的"僵尸条文"。尤其是对于随意破坏保护区内环境等行为规定相应的法律责任，必要时甚至可以给予刑事处罚，这将极大增加威慑的可信性，最大限度减少潜在违法行为人的投机行为。因此，进一步明细违法行为类型化并配套责任追究制度，将农村饮用水水源保护中的违法行为与责任制度提高到法律明文规定层面，能够有效减少违法者钻空子、找漏洞的牟利心态。《保护条例》明确了在遇有拆除、覆盖、擅自移动界碑、界桩、警示标志和隔离防护等农村饮用水水源保护设施的违法行为情形时，市人民政府生态环境主管部门或者县（市、区）人民政府水行政主管部门要依据职责分工，对违法者科处责令改正，并处 2000 元以上 1 万元以下的罚款的处罚。这既明确了执法主体，也细化了处罚措施。

　　《环境保护法》第 10 条明确规定环保部门对本区域环境保护工作进行统一监督管理，《水污染防治法》第 9 条规定县级以上人民政府环境保护主管部门对水污染防治实施统一监督管理。从《环境保护法》第六章"法律责任"中的相关规定来看，对环境违法行为进行查处，作出行政处罚、行政强制的法定主体是"县级以上人民政府环境保护主管部门"，所以规定的执法主体是市生态环境主管部门。《水法》第 60 条规定，县级以上人民政府水行政主管部门、流域管理机构及其水政监督检查人员履行本法规定的监督检查职责。《水污染防治法》第 69 条规定，饮用水水源受到污染可能威胁供水安全的，环境保护主管部门应当责令有关企业事业单位采取停止或者减少排放水污染物等措施。《地下水管理条例》第

5条规定，县级以上地方人民政府水行政主管部门按照管理权限，负责本行政区域内地下水统一监督管理工作；第53条规定县级以上人民政府水行政、生态环境等主管部门应当建立从事地下水节约、保护、利用活动的单位和个人的诚信档案，记录日常监督检查结果、违法行为查处等情况，并依法向社会公示。故而，这里也授权县级水行政主管部门可以对上述行为作出行政处罚、行政强制。

饮用水水源作为一种自然资源，是人类赖以生存和发展的基本公共物品。饮用水水源的保护究其本质而言，也可以归结为环境问题，而环境问题是现代社会面临的重大公共问题之一，需要通过公共秩序的维持来解决，即将饮用水水源污染和饮用水水源的开发行为控制在合理限度内，维持基本的环境公共秩序。基层生态环境部门针对环境违法行为的行政处罚权、行政强制权如何行使是环保垂直管理改革后一个亟待解决的问题。基于行政效率、地域分工和保障行政相对人权益的考虑，不适宜由省级环保部门直接进行查处或委托省级环境监察机构进行查处，而是通过行政法规如《中央生态环境保护督察工作规定》《环境监察办法》授权的方式，赋予环境监察机构查处环境违法行为的"完整"权力，能够以自己的名义进行现场检查并实施行政处罚和行政强制。

针对饮用水水源污染控制的法律责任规则也相对较多，基本上包括了各种类型的法律责任，同时也主要限于民事、行政、刑事等传统法律责任方式，其中行政处罚是最重要的责任追究方式。鉴于民事预防性责任在环境侵权领域已有较多的运用，环境行政处罚的风险预防功能也日益获得重视。[1]加之饮用水水源保护问题更强的风险属性等，也要求在饮用水水源保护问题上更重视预防原则。预防应当针对违法后果即避免违法后果的出现，那么具有事后性的法律责任并非最佳的预防途径，行政管控等才是预防违法后果、从而实现控制污染和破坏饮用水水源的行为，保障人群健康，促进社会可持续为目标的最便捷途径。

---

〔1〕 参见谭冰霖："环境行政处罚规制功能之补强"，载《法学研究》2018年第4期。

第三十一条　【禁止行为的法律责任】

违反本条例第十六条规定，在农村分散式饮用水水源保护范围内有下列行为的，按照下列规定处理：

（一）新建、改建、扩建排放污染物的建设项目的，由县级以上人民政府生态环境主管部门责令停止违法行为，处十万元以上五十万元以下的罚款，并报经有批准权的人民政府批准，责令拆除或者关闭。

（二）设立有毒、有害化学物品储存场所的，由县级以上人民政府生态环境主管部门责令停止违法行为，处十万元以上一百万元以下的罚款，并报经有批准权的人民政府批准，责令拆除或者关闭。

（三）堆放丢弃医疗废弃物、电池、电瓶等有毒有害类垃圾的，由县级以上人民政府生态环境主管部门责令限期采取治理措施，消除污染，并处二万元以上二十万元以下的罚款。

（四）其他污染或者破坏饮用水水源的行为，按照相关法律法规规定处罚。

【导读与释义】

本条是对在农村分散式饮用水水源范围内从事相应违法行为的处罚规定。

本《保护条例》第 16 条规定，在农村分散式饮用水水源保护范围内，禁止下列行为：①新建、改建、扩建排放污染物的建设项目；②从事畜禽养殖业；③设立有毒、有害化学物品储存场所或者堆放丢弃医疗废弃物、电池、电瓶等有毒有害类垃圾；④使用高毒高残留农药；⑤栽种桉树等不利于水源涵养的树种或者破坏植被和非更新性砍伐；⑥新建墓地；⑦电鱼、炸鱼、毒鱼等；⑧采石、取土、采砂；⑨法律、法规规定的其他污染或者破坏饮用水水源的行为。既然作为地方性法规的《保护条例》作出了禁止性规定，就应当发挥其拘束力，对于违反上述相应禁止性规定的行为，依此追究法律责任。在农村分散式饮用水水源保护范围内，公众有上述行为，不论是否产生实际危害后果，只要有所列举的违法行为之一的，即违反了《保护条例》的规定，危及了饮用水水源的水质安全，应依《保护条例》追究责任。这样可以真正改变当前《水法》法律责任条款"失之于软"的困境。其具体追究的法律责任是：新建、改建、扩建排放污染物的建设项目的，由县级以上人民政府生态环境主管部门责令停止违法行为，处 10 万元以上 50 万元以下的罚款，并报经有批准权的人民政府批准，责令拆除或者关闭。设立有毒、有害化学物品储存场所的，由县级以上人民政府生态环境主管部门责令停止违法行为，处 10 万元以上 100 万元以下的罚款，并报经有批准权的人民政府批准，责令拆除或者关闭。堆放丢弃医疗废弃物、电池、电瓶等有毒有害类垃圾的，由县级以上人民政府生态环境主管部门责令限期采取治理措施，消除污染，并处 2 万元以上 20 万元以下的罚款。

一、提升责任条款的针对性是确保《保护条例》有效实施的重要保障

饮用水水源保护事关人们日常生活的重要组成部分，强化对农村饮用水水源的保护，才能进一步缓解我国城乡发展不平衡的问题，改善人居环境，才能有力地提升人们的生活质量和健康系数，增强农民幸福感。因此，必须做好全面保障，将相关措施落到实处。法律责任的到位能使饮用水水源保护立法所规定的权力（利）和义务真正落到实处，否则，无论是各级人民政府及有关主管部门还是社会公众，都会在"经济理性人"追求自身利益最大化本性的驱使之下，做出与社会公益相悖的行为。法律不仅具有维护社会秩序、保障正当权益、解决矛盾冲突的作用，还具有引领社会价值导向、促进社会风气建设的作用。法律责任的设定能

够威慑行为主体，起到约束行为人行为之作用，法律责任是法律规范能够实现、法律价值得以维护的保障。[1]

环境监管与执法一直都是我国生态环境保护领域的难点问题，也被公认为是导致环境法实施不力的主要原因所在。[2]人民群众对环境质量的诉求空前高涨，频发的灰霾重污染天气、水体污染事件和人们的期盼严重不符。凡此林林总总，都对环境执法提出了更高更严的要求，加强环境执法建设是环境保护新常态的必要保障，唯有切实加强环境执法建设，才能为环境保护新常态保驾护航。[3]

环境执法是环境管理中最基础的一环，也是环境保护各项工作的立足之本。《环境保护法》在赋予了环保部门更多权力的同时也让环保人肩负了更多的责任，如何用好这把双刃剑是不小的考验。而在生态环境领域，针对行政相对人违法行为设置法律责任是污染控制领域法律责任制度的重点。不管理论预设还是实践操作，都将行政处罚作为保障环境法实施的基本手段，也可以在一定程度上说行政处罚是污染控制领域法律制裁的最重要方式，并需要着重考虑污染违法的具体情形和特征而有必要进行针对性设计的法律责任。[4]故而，本条根据《保护条例》第16条对相关违法行为类型的例示性规定，分别设置了相应的法律责任。

二、《保护条例》对相应的禁止行为分别设置了行政处罚规定

所谓行政处罚，是指享有行政处罚权的行政机关依照法定的权限和程序对违反行政管理秩序的公民、法人或者其他组织给予行政制裁的行

---

〔1〕 参见黄辉、沈长礼："从公平正义到可持续发展：法律责任价值目标的变迁"，载《河南师范大学学报（哲学社会科学版）》2022年第5期。

〔2〕 参见陈海嵩："绿色发展中的环境法实施问题：基于PX事件的微观分析"，载《中国法学》2016年第1期。

〔3〕 参见薛欢："加强环境执法建设 为环保新常态保驾护航"，载《中国环境监察》2015年第1期。

〔4〕 参见刘长兴："环境法典污染控制编的行政法律责任"，载《法学论坛》2022年第2期。

政行为,具有法定性、制裁性、行政性、具体性、处分性和不利性等特征。

在污染控制领域的法律法规中,针对环境污染违法行为都规定了大量的行政处罚细则,并且还不限于《行政处罚法》规定的典型行政处罚。污染控制领域自由创设的处罚方式和种类比较庞杂,对照《行政处罚法》来看,有些方式可以归属于典型行政处罚方式的变化或者具体化形式,有些方式则应当归属于创设的"其他行政处罚"。

其中,财产罚是污染控制法律中最常用的行政处罚方式,包括罚款、没收违法所得、没收非法财物。对于违法排污或者违反环境行政管理要求可能造成污染后果的行为,原则上都可以罚款,污染控制法律责任条文大部分包括罚款处罚;而没收违法所得和没收非法财物处罚的运用相对较少,也主要针对的是违反污染控制法律且有违法所得或者经营无法达到污染排放标准的产品的行为,如《大气污染防治法》第 109 条和第 110 条的规定。

而行为罚即能力罚,其在污染控制法律责任中占有重要地位。《行政处罚法》规定了"暂扣许可证件、降低资质等级、吊销许可证件"和"限制开展生产经营活动、责令停产停业、责令关闭、限制从业"两类行为罚处罚方式,归并了相关的行为罚具体方式。污染控制法律也大量运用行为罚,但是其具体处罚方式与《行政处罚法》的规定并不一致,原因一方面是污染控制法律制定时间不一且大部分制定较早,而《行政处罚法》制定和修订在后;另一方面是由于环境污染违法的情形更多、更复杂,也需要针对性的行为罚方式来加以纠正。从现行污染控制法律的具体规定来看,责令停产整治(如《水污染防治法》第 82 条)、责令限期采取治理措施(如《水污染防治法》第 85 条)、责令消除污染(《固体废物污染环境防治法》第 117 条)等责任方式都有运用,其中有部分是典型行政处罚方式的变种,例如责令停产整治等实质上属于限制开展生产经营活动,但是责令限期采取治理措施、责令消除污染等很难归入

《行政处罚法》规定的典型行政处罚种类，属于污染控制领域的法律责任方式创新。

值得注意的是，环境行政处罚的边界本身就不是十分清晰，特别是行政处罚与行政命令之间还存在交叉和错位的情形。在环境行政诉讼中也存在对行政处罚案件范围的不同认识，这也在一定程度上反映了行政处罚责任的规定仍存在一定的混乱和模糊之处。

其中，尤为值得一提的是，责令停止违法行为与责令改正是污染控制法律中常见的纠正违法手段，与责令停产停业等行政处罚具有相似性。[1]但由于停止违法行为、改正违法行为或者状态是违法者的当然义务，责令停止违法行为或者责令改正并未增加违法者的义务，并非制裁性的不利后果，而是主要发挥补救性功能。因此，其在性质上应当属于行政命令。[2]但是作为政府对违法污染行为进行控制的首要措施，责令停止违法行为和责令改正往往可以与行政处罚同时进行，甚至需要先于行政处罚，在日常的实践中也是环境行政执法的重要内容。作为对违法污染行为进行控制的首要措施，责令停止违法行为和责令改正往往与行政处罚同时进行，甚至很多时候需要先于行政处罚，其在实践中也是环境行政执法中的一项重要内容。

---

〔1〕 参见袁雪石：《中华人民共和国行政处罚法释义》，中国法制出版社2021年版，第58~59页。

〔2〕 参见胡静："我国环境行政命令实施的困境及出路"，载《华中科技大学学报（社会科学版）》2021年第1期。

第五章　附　则

"附"是一个常用字和多义字。在我国，具有权威性的工具书《辞海》[1]和《现代汉语词典》[2]所赋予"附"字的第一义都是"随带或者附带"。作为规范性文件形式结构之一的"附则"却完全摆脱了"附"字之随然性或或然性的含义，它是附在法规或条约后面的补充性条文，一般是关于生效日期、修改程序等的规定。附则的实质，即为规范性法律文件中的"补充性条文"。从法学意义上说，附则是大多数成文法律文本中的必要组成部分，所表现的内容是法律文本中不便规定而又必须加以规范的。其与主文具有同等的法律效力。

任何一部完善的法律，无论其形式结构如何，就实体结构而言，一般包括三大块：第一板块是具有纲领加原则性质的内容，如立法的根据和目的，法律的适用范围和基本原则等；第二板块是有关具体行为规范和法律责任的内容；第三板块是涉及法的实施的具体问题的内容，如实施细则制定权和法律解释权的授予，法的生效程序和时间，该法与他法的关系以及适用中的例外等。就第三板块而言，它既未涉及具体行为人的法律权利和法律义务以及相应法律责任的设定，也不涉及法律原则的确定和法律规范的价值取向，然而，如果没有生效程序和时间等的规定，法的实施系统便无法启动。故而，在我国的立法体例中，附则虽不能以其补充性的条文形式来承担实体性规范的表述任务，然而，它却是法律的总则和正文所必须规定的上述第三块内容的最佳载体，这正是附则所

---

[1]　参见辞海编辑委员会编：《辞海》（缩印本），上海辞书出版社 1980 年版，第 433 页。
[2]　参见中国社会科学院语言研究所词典编辑室编：《现代汉语词典》（第 2 版），商务印书馆 1983 年版，第 374 页。

承载的独特功能，也因此使之成为大多数具有篇章结构的规范性法律文件的组成部分。从我国近几十年的立法实践来看，附则已具有相对固定的内容。它主要用以规定授权制定实施细则或变通规定，并规定相应的监督程序；确定法律施行的时间，废止法律或规范；界定法律用语；授权解释机关等。

从法理上讲，任何法律的实施无疑是任何一部法律的必要条款，法律的废止也是所有以新代旧的立法文件的必需部分。尽管两者都是法律文本中的补充性规定，然而，它们却是法律生效和终止的唯一标志。[1]它们的设定技术如何也直接影响法律关系各方的权益。《保护条例》的附则部分只有一条关于实施日期的规定，其明确了《保护条例》的开始实施日期，即产生法律拘束力的起算日期，对于《保护条例》的介入调整和在社会层面推广宣传工作具有一定的指导作用。

---

〔1〕 参见徐向华、孙潮："关于法律附则制作技术的几个问题"，载《中国法学》1993年第3期。

第三十二条　【生效时间】

本条例自 2022 年 5 月 1 日起施行。

【导读与释义】

本条是附则中关于《保护条例》生效时间的规定。

法的生效是指规范性法律文件产生效力。而法的生效日期规定的形式是指某部法律法规自身规定什么时候生效的表述形式。法的生效时间不同于法的通过日和公布日，它是法开始生效的唯一标志。正因为如此，法的生效日应该是每部法律必备的条款，以明确宣示某法于某个特定的时间生效。概观当前我国各类法律法规及规范性文件的立法文本，法的生效日多半是在法的文本的最后一条加以规定，本《保护条例》也是如此。

所谓法律规范的时间效力，是指法律规范在什么时候开始生效、什么时候终止生效，以及对法律规范颁布以前的行为是否生效。生效始于一个时间点，失效也具有一个开始的时间点。在开始生效和开始失效两个时间点之间构成了一个时间段，在该时间段里法是有效的。在生效之前和失效之后，法是无效的。从各种立法文件来看，法自通过并且公布之日起往往并不一定生效，法的公布的时间与法律生效的时间并不完全一致。一般来说，法律公布后于何时生效，大致上有即时生效和定时生效两类。即时生效形式是指某法自公布之日起即生效的法的生效形式。定时生效形式则是法律于公布后经过一定期限后生效，从早期的《科学技术普及法》第 34 条规定"本法自 2003 年 1 月 1 日起施行"，到近期的《民法典》第 1260 条规定"本法自 2021 年 1 月 1 日起施行"等，均是使用的定时生效形式。由此来看，这种生效形式在我国使用得最为广泛。

立法之所以不为追求形式上的统一而采用即时生效形式，根本原因在于保障法律法规适用的质量和水准。从深层次的原因来看，公布的目的不仅仅在于公示出来，而在于让民众知晓和了解，以实现公民的知情权。况且法律的内容也不是一经公布就立马被民众知晓，还需要各种形式的宣传和熟悉以及教育，以防止"不教而诛"的情况出现。所以，法律的公布不能仅仅满足于形式，应当从公布的根本目的出发，在公布时间和生效时间之间留有适当的可供法律普及的时间，以便在法律信息传播上实现程序上的平等与公正，保护公民的知情权。加之法律的实施也需要一定的组织、经费、技术设备等相关条件的支持，法在公布之后需要一定的时间为国家机关工作人员、社会团体、公民所学习、了解。所以，在立法实践中，为了给法的实施一定的心理和物质准备期，法的生效日规定应该尽量少使用即时生效方式，而应采用定时生效的方式以便给足法律施行的准备、学习和宣传时间。也正是基于上述考虑，本《保护条例》也采用定时生效的形式，为本《保护条例》的内容在全市范围内宣传教育和普及推广提供足够的时间和空间，以保障《保护条例》的有效实施。

主要参考文献

一、著作类

1. 徐向华主编：《新时期中国立法反思》，学林出版社 2004 年版。

2. 李培传：《论立法》，中国法制出版社 2004 年版。

3. 黄茂荣：《法学方法与现代民法》，中国政法大学出版社 2001 年版。

4. ［美］罗纳德·德沃金：《认真对待权利》，信春鹰、吴玉章译，上海三联书店 2008 年版。

5. ［德］卡尔·拉伦茨：《法学方法论》，陈爱娥译，商务印书馆 2003 年版。

6. 张文显主编：《马克思主义法理学——理论与方法论》，吉林大学出版社 1993 年版。

7. 韩登池：《〈韶关市文明行为促进条例〉导读与释义》，中国政法大学出版社 2022 年版。

8. 王曦编著：《国际环境法》（第 2 版），法律出版社 2005 年版。

9. ［英］吉米·边沁：《立法理论》，李贵方等译，中国人民公安大学出版社 2004 年版。

10. 刘华：《经济转型中的政府职能转变》，社会科学文献出版社 2011 年版。

11. 习近平：《摆脱贫困》，福建人民出版社 1992 年版。

12. 张千帆主编：《宪法学》（第 3 版），法律出版社 2014 年版。

13. 陈军：《〈韶关市皇岗山芙蓉山莲花山保护条例〉导读与释义》，中国政法大学出版社 2020 年版。

14. ［德］拉德布鲁赫：《法学导论》，米健译，中国大百科全书出版社 1997 年版。

15. 张文显主编：《法理学》（第 5 版），高等教育出版社 2018 年版。

16. 张恒山：《法理要论》（第 3 版），北京大学出版社 2009 年版。

17. 葛洪义主编：《法理学》（第 3 版），中国人民大学出版社 2011 年版。

18. 于敏：《日本侵权行为法》（第 3 版），法律出版社 2015 年版。

19. 张茂林:《公务员行政处分制度研究》,光明日报出版社 2009 年版。

20. 曹明德主编:《环境与资源保护法》(第 2 版),中国人民大学出版社 2013 年版。

21. 景跃进、陈明明、肖滨主编:《当代中国政府与政治》,中国人民大学出版社 2016 年版。

22. 袁雪石:《中华人民共和国行政处罚法释义》,中国法制出版社 2021 年版。

二、论文类

1. 朱琳、曾春华:"基于乡村振兴视角的现代化农民健康服务体系构建",载《长白学刊》2022 年第 6 期。

2. 赵黎:"新医改与中国农村医疗卫生事业的发展——十年经验、现实困境及善治推动",载《中国农村经济》2019 年第 9 期。

3. 谢福琛:"长江流域饮用水水源法律保护问题研究",武汉大学 2020 年硕士学位论文。

4. 柯坚:"我国农村饮用水安全的法律保障——以环境正义价值及其制度构建为进路的分析",载《江西社会科学》2011 年第 8 期。

5. 刘昆鹏:"农村供水投融资体制机制探析",载《水利发展研究》2019 年第 2 期。

6. 李艳芳:"论环境权及其与生存权和发展权的关系",载《中国人民大学学报》2000 年第 5 期。

7. 庞子渊:"我国城市饮用水安全保障法律制度研究",重庆大学 2014 年博士学位论文。

8. 石佳友:"民法典的立法技术:关于《民法总则》的批判性解读",载《比较法研究》2017 年第 4 期。

9. 李长亮、李昊儒、周美秀:"乡村振兴评价指标体系构建及实证",载《统计与决策》2022 年第 22 期。

10. 代水平、高宇:"《乡村振兴法》立法:功能定位、模式选择与实现路径",载《西北大学学报(哲学社会科学版)》2019 年第 2 期。

11. 汪全胜、张鹏:"法的总则中的'法的效力'条款设置论析",载《理论学刊》2013 年第 2 期。

12. 刘风景:"准用性法条设置的理据与方法",载《法商研究》2015 年第 5 期。

13. 曹炜:"环境法典基本原则条款构建研究",载《中国法学》2022 年第 6 期。

14. 刘太刚：“公共事务治理的广度、深度与力度——需求溢出理论关于政府职能的三维定位论”，载《中国行政管理》2022 年第 9 期。

15. 崔卓兰、朱虹：“从美国的环境执法看非强制行政”，载《行政法学研究》2004 年第 2 期。

16. 梁宇、郑易平：“我国政府数据协同治理的困境及应对研究”，载《情报杂志》2021 年第 9 期。

17. 王灿发：“饮用水水源地保护亟须专门立法”，载《环境保护》2010 年第 12 期。

18. 金自宁：“科技不确定性与风险预防原则的制度化”，载《中外法学》2022 年第 2 期。

19. 金自宁：“风险行政法研究的前提问题”，载《华东政法大学学报》2014 年第 1 期。

20. 王宏昌：“风险预防原则的法律适用分析”，载《东南大学学报（哲学社会科学版）》2021 年第 S2 期。

21. 王旭：“论国家在宪法上的风险预防义务”，载《法商研究》2019 年第 5 期。

22. 张宝：“从危害防止到风险预防：环境治理的风险转身与制度调适”，载《法学论坛》2020 年第 1 期。

23. 王小钢：“环境法典风险预防原则条款研究”，载《湖南师范大学社会科学学报》2020 年第 6 期。

24. 陈维春：“国际法上的风险预防原则”，载《现代法学》2007 年第 5 期。

25. 王少杰：“饮用水水源地保护立法问题探讨”，烟台大学 2017 年硕士学位论文。

26. 戴向前、刘昌明、李丽娟：“我国农村饮水安全问题探讨与对策”，载《地理学报》2007 年第 9 期。

27. 高利红、周勇飞：“我国农村饮用水安全的法律保障问题探析”，载《中州学刊》2015 年第 6 期。

28. 鞠菲：“锦州市农村饮用水水源地环境评估”，载《环境保护科学》2015 年第 2 期。

29. 曾文革、许恩信：“中国西部农村饮用水安全法律保障研究”，载《资源科学》2008 年第 4 期。

30. 孙宏亮等：“我国饮用水安全保障现状与对策分析”，载《环境与可持续发展》2015 年第 5 期。

31. 李智卓：“我国荒漠化防治政府主导责任的实践困境及其应对”，载《法学论坛》2022 年第 4 期。

32. 王爱学、赵定涛："西方公共产品理论回顾与前瞻"，载《江淮论坛》2007年第4期。

33. 刘希明："论新农村建设政府主导地位的探究"，载《现代农业研究》2021年第1期。

34. 田思源："论政府责任法制化"，载《清华大学学报（哲学社会科学版）》2006年第2期。

35. 徐祥民："环境质量目标主义：关于环境法直接规制目标的思考"，载《中国法学》2015年第6期。

36. 彭国甫、谭建员、刘佛强："政绩合法性与政府绩效评估创新"，载《湘潭大学学报（哲学社会科学版）》2008年第1期。

37. "筑牢理想信念根基树立践行正确政绩观 在新时代新征程上留下无悔的奋斗足迹"，载《人民日报》2022年3月2日。

38. 王社坤、苗振华："环境保护优先原则内涵探析"，载《中国矿业大学学报（社会科学版）》2018年第1期。

39. 彭东昱："保障饮用水安全是当务之急"，载《中国人大》2015年第16期。

40. 彭才喜、邓志民："新时代重要饮用水水源地安全保障评估思考"，载《水利水电快报》2021年第2期。

41. 徐娜："合法性与有效性：现代化转型时期基层治理的双重目标导向"，载《湖北民族大学学报（哲学社会科学版）》2021年第5期。

42. 何颖、李思然："'放管服'改革：政府职能转变的创新"，载《中国行政管理》2022年第2期。

43. 王利、李哲："乡村振兴战略背景下我国农村饮用水安全法律保障现状分析——以开封市为视角"，载《北京城市学院学报》2022年第5期。

44. 张贤明、田玉麒："论协同治理的内涵、价值及发展趋向"，载《湖北社会科学》2016年第1期。

45. 赵谦、索逸凡："食品安全社会共治的主体结构论"，载《西南大学学报（社会科学版）》2022年第4期。

46. 于水、江宁、李清华："乡村生活垃圾善治的逻辑重构——从政府主导到多元参与"，载《行政科学论坛》2021年第11期。

47. 朱月虹："社会共治下食品安全科普对食品质量监督的必要性探究"，载《食品安全导刊》2022 年第 5 期。

48. 郑子琪等："生态文明背景下深圳市公众饮用水源保护科学素养调查与研究"，载《环境生态学》2021 年第 10 期。

49. 夏志强："公共危机治理多元主体的功能耦合机制探析"，载《中国行政管理》2009 年第 5 期。

50. 刘乃刚："习近平关于绿色生活方式的重要论述研究"，载《南京工业大学学报（社会科学版）》2021 年第 5 期。

51. 秦天宝："法治视野下环境多元共治的功能定位"，载《环境与可持续发展》2019 年第 1 期。

52. 侯健："当代中国环境治理的权利观"，载《中国环境管理》2021 年第 1 期。

53. 付莎："创新型社会生活噪声污染防治体系构建研究"，载《中国环境管理》2022 年第 4 期。

54. "陈吉宁：不断加大执法力度　把环保法落到实处"，载《中国环境监察》2017 年第 3 期。

55. 杜辉："论制度逻辑框架下环境治理模式之转换"，载《法商研究》2013 年第 1 期。

56. 肖亚雷："碎片化的共识与合作治理重构"，载《东南学术》2016 年第 3 期。

57. 王辉："合作治理的中国适用性及限度"，载《华中科技大学学报（社会科学版）》2014 年第 6 期。

58. 李佳洁："农村儿童食品安全社会共治的路径建构与合作模式选择"，载《中国市场监管研究》2022 年第 5 期。

59. 赵伟："农村饮用水安全存在的问题及解决措施"，载《农业科技与信息》2021 年第 8 期。

60. 钱怡婷等："浅析云南省地表水型千吨万人饮用水水源保护区划分方法"，载《环境科学导刊》2020 年第 S1 期。

61. 张金松、李冬梅："新《生活饮用水卫生标准》推动供水行业水质保障体系化建设"，《给水排水》2022 年第 8 期。

62. 杜群："长江流域水生态保护利益补偿的法律调控"，载《中国环境管理》2017 年第 3 期。

63. 高志宏："公共利益观的当代法治意蕴及其实现路径"，载《政法论坛》2020 年第 2 期。

64. 于丰："渔民退捕行政补偿法律问题研究"，大连海洋大学 2022 年硕士学位论文。

65. 祁建民："水利民主改革与水资源公共性的彻底实现——以山陕地区水利社会史的变革为中心"，载《广东社会科学》2018 年第 3 期。

66. 马欣华："水资源的公共属性与水务管理刍议"，载《河北水利》2016 年第 7 期。

67. 闫丽娟、耿直、袁建平："农村饮用水水源保护管理现状及对策建议"，载《中国水利》2015 年第 13 期。

68. 林嘉、魏丽："工伤认定一般条款之立法思考"，载《法学杂志》2008 年第 1 期。

69. 汪群、周旭、胡兴球："我国跨界水资源管理协商机制框架"，载《水利水电科技进展》2007 年第 5 期。

70. 王贵作、刘定湘："流域管理与行政区域管理协商机制建设现状、问题及对策"，载《水利发展研究》2012 年第 7 期。

71. 鄂竟平："深入践行水利改革发展总基调在新的历史起点上谱写治水新篇章——在 2021 年全国水利工作会议上的讲话"，载《水利发展研究》2021 年第 1 期。

72. 邓小云："农业面源污染的基本理论辨正"，载《河南师范大学学报（哲学社会科学版）》2013 年第 6 期。

73. 褚梅等："武汉市农村饮用水安全问题现状及对策"，载《安全与环境工程》2009 年第 1 期。

74. 汪淑琪："我国城市生活饮用水安全监管法律问题研究"，西南政法大学 2013 年硕士学位论文。

75. 朱连伟、张泽锋、金嘉颖："农村饮用水安全管理平台的设计与应用"，载《浙江水利科技》2020 年第 2 期。

76. 侯新："农村集中式饮用水水源地水资源保护规划——以重庆市铜梁县为例"，载《节水灌溉》2012 年第 1 期。

77. 朱德米："中国水环境治理机制创新探索——河湖长制研究"，载《南京社会科学》2020 年第 1 期。

78. 舒亮亮、何小赛："基层河湖长制工作实践与思考"，载《水利技术监督》2022 年第 7 期。

79. 涂可国："儒家责任伦理考辨"，载《哲学研究》2017 年第 12 期。

80. 刘彦辉："民事责任与刑事责任功能之比较"，载《求是学刊》2010 年第 2 期。

81. 李拥军："法律责任概念的反思与重构"，载《中国法学》2022 年第 3 期。

82. 蔡宏伟："'法律责任'概念之澄清"，载《法制与社会发展》2020 年第 6 期。

83. 吕忠梅、吴一冉："中国环境法治七十年：从历史走向未来"，载《中国法律评论》
2019 年第 5 期。

84. 熊樟林："论《行政处罚法》修改的基本立场"，载《当代法学》2019 年第 1 期。

85. 刘长兴："超越惩罚：环境法律责任的体系重整"，载《现代法学》2021 年第 1 期。

86. 钭晓东："论环境法律责任机制的重整"，载《法学评论》2012 年第 1 期。

87. 肖爱："生态守法论——以环境法治的时代转型为指向"，载《湖南师范大学社会
科学学报》2020 年第 2 期。

88. 何崇喜："我国生态问责制研究"，武汉科技大学 2020 年硕士学位论文。

89. 吕霞："我国《环境保护法》中的政府环境质量责任及其强化"，载《法学论坛》
2020 年第 5 期。

90. 唐勇、徐丹彤："行政处分与政务处分异同的法哲学思考"，载《湖南警察学院学
报》2022 年第 4 期。

91. 张诗瑶、伍华军："行政处分与政务处分并行的现实问题与完善路径"，载《湖北
警官学院学报》2021 年第 6 期。

92. 宋艳玲、夏飞朋："权力制约：中国问责制的形成与演变"，载《学术交流》2021
年第 9 期。

93. 陈海嵩："我国环境监管转型的制度逻辑——以环境法实施为中心的考察"，载
《法商研究》2019 年第 5 期。

94. 谭冰霖："环境行政处罚规制功能之补强"，载《法学研究》2018 年第 4 期。

95. 黄辉、沈长礼："从公平正义到可持续发展：法律责任价值目标的变迁"，载《河
南师范大学学报（哲学社会科学版）》2022 年第 5 期。

96. 陈海嵩："绿色发展中的环境法实施问题：基于 PX 事件的微观分析"，载《中国法
学》2016 年第 1 期。

97. 薛欢："加强环境执法建设　为环保新常态保驾护航"，载《中国环境监察》2015
年第 1 期。

98. 刘长兴："环境法典污染控制编的行政法律责任"，载《法学论坛》2022 年第 2 期。

99. 胡静："我国环境行政命令实施的困境及出路"，载《华中科技大学学报（社会科
学版）》2021 年第 1 期。

100. 徐向华、孙潮："关于法律附则制作技术的几个问题"，载《中国法学》1993 年第

3 期。

101. 张海涛、王亦宁："进一步推进全国重要饮用水水源地安全保障达标建设的思考"，载《中国水利》2018 年第 9 期。

102. 张鹏："概括准用规则的合法性研判与规范化设置——以燃放烟花爆竹行为的拘留处罚为例"，载《政治与法律》2018 年第 5 期。

三、技术规范类

1. 《地表水环境质量标准》（GB 3838-2002）。

2. 《生活饮用水水源水质标准》（CJ 3020-93）。

3. 《饮用水水源保护区标志技术要求》（HJ/T 433-2008）。

4. 《农村饮用水水源地环境保护技术指南》（HJ 2032-2013）。

附　录

中共中央办公厅、国务院办公厅印发《农村人居环境整治提升五年行动方案（2021-2025年）》

中共中央办公厅、国务院办公厅印发了《农村人居环境整治提升五年行动方案（2021-2025年）》，并发出通知，要求各地区各部门结合实际认真贯彻落实。

《农村人居环境整治提升五年行动方案（2021-2025年）》全文如下。

改善农村人居环境，是以习近平同志为核心的党中央从战略和全局高度作出的重大决策部署，是实施乡村振兴战略的重点任务，事关广大农民根本福祉，事关农民群众健康，事关美丽中国建设。2018年农村人居环境整治三年行动实施以来，各地区各部门认真贯彻党中央、国务院决策部署，全面扎实推进农村人居环境整治，扭转了农村长期以来存在的脏乱差局面，村庄环境基本实现干净整洁有序，农民群众环境卫生观念发生可喜变化、生活质量普遍提高，为全面建成小康社会提供了有力支撑。但是，我国农村人居环境总体质量水平不高，还存在区域发展不平衡、基本生活设施不完善、管护机制不健全等问题，与农业农村现代化要求和农民群众对美好生活的向往还有差距。为加快农村人居环境整治提升，制定本方案。

一、总体要求

（一）指导思想。以习近平新时代中国特色社会主义思想为指导，深入贯彻党的十九大和十九届二中、三中、四中、五中、六中全会精神，坚持以人民为中心的发展思想，践行绿水青山就是金山银山的理念，深入学习推广浙江"千村示范、万村整治"工程经验，以农村厕所革命、生活污水垃圾治理、村容村貌提升为重点，巩固拓展农村人居环境整治三年行动成果，全面提升农村人居环境质量，为全面推进乡村振兴、加快农业农村现代化、建设美丽中国提供有力支撑。

（二）工作原则

——坚持因地制宜，突出分类施策。同区域气候条件和地形地貌相匹配，同地方经济社会发展能力和水平相适应，同当地文化和风土人情相协调，实事求是、自下而上、分类确定治理标准和目标任务，坚持数量服从质量、进度服从实效，求好不求快，既尽力而为，又量力而行。

——坚持规划先行，突出统筹推进。树立系统观念，先规划后建设，以县域为单位统筹推进农村人居环境整治提升各项重点任务，重点突破和综合整治、示范带动和整体推进相结合，合理安排建设时序，实现农村人居环境整治提升与公共基础设施改善、乡村产业发展、乡风文明进步等互促互进。

——坚持立足农村，突出乡土特色。遵循乡村发展规律，体现乡村特点，注重乡土味道，保留乡村风貌，留住田园乡愁。坚持农业农村联动、生产生活生态融合，推进农村生活污水垃圾减量化、资源化、循环利用。

——坚持问需于民，突出农民主体。充分体现乡村建设为农民而建，尊重村民意愿，激发内生动力，保障村民知情权、参与权、表达权、监督权。坚持地方为主，强化地方党委和政府责任，鼓励社会力量积极参与，构建政府、市场主体、村集体、村民等多方共建共管格局。

——坚持持续推进，突出健全机制。注重与农村人居环境整治三年行动相衔接，持续发力、久久为功，积小胜为大成。建管用并重，着力构建系统化、规范化、长效化的政策制度和工作推进机制。

（三）行动目标

到 2025 年，农村人居环境显著改善，生态宜居美丽乡村建设取得新进步。农村卫生厕所普及率稳步提高，厕所粪污基本得到有效处理；农村生活污水治理率不断提升，乱倒乱排得到管控；农村生活垃圾无害化处理水平明显提升，有条件的村庄实现生活垃圾分类、源头减量；农村人居环境治理水平显著提升，长效管护机制基本建立。

东部地区、中西部城市近郊区等有基础、有条件的地区，全面提升农村人居环境基础设施建设水平，农村卫生厕所基本普及，农村生活污水治理率明显提升，农村生活垃圾基本实现无害化处理并推动分类处理试点示范，长效管护机制全面建立。

中西部有较好基础、基本具备条件的地区，农村人居环境基础设施持续完善，农村户用厕所愿改尽改，农村生活污水治理率有效提升，农村生活垃圾收运处置体系基本实现全覆盖，长效管护机制基本建立。

地处偏远、经济欠发达的地区，农村人居环境基础设施明显改善，农村卫生厕所普及率逐步提高，农村生活污水垃圾治理水平有新提升，村容村貌持续改善。

二、扎实推进农村厕所革命

（四）逐步普及农村卫生厕所。新改户用厕所基本入院，有条件的地区要积极推动厕所入室，新建农房应配套设计建设卫生厕所及粪污处理设施设备。重点推动中西部地区农村户厕改造。合理规划布局农村公共厕所，加快建设乡村景区旅游厕所，落实公共厕所管护责任，强化日常卫生保洁。

（五）切实提高改厕质量。科学选择改厕技术模式，宜水则水、宜旱则旱。技术模式应至少经过一个周期试点试验，成熟后再逐步推开。严格执行标准，把标准贯穿于农村改厕全过程。在水冲式厕所改造中积极推广节水型、少水型水冲设施。加快研发干旱和寒冷地区卫生厕所适用技术和产品。加强生产流通领域农村改厕产品质量监管，把好农村改厕产品采购质量关，强化施工质量监管。

（六）加强厕所粪污无害化处理与资源化利用。加强农村厕所革命与生活污水治理有机衔接，因地制宜推进厕所粪污分散处理、集中处理与纳入污水管网统一处理，鼓励联户、联村、村镇一体处理。鼓励有条件的地区积极推动卫生厕所改造与生活污水治理一体化建设，暂时无法同步建设的应为后期建设预留空间。积极推进农村厕所粪污资源化利用，统筹使用畜禽粪污资源化利用设施设备，逐步推动厕所粪污就地就农消纳、综合利用。

三、加快推进农村生活污水治理

（七）分区分类推进治理。优先治理京津冀、长江经济带、粤港澳大湾区、黄河流域及水质需改善控制单元等区域，重点整治水源保护区和城乡结合部、乡镇政府驻地、中心村、旅游风景区等人口居住集中区域农村生活污水。开展平原、山地、丘陵、缺水、高寒和生态环境敏感等典型地区农村生活污水治理试点，以资源化利用、可持续治理为导向，选择符合农村实际的生活污水治理技术，优先推广运行费用低、管护简便的治理技术，鼓励居住分散地区探索采用人工湿地、土壤渗滤等生态处理技术，积极推进农村生活污水资源化利用。

（八）加强农村黑臭水体治理。摸清全国农村黑臭水体底数，建立治理台账，明确治理优先序。开展农村黑臭水体治理试点，以房前屋后河塘沟渠和群众反映强烈的黑臭水体为重点，采取控源截污、清淤疏浚、生态修复、水体净化等措施综合治理，基本消除较大面积黑臭水体，形成一批可复制可推广的治理模式。鼓励河长制湖长制体系向村级延伸，建立健全促进水质改善的长效运行维护机制。

四、全面提升农村生活垃圾治理水平

（九）健全生活垃圾收运处置体系。根据当地实际，统筹县乡村三级设施建设和服务，完善农村生活垃圾收集、转运、处置设施和模式，因

地制宜采用小型化、分散化的无害化处理方式，降低收集、转运、处置设施建设和运行成本，构建稳定运行的长效机制，加强日常监督，不断提高运行管理水平。

（十）推进农村生活垃圾分类减量与利用。加快推进农村生活垃圾源头分类减量，积极探索符合农村特点和农民习惯、简便易行的分类处理模式，减少垃圾出村处理量，有条件的地区基本实现农村可回收垃圾资源化利用、易腐烂垃圾和煤渣灰土就地就近消纳、有毒有害垃圾单独收集贮存和处置、其他垃圾无害化处理。有序开展农村生活垃圾分类与资源化利用示范县创建。协同推进农村有机生活垃圾、厕所粪污、农业生产有机废弃物资源化处理利用，以乡镇或行政村为单位建设一批区域农村有机废弃物综合处置利用设施，探索就地就近就农处理和资源化利用的路径。扩大供销合作社等农村再生资源回收利用网络服务覆盖面，积极推动再生资源回收利用网络与环卫清运网络合作融合。协同推进废旧农膜、农药肥料包装废弃物回收处理。积极探索农村建筑垃圾等就地就近消纳方式，鼓励用于村内道路、入户路、景观等建设。

五、推动村容村貌整体提升

（十一）改善村庄公共环境。全面清理私搭乱建、乱堆乱放，整治残垣断壁，通过集约利用村庄内部闲置土地等方式扩大村庄公共空间。科学管控农村生产生活用火，加强农村电力线、通信线、广播电视线"三线"维护梳理工作，有条件的地方推动线路违规搭挂治理。健全村庄应急管理体系，合理布局应急避难场所和防汛、消防等救灾设施设备，畅通安全通道。整治农村户外广告，规范发布内容和设置行为。关注特殊人群需求，有条件的地方开展农村无障碍环境建设。

（十二）推进乡村绿化美化。深入实施乡村绿化美化行动，突出保护乡村山体田园、河湖湿地、原生植被、古树名木等，因地制宜开展荒山荒地荒滩绿化，加强农田（牧场）防护林建设和修复。引导鼓励村民通过栽植果蔬、花木等开展庭院绿化，通过农村"四旁"（水旁、路旁、村旁、宅旁）植树推进村庄绿化，充分利用荒地、废弃地、边角地等开展村庄小微公园和公共绿地建设。支持条件适宜地区开展森林乡村建设，实施水系连通及水美乡村建设试点。

（十三）加强乡村风貌引导。大力推进村庄整治和庭院整治，编制村容村貌提升导则，优化村庄生产生活生态空间，促进村庄形态与自然环境、传统文化相得益彰。加强村庄风貌引导，突出乡土特色和地域特点，不搞千村一面，不搞大拆大建。弘扬优秀农耕文化，加强传统村落和历史文化名村名镇保护，积极推进传统村落挂牌保护，建立动态管理机制。

六、建立健全长效管护机制

（十四）持续开展村庄清洁行动。大力实施以"三清一改"（清理农村生活垃圾、清理村内塘沟、清理畜禽养殖粪污等农业生产废弃物，改变影响农村人居环境的不良习惯）为重点的村庄清洁行动，突出清理死角盲区，由"清脏"向"治乱"拓展，由村庄面上清洁向屋内庭院、村庄周边拓展，引导农民逐步养成良好卫生习惯。结合风俗习惯、重要节日等组织村民清洁村庄环境，通过"门前三包"等制度明确村民责任，有条件的地方可以设立村庄清洁日等，推动村庄清洁行动制度化、常态化、长效化。

（十五）健全农村人居环境长效管护机制。明确地方政府和职责部门、运行管理单位责任，基本建立有制度、有标准、有队伍、有经费、有监督的村庄人居环境长效管护机制。利用好公益性岗位，合理设置农村人居环境整治管护队伍，优先聘用符合条件的农村低收入人员。明确农村人居环境基础设施产权归属，建立健全设施建设管护标准规范等制度，推动农村厕所、生活污水垃圾处理设施设备和村庄保洁等一体化运行管护。有条件的地区可以依法探索建立农村厕所粪污清掏、农村生活污水垃圾处理农户付费制度，以及农村人居环境基础设施运行管护社会化服务体系和服务费市场化形成机制，逐步建立农户合理付费、村级组织统筹、政府适当补助的运行管护经费保障制度，合理确定农户付费分担比例。

七、充分发挥农民主体作用

（十六）强化基层组织作用。充分发挥农村基层党组织领导作用和党员先锋模范作用，在农村人居环境建设和整治中深入开展美好环境与幸福生活共同缔造活动；进一步发挥共青团、妇联、少先队等群团组织作用，组织动员村民自觉改善农村人居环境。健全党组织领导的村民自治机制，村级重大事项决策实行"四议两公开"，充分运用"一事一议"筹资筹劳等制度，引导村集体经济组织、农民合作社、村民等全程参与农村人居环境相关规划、建设、运营和管理。实行农村人居环境整治提升相关项目公示制度。鼓励通过政府购买服务等方式，支持有条件的农民合作社参与改善农村人居环境项目。引导农民或农民合作组织依法成立各类农村环保组织或企业，吸纳农民承接本地农村人居环境改善和后续管护工作。以乡情乡愁为纽带吸引个人、企业、社会组织等，通过捐资捐物、结对帮扶等形式支持改善农村人居环境。

（十七）普及文明健康理念。发挥爱国卫生运动群众动员优势，加大健康宣传教育力度，普及卫生健康和疾病防控知识，倡导文明健康、绿色环保的生活方式，提高农民健康素养。把转变农民思想观念、推行文明健康生活方式作为农村精神文明建设的重要内容，把使用卫生厕所、做好垃圾分类、养成文明习惯等纳入学校、家庭、社会教育，广泛开展形式多样、内容丰富的志愿服务。将改善农村人居环境纳入各级农民教育培训内容。持续推进城乡环境卫生综合整治，深入开展卫生创建，大力推进健康村镇建设。

（十八）完善村规民约。鼓励将村庄环境卫生等要求纳入村规民约，对破坏人居环境行为加强批评教育和约束管理，引导农民自我管理、自我教育、自我服务、自我监督。倡导各地制定公共场所文明公约、社区噪声控制规约。深入开展美丽庭院评选、环境卫生红黑榜、积分兑换等活动，提高村民维护村庄环境卫生的主人翁意识。

八、加大政策支持力度

（十九）加强财政投入保障。完善地方为主、中央适当奖补的政府投入机制，继续安排中央预算内投资，按计划实施农村厕所革命整村推进财政奖补政策，保障农村环境整治资金投入。地方各级政府要保障农村人居环境整治基础设施建设和运行资金，统筹安排土地出让收入用于改善农村人居环境，鼓励各地通过发行地方政府债券等方式用于符合条件的农村人居环境建设项目。县级可按规定统筹整合改善农村人居环境相关资金和项目，逐村集中建设。通过政府和社会资本合作等模式，调动社会力量积极参与投资收益较好、市场化程度较高的农村人居环境基础设施建设和运行管护项目。

（二十）创新完善相关支持政策。做好与农村宅基地改革试点、农村乱占耕地建房专项整治等政策衔接，落实农村人居环境相关设施建设用地、用水用电保障和税收减免等政策。在严守耕地和生态保护红线的前提下，优先保障农村人居环境设施建设用地，优先利用荒山、荒沟、荒丘、荒滩开展农村人居环境项目建设。引导各类金融机构依法合规对改善农村人居环境提供信贷支持。落实村庄建设项目简易审批有关要求。鼓励村级组织和乡村建设工匠等承接农村人居环境小型工程项目，降低准入门槛，具备条件的可采取以工代赈等方式。

（二十一）推进制度规章与标准体系建设。鼓励各地结合实际开展地方立法，健全村庄清洁、农村生活污水垃圾处理、农村卫生厕所管理等制度。加快建立农村人居环境相关领域设施设备、建设验收、运行管护、监测评估、管理服务等标准，抓紧制定修订相关标准。大力宣传农村人居环境相关标准，提高全社会的标准化意识，增强政府部门、企业等依据标准开展工作的主动性。依法开展农村人居环境整治相关产品质量安全监管，创新监管机制，适时开展抽检，严守质量安全底线。

（二十二）加强科技和人才支撑。将改善农村人居环境相关技术研究创新列入国家科技计划重点任务。加大科技研发、联合攻关、集成示范、推广应用等力度，鼓励支持科研机构、企业等开展新技术新产品研发。围绕绿色低碳发展，强化农村人居环境领域节能节水降耗、资源循环利用等技术产品研发推广。加强农村人居环境领域国际合作交流。举办农村人居环境建设管护技术产品展览展示。加强农村人居环境领域职业教育，强化相关人才队伍建设和技能培训。继续选派规划、建筑、园艺、环境等行业相关专业技术人员驻村指导。推动全国农村人居环境管理信息化建设，加强全国农村人居环境监测，定期发布监测报告。

九、强化组织保障

（二十三）加强组织领导。把改善农村人居环境作为各级党委和政府的重要职责，结合乡村振兴整体工作部署，明确时间表、路线图。健全中央统筹、省负总责、市县乡抓落实的工作推进机制。中央农村工作领导小组统筹改善农村人居环境工作，协调资金、资源、人才支持政策，督促推动重点工作任务落实。有关部门要各司其职、各负其责，密切协作配合，形成工作合力，及时出台配套支持政策。省级党委和政府要定期研究本地区改善农村人居环境工作，抓好重点任务分工、重大项目实施、重要资源配置等工作。市级党委和政府要做好上下衔接、域内协调、督促检查等工作。县级党委和政府要做好组织实施工作，主要负责同志当好一线指挥，选优配强一线干部队伍。将国有和乡镇农（林）场居住点纳入农村人居环境整治提升范围统筹考虑、同步推进。

（二十四）加强分类指导。顺应村庄发展规律和演变趋势，优化村庄布局，强化规划引领，合理确定村庄分类，科学划定整治范围，统筹考虑主导产业、人居环境、生态保护等村庄发展。集聚提升类村庄重在完善人居环境基础设施，推动农村人居环境与产业发展互促互进，提升建设管护水平，保护保留乡村风貌。城郊融合类村庄重在加快实现城乡人居环境基础设施共建共享、互联互通。特色保护类村庄重在保护自然历史文化特色资源、尊重原住居民生活形态和生活习惯，加快改善人居环境。"空心村"、已经明确的搬迁撤并类村庄不列入农村人居环境整治提升范围，重在保持干净整洁，保障现有农村人居环境基础设施稳定运行。对一时难以确定类别的村庄，可暂不作分类。

（二十五）完善推进机制。完善以质量实效为导向、以农民满意为标准的工作推进机制。在县域范围开展美丽乡村建设和美丽宜居村庄创建推介，示范带动整体提升。坚持先建机制、后建工程，鼓励有条件的地区推行系统化、专业化、社会化运行管护，推进城乡人居环境基础设施统筹谋划、统一管护运营。通过以奖代补等方式，引导各方积极参与，避免政府大包大揽。充分考虑基层财力可承受能力，合理确定整治提升重点，防止加重村级债务。

（二十六）强化考核激励。将改善农村人居环境纳入相关督查检查计划，检查结果向党中央、国务院报告，对改善农村人居环境成效明显的地方持续实施督查激励。将改善农村人居环境作为各省（自治区、直辖市）实施乡村振兴战略实绩考核的重要内容。继续将农业农村污染治理存在的突出问题列入中央生态环境保护督察范畴，强化农业农村污染治理突出问题监督。各省（自治区、直辖市）要加强督促检查，并制定验收标准和办法，到 2025 年年底以县为单位进行检查验收，检查结果与相关支持政策直接挂钩。完善社会监督机制，广泛接受社会监督。中央农村工作领导小组按照国家有关规定对真抓实干、成效显著的单位和个人进行表彰，对改善农村人居环境突出的地区予以通报表扬。

（二十七）营造良好舆论氛围。总结宣传一批农村人居环境改善的经验做法和典型范例。将改善农村人居环境纳入公益性宣传范围，充分借助广播电视、报纸杂志等传统媒体，创新利用新媒体平台，深入开展宣传报道。加强正面宣传和舆论引导，编制创作群众喜闻乐见的解读材料和文艺作品，增强社会公众认知，及时回应社会关切。

《2022 年水资源管理工作要点》

完整、准确、全面贯彻新发展理念，深入落实习近平总书记"十六字"治水思路和关于治水重要讲话指示批示精神，贯彻落实水利部党组关于推动新阶段水利高质量发展的安排部署，坚持问题导向、目标导向和底线思维，加快建立水资源刚性约束制度，推动以可用水量确定经济社会发展布局、结构和规模，推进河湖生态环境复苏与地下水超采治理，提高水资源集约节约安全利用能力和水平，促进生态文明建设和高质量发展。

一、健全初始水权分配制度

1. 推动建立水资源刚性约束制度。贯彻落实党中央国务院关于建立水资源刚性约束制度的要求，认真做好水资源刚性约束制度顶层设计。做好宣传贯彻工作，制定实施方案，完成年度任务。

2. 切实保障重点河湖生态流量。全面完成全国重点河湖名录明确的477 条河湖基本生态流量保障目标确定工作，有序开展已建水利水电工程生态流量复核。加强生态流量日常监管，严格跨省流域省界断面、重要控制断面和生态流量控制断面下泄流量水量水位考核和监督检查。

3. 加快推进江河流域水量分配。新批复 10 条以上跨省江河水量分配方案，累计达到应分配江河数量的 77% 以上。海河流域要研究明确流域各地区的可用水量，抓紧推进分水工作。各省份要加快跨市县江河水量分配，对已批复跨省江河水量分配方案的，要进一步将本省区水量份额分配到相关地市。

4. 加快确定地下水管控指标。加快确定地下水管控指标，作为各地区地下水开发利用的管理目标。尚未通过地下水管控指标技术审查的 18 个省份要力争完成技术审查。

5. 明确各地区可用水量。依据江河流域水量分配、地下水取水总量指标、有关地区外调水可用水量等成果，推动明确各地区的可用水量，以此为基础推动明晰各地区的初始水权。

二、严格取用水监管

6. 开展取用水管理专项整治行动"回头看"。深入推进取用水管理专项整治行动，在完成整改提升的基础上开展"回头看"，利用日常监管、专项检查、"双随机、一公开"监管等方式，加大违法取用水查处力度，规范取用水行为及管理秩序。黄河流域相关地区要切实抓好生态环境警示片反映的违规取用水等突出问题整改，举一反三建立监管长效机制。

7. 推进规划水资源论证工作。会同有关部门制订规划水资源论证管理办法。各省份要全方位贯彻"四水四定"原则，大力推动相关行业规划、重大产业和项目布局、各类开发区和新区规划开展水资源论证，从规划源头促进产业结构布局规模与水资源承载能力相协调。

8. 严格建设项目水资源论证和取水许可管理。流域管理机构和地方水行政主管部门要切实加强建设项目水资源论证，严把水资源论证审查关和取水许可审批关，严格取水许可事中事后监管。制定强化水资源配置工程水资源论证工作的意见。推进《取水许可和水资源费征收管理条例》修订立法前期工作。推进建设项目水资源论证区域评估和取水许可告知承诺制，研究推进水资源领域信用体系建设。

9. 推进水资源超载地区暂停新增取水许可。黄河流域水资源超载地区要严格执行暂停新增取水许可政策要求，加快制定实施超载治理方案，黄委要切实加强跟踪监督检查。健全完善水资源短缺地区、超载地区的判定方法与标准，研究提出黄河流域、海河流域、西北内陆河流域水资源短缺地区、超载地区名录成果，推进水资源超载地区暂停新增取水许可。

10. 加强用水统计调查管理。制定出台用水统计调查基本单位名录库管理办法。各流域管理机构和地方各级水行政主管部门要依法推进用水统计调查制度实施，加强用水统计名录库建设，加强用水统计调查数据填报及审核、用水总量核算管理，不断提升用水统计管理能力和水平。

三、推进河湖生态环境复苏

11. 开展母亲河复苏行动。流域管理机构和省级水行政主管部门要认真落实复苏河湖生态环境指导意见及实施方案，全面排查确定断流河流、萎缩干涸湖泊修复名录，制定"一河一策""一湖一策"，开展母亲河复苏行动。推进京津冀地区河湖复苏，推动永定河、潮白河、大清河、滹沱河等实现水流贯通，进一步恢复白洋淀生态环境。实施大运河、西辽河水生态保护修复，推进北运河、南运河具备条件的河段通水，逐步复苏西辽河生态环境。

12. 进一步强化地下水超采治理。推动"十四五"华北地区及其他重点区域地下水超采综合治理行动方案印发实施。统筹华北地区地下水超采综合治理、南水北调东中线一期工程受水区地下水压采、晋鲁豫地下水超采区综合治理以及新增重点区域地下水超采治理工作，组织落实好河湖生态补水任务。

13. 完善地下水水位变化通报机制。继续做好地下水水位变化通报工作，完善通报相关管理制度，进一步规范监测站网、数据上报及审核流程，为面向社会公开发布奠定基础。地下水水位下降严重的区域，推动优化地下水取水工程布局。

14. 推进新一轮地下水超采区划定。按照《地下水管理条例》要求开展地下水超采区划定，加强划定成果审核把关。各省级水行政主管部门要加快推进地下水超采区及地下水开发利用临界区划定，核定地下水超采区范围及超采量，并在此基础上明确地下水禁采区、限采区。研究建立地下水超采区动态评价体系，加强超采区动态监控与管理。

15. 健全地下水管理条例配套制度。贯彻落实《地下水管理条例》，制定地下水开发利用管理办法，推进地下水回补、地下水管控指标确定等标准制修订工作。加快编制海（咸）水入侵、地下水战略储备、禁限采区划定相关技术规程。研究编制地热能开发禁止和限制取水范围划定规程。

16. 进一步夯实地下水监管基础。完善地下水监管"一张图"，推动建立河湖生态补水模拟分析，加强地下水信息化管理。对照取水许可核查登记成果，对地下水水源地取水情况进行梳理，加强取水水量及水位管控。

17. 加强饮用水水源地管理。完善长江流域饮用水水源地名录、配套文件及安全评估指标体系，推动与有关部门联合印发实施。调整完善其他重要饮用水水源地名录的准入、退出及年度评估工作。强化饮用水水源地监督管理，及时掌握水源地变化情况。

18. 组织抓好生态环境保护相关任务落实。落实生态环境保护责任清单，制定 2022 年重点工作计划，完成年度生态保护任务。落实污染防治攻坚战水利工作任务，制定 2022 年工作计划，按要求完成相关工作任务，并总结上报落实情况。督促整改长江经济带生态环境突出问题，妥善应对水污染事件。

四、提高水资源管理精细化水平

19. 加快取水口取水监测计量体系建设。各地要落实好水利部关于强化取水口取水监测计量的意见，按照到 2023 年实现非农业取水口和大中型灌区渠首取水口计量全覆盖的要求，依法推进取水监测计量设施安装运维管理，落实取用水户计量主体责任，切实提高取水量计量率和在线计量率，5 万亩以上的大中型灌区渠首取水口 2022 年要全部实现在线计量，有条件的地方要力争提前完成监测计量体系建设目标。出台《取水计量技术导则》（修订）等计量标准。

20. 深化取水许可电子证照应用。在全面实现取水许可证电子化的基础上，围绕取水许可申请、受理、审查等环节，推进取水许可电子证照共享应用、互信互认，提高群众办事效率和政务服务效能。切实强化取水许可电子证照信息在流域区域用水总量控制、取水许可审批管理等业务中的分析应用，通过信息化手段提升取用水监管能力和水平。

21. 推进水资源管理调配应用系统建设。按照"需求牵引、应用至上、数字赋能、提升能力"要求，推进水资源管理调配应用系统建设，推进取用水政务服务平台建设，对可用水量指标、取水许可管理信息以及取水量、水位、流量等监测数据进行整合并实现信息共享，推进算据、算法、算力建设，强化取用水预报预警预演预案功能，为生态流量监测预警、分水指标监测预警、地下水位监管，以及发现整治取用水户违规取水、区域超量用水等问题提供支撑，切实提升水资源的数字化、网络化、智能化管理水平。

五、深化水资源管理改革

22. 做好水资源管理考核。按照水资源刚性约束要求完善考核内容，优化考核指标，改进考核机制，注重发挥流域管理机构的作用，更大程度发挥考核的激励鞭策作用，压实地方人民政府"四水四定"、水资源节约保护主体责任，以高质量考核促进高质量发展。

23. 推进用水权改革。制定出台推进用水权改革的指导意见，推动明晰区域水权、取水权、灌溉用水户水权，推进建立健全统一的水权交易系统，推进区域水权、取水权、灌溉用水户水权等用水权交易。鼓励通过用水权回购、收储等方式促进用水权交易。在条件具备的地区探索实行用水权有偿取得。

24. 推动全面推开水资源税改革试点。配合财政部、税务总局研究制定全面推开水资源税改革试点工作的政策措施。已开展试点的地区要认真总结经验，加强部门协作，妥善解决困难和问题。未开展试点的地区，要对税改后可能出现的情况进行研判，做好推开试点的准备。

25. 开展水资源管理重要问题研究。贯彻落实党中央关于建立健全生态产品价值实现机制、自然资源资产产权制度改革等决策部署，组织做好水生态产品价值实现机制、水资源资产有偿使用制度、用水权回购收储和有偿取得、生态环境损害赔偿制度改革、地下水储备制度等重要问题研究。

六、加强党的建设

26. 强化政治引领。坚持用党的创新理论武装头脑、指导实践，努力提高政治判断力、政治领悟力、政治执行力，心怀"国之大者"，提高水资源管理工作的使命感、责任感、紧迫感。巩固党史学习教育成果，推动党史学习教育常态化、长效化。严格执行党内政治生活、重大事项请示报告制度，做好中央巡视反馈意见整改落实和整改成果巩固深化，进一步增强"四个意识"、坚定"四个自信"，做到"两个维护"。

27. 不断改进作风。始终贯彻以人民为中心的发展思想，强化宗旨意识，坚持问题导向，深入开展调查研究，认真回应社会关切。在水资源管理政策制定、执行过程中，充分考虑各地实际情况和差异，避免出现"一刀切"、层层加码问题。加强基层水资源管理队伍建设，加强部门、单位之间的协同配合，不断提高水资源管理能力和水平，推动新阶段水利高质量发展。

水利部、发展和改革委员会、财政部等
《关于做好农村供水保障工作的指导意见》

各省、自治区、直辖市、新疆生产建设兵团水利（水务）厅（局）、发展改革委、财政厅（局）、人力资源社会保障厅（局）、生态环境厅（局）、住房城乡建设厅（局）、农业农村厅（局）、卫生健康委（局）、乡村振兴局：

农村供水工程是一项保民生、得民心、稳增长的惠民工程，是全面推进乡村振兴的一项重要内容。为贯彻落实《中共中央 国务院关于实现巩固拓展脱贫攻坚成果同乡村振兴有效衔接的意见》和《中共中央 国务院关于全面推进乡村振兴加快 农业农村现代化的意见》，提升农村供水工程建设和管理水平，顺应广大农村居民对美好生活的向往，全面推进乡村振兴，现提出以下意见。

一、总体要求

（一）指导思想。以习近平新时代中国特色社会主义思想为指导，全面贯彻党的十九大和十九届二中、三中、四中、五中全会精神，深入贯彻落实党中央、国务院关于全面推进乡村振兴的决策部署，立足新发展阶段、贯彻新发展理念、构建新发展格局，坚持以人民为中心，稳步推进农村饮水安全向农村供水保障转变，实现巩固拓展脱贫攻坚成果同乡村振兴有效衔接。坚持问题导向和目标导向相统一，以建设稳定水源为基础，实施规模化供水工程建设和小型工程标准化改造，不断提升农村供水保障能力，更好满足农村居民改厕、洗涤、环境卫生等用水需求。坚持建管并重，更加注重管理，强化水质保障和水费收缴，提升运行管理和服务水平，保证农村居民在共建共享发展中有更多获得感、幸福感和安全感。

（二）工作原则。

统一规划，持续提升。以县域为单元，按照全面推进乡村振兴战略的要求，优化农村供水工程布局，完善农村供水基础设施。稳步实施规模化供水工程建设，实现高质量发展。通过改造、新建、联网、并网和维修养护等措施，巩固拓展农村供水脱贫攻坚成果。

突出管理，完善机制。健全农村供水长效运行管理体制机制，积极推进专业化管理。明晰工程产权，落实工程管护主体，健全完善农村供水管水员队伍，提升信息化管理水平。强化水源保护和水质保障，建立合理水价机制，强化水费收缴，辅以必要的财政补助，确保工程发挥效益。

政府主导，两手发力。农村供水保障实行地方行政首长负责制，地方人民政府是农村供水保障的责任主体，工程建设、维修养护和水源保护资金来源由地方各级人民政府负责落实，对国家乡村振兴重点帮扶县予以倾斜支持。有条件的地区，充分发挥财政资金的引导作用，吸引银行贷款和社会资金投入，开展工程建设和管理。

广泛参与，社会监督。充分发挥乡镇人民政府、村集体、基层党组织和村民作用，参与农村供水工程项目规划、建设、运行维护和水源保护，合理分担供水设施建设和运行维护费用。充分尊重农民意愿，真正做到问需于民，问计于民。畅通各级举报监督电话，发挥社会监督作用。

（三）主要目标。按照全面推进乡村振兴的要求，适当提高农村供水标准，完善农村供水工程设施，稳步提升农村供水保障水平。到2025年，全国农村自来水普及率达到88%，提高规模化供水工程覆盖农村人口的比例；完善农村供水长效运行管理体制机制，提升工程运行管护水平；强化水源保护，完善水质净化消毒设施设备，不断提高水质达标率。到2035年，继续完善农村供水设施，提高运行管护水平，基本实现农村供水现代化。

二、做好农村供水脱贫攻坚与乡村振兴有效衔接

（四）巩固拓展农村供水成果。地方水行政主管部门会同有关部门做好对供水薄弱地区、脱贫地区、脱贫人口和供水易反复人群的饮水状况动态监测，加强摸排，找准农村供水存在的问题和风险隐患，建立问题台账。公布供水单位服务电话，畅通群众反映问题和举报监督通道，建立健全问题快速发现和响应机制，将农村供水问题解决纳入地方人民政府帮扶政策范围，及时化解农村供水风险和隐患，保持动态清零。强化工程管理管护，巩固维护好已建农村供水工程成果。加强与气象、水文等部门对接，做实应急供水方案，加强演练，必要时采取启动应急备用水源、凿井取水、应急调水、拉水送水等措施，防止出现规模性饮水不安全问题。

（五）分类推进农村供水发展。统筹考虑乡村振兴发展、实际用水需求、地方财力水平等因素，对于城郊融合类村庄和集聚提升类村庄，优先实施规模化供水工程建设，实现供水高质量发展；对于特色保护类村庄和规模化供水工程不能覆盖的区域，通过加强水源保护、小型工程规范化建设和改造，提升供水保障水平对于搬迁撤并类 村庄和暂不具备改造条件的分散供水工程，通过 水源保护和维修养护，辅以必要的工程建设，保障饮水安全。

三、稳步推进农村供水工程建设

（六）实施稳定水源工程。综合考虑农村供水工程规模、村庄与人口变化、供水能力等因素，做好用水供需平衡分析，优先利用已建水库、引调水等骨干水源工程作为农村供水工程水源，因地制宜建设一批中小型水库等水源工程，加强水源调度和优化配置，解决水源不稳定的问题。新建供水工程，强化水源论证，提高水源稳定性。人口分散地区，加强

小水源和储水供水设施建设，辅以应急供水措施，解决季节性缺水问题。

（七）扎实推进农村供水工程建设。以县域为单元，统筹农村供水发展。有条件的地方，实施规模化供水工程建设。其他地区，更新改造老旧供水管网和设施，解决农村供水的"卡脖子"问题；实施小型工程标准化建设和改造，因地制宜、科学有效减少单纯依靠水柜水窖方式供水人口数量，提高农村供水保障水平。推进供水入户，提升农村自来水普及率。

（八）强化水质保障。在做好千吨万人供水工程（日供水人口超过10000 人或日供水规模超过 1000 吨，简称千吨万人供水工程）水源保护的基础上，推进千人供水工程（日供水人口 1000 人至 9999 人，简称千人供水工程）水源保护。千吨万人供水工程全面配备净化消毒设施设备，以地表水或水质不稳定的地下水为水源的千人供水工程，配备净化设施设备；千人供水工程配备消毒设备。加强水质检测监测，不断提升水质保障水平。

四、健全完善农村供水管理体制机制

（九）创新工程管护机制。以县域为单元，稳步推进农村供水工程统一监管，提升运行管理和技术服务能力。明晰工程产权，明确并落实工程管护责任主体。千吨万人供水工程推行企业化经营、专业化管理和信息化监管。小型供水工程，可通过政府购买服务、经营权承包、政府与社会资本合作等方式，探索专业化管护，提升管理服务水平。

（十）完善农村水价形成机制。制定或者调整农村集中供水水价，应当遵循"补偿成本、公平负担"的原则，并充分考虑农村居民的承受能力。单村供水工程水价及收费方式由村民委员会按照一事一议民主议事机制确定。对于供水规模利用率较低的工程，可实行"基本水价+计量水价"的两部制水价，并充分征求农村居民意见。创新水费收缴方式，便于用水户便捷缴费，提高水费收缴率。有条件的地区可安排一定的财政

补助资金，对工程维修养护予以支持，促进工程正常运行。

（十一）提升信息化管理水平。以县域农村集中供水工程为对象，健全完善农村供水管理信息系统，提高信息化管理水平。加强对千吨万人供水工程的取用水水量、进出厂水水质、主要供水设施设备运行状态的自动化监控系统建设，增强预报、预警、预演、预案能力。对于水源取水口和加压泵站，加强远程控制，提升工作效率，降低供水成本。推进不同层级系统之间的信息共享，促进互联互通。

（十二）健全完善农村供水管水员制度。按照确有必要、按需配备、人事相宜的原则，健全完善农村供水工程管水员制度。有条件的地区可统筹利用现有公益性岗位，按规定聘用符合公益性岗位条件的人员担任农村供水管水员。在水费收缴的前提下，可通过村集体经营收益、光伏发电收入补贴等方式，对农村供水管水员给予相应补贴。地方水行政主管部门要会同人力资源社会保障部门明确农村供水管水员的岗位职责，利用《农村供水管水员知识问答》等培训教材，采取适宜培训方式，提高农村供水管水员履职尽责能力。对履职不到位、工程管理不好、群众满意度低的管水员，进行岗位轮换或淘汰，切实发挥农村供水管水员作用。

五、保障措施

（十三）压实地方人民政府主体责任。农村供水保障实行中央统筹、省负总责、市县乡抓落实的工作机制，地方各级人民政府是农村供水保障的责任主体。把农村供水保障作为全面推进乡村振兴的一项重要任务，纳入对市县党政领导班子和领导干部推进乡村振兴实绩考核范围。做好最严格水资源管理制度中的农村供水考核工作。省级水行政主管部门要会同有关部门组织编制"十四五"农村供水保障规划，逐级分解农村供水保障任务，落实责任分工，层层传导压力，指导督促县级人民政府落实主体责任，并将小型供水工程的管理管护责任层层压实至乡镇人民政府。单村供水工程和村内供水设施要发挥好村级党组织和村委会以及村级管水组织的作用，确保每处工程都有管护单位和人员，保障工程正常运行。对脱贫地区、脱贫人口饮水安全状况监测不力、问题整改不彻底、工程管理不到位、漠视群众利益等工作作风不严不实的，出现整村连片停水断水或严重水质超标等突出供水问题，将对有关责任单位和人员进行责任追究。

（十四）发挥政府投入引导作用。农村集中供水工程建设投资，由地方各级人民政府负责落实。对于中型水库等水源工程建设，可以结合现有投资渠道，争取中央预算内投资适当补助。对于农村供水工程维修养护和小型水库建设，中央财政通过现有转移支付渠道给予适当补助。地方要多渠道筹集工程建设资金，合理安排政府投入，用于农村供水工程建设和改造。将符合条件的农村供水工程建设和改造项目纳入地方政府专项债券支持范围。脱贫地区要统筹整合财政涉农资金，支持农村供水工程建设，并将农村供水工程建设纳入巩固拓展脱贫攻坚成果和乡村振兴项目库，有序安排实施。

（十五）积极发挥市场作用。在加大地方人民政府投资的同时，要发挥好政府资金的引导作用，积极探索利用市场化方式，吸引银行信贷资金和其他社会资本，开展农村供水工程建设。水行政主管部门要积极做好农村供水工程项目前期工作，发展改革、财政部门要支持发挥财政资金的引导作用，依法依规吸引社会资本参与农村供水工程建设和管理。各地要继续落实好用电、用地、税收等优惠政策，支持农村供水事业发展。

（十六）发挥部门合力。水行政主管部门负责组织做好农村供水项目前期工作、工程建设和运行管护，加强绩效管理和项目监督检查。发展改革部门负责农村供水工程建设的规划统筹。财政部门结合财力和实际需要统筹安排财政资金，会同相关部门加强资金监管。生态环境部门会同有关部门监督管理饮用水水源地生态环境保护工作。卫生健康部门负责指导开展饮用水水质监测和卫生监督。住房城乡建设部门会同水行政主管部门负责指导地方推进供水入户。农业农村、乡村振兴部门配合水行政主管部门在全面实施乡村振兴战略和巩固拓展脱贫攻坚农村供水成果中推动农村供水有关政策落实。

（十七）强化技术指导。地方水行政主管部门要会同生态环境、卫生健康等部门，围绕水源保护、净化消毒、水质检测监测等技术，编写通俗易懂、图文并茂的教材，创新工作方法，加强专业技能培训，逐步实行经培训后持证上岗，提高工程管水人员的能力水平。研究推广农村供水水质保障、小型分散工程供水保障、冬季防冻等技术。

（十八）注重示范和宣传引导。地方水行政主管部门要会同有关部门因地制宜，打造一批规模化供水、小型工程标准化建设和改造、企业化运营、水质保障、计量收费、信息化管理等方面的农村供水工程示范样板，加强凝练总结，推广可复制的经验做法，发挥示范效应，促进对标达标。加强农村供水政策解读和饮水安全知识宣传，积极发挥村规民约及用水户协会作用，加强引导，提高用水户安全用水、节约用水和有偿用水意识，发挥社会参与和监督作用，营造良好的社会舆论发展氛围。

《地下水管理条例》

第一章 总 则

第一条 为了加强地下水管理，防治地下水超采和污染，保障地下水质量和可持续利用，推进生态文明建设，根据《中华人民共和国水法》和《中华人民共和国水污染防治法》等法律，制定本条例。

第二条 地下水调查与规划、节约与保护、超采治理、污染防治、监督管理等活动，适用本条例。

本条例所称地下水，是指赋存于地表以下的水。

第三条 地下水管理坚持统筹规划、节水优先、高效利用、系统治理的原则。

第四条 国务院水行政主管部门负责全国地下水统一监督管理工作。国务院生态环境主管部门负责全国地下水污染防治监督管理工作。国务院自然资源等主管部门按照职责分工做好地下水调查、监测等相关工作。

第五条 县级以上地方人民政府对本行政区域内的地下水管理负责，应当将地下水管理纳入本级国民经济和社会发展规划，并采取控制开采量、防治污染等措施，维持地下水合理水位，保护地下水水质。

县级以上地方人民政府水行政主管部门按照管理权限，负责本行政区域内地下水统一监督管理工作。地方人民政府生态环境主管部门负责本行政区域内地下水污染防治监督管理工作。县级以上地方人民政府自然资源等主管部门按照职责分工做好本行政区域内地下水调查、监测等相关工作。

第六条 利用地下水的单位和个人应当加强地下水取水工程管理，

节约、保护地下水，防止地下水污染。

第七条 国务院对省、自治区、直辖市地下水管理和保护情况实行目标责任制和考核评价制度。国务院有关部门按照职责分工负责考核评价工作的具体组织实施。

第八条 任何单位和个人都有权对损害地下水的行为进行监督、检举。

对在节约、保护和管理地下水工作中作出突出贡献的单位和个人，按照国家有关规定给予表彰和奖励。

第九条 国家加强对地下水节约和保护的宣传教育，鼓励、支持地下水先进科学技术的研究、推广和应用。

第二章　调查与规划

第十条 国家定期组织开展地下水状况调查评价工作。地下水状况调查评价包括地下水资源调查评价、地下水污染调查评价和水文地质勘查评价等内容。

第十一条 县级以上人民政府应当组织水行政、自然资源、生态环境等主管部门开展地下水状况调查评价工作。调查评价成果是编制地下水保护利用和污染防治等规划以及管理地下水的重要依据。调查评价成果应当依法向社会公布。

第十二条 县级以上人民政府水行政、自然资源、生态环境等主管部门根据地下水状况调查评价成果，统筹考虑经济社会发展需要、地下水资源状况、污染防治等因素，编制本级地下水保护利用和污染防治等规划，依法履行征求意见、论证评估等程序后向社会公布。

地下水保护利用和污染防治等规划是节约、保护、利用、修复治理地下水的基本依据。地下水保护利用和污染防治等规划应当服从水资源综合规划和环境保护规划。

第十三条 国民经济和社会发展规划以及国土空间规划等相关规划

的编制、重大建设项目的布局，应当与地下水资源条件和地下水保护要求相适应，并进行科学论证。

第十四条 编制工业、农业、市政、能源、矿产资源开发等专项规划，涉及地下水的内容，应当与地下水保护利用和污染防治等规划相衔接。

第十五条 国家建立地下水储备制度。国务院水行政主管部门应当会同国务院自然资源、发展改革等主管部门，对地下水储备工作进行指导、协调和监督检查。

县级以上地方人民政府水行政主管部门应当会同本级人民政府自然资源、发展改革等主管部门，根据本行政区域内地下水条件、气候状况和水资源储备需要，制定动用地下水储备预案并报本级人民政府批准。

除特殊干旱年份以及发生重大突发事件外，不得动用地下水储备。

第三章　节约与保护

第十六条 国家实行地下水取水总量控制制度。国务院水行政主管部门会同国务院自然资源主管部门，根据各省、自治区、直辖市地下水可开采量和地表水水资源状况，制定并下达各省、自治区、直辖市地下水取水总量控制指标。

第十七条 省、自治区、直辖市人民政府水行政主管部门应当会同本级人民政府有关部门，根据国家下达的地下水取水总量控制指标，制定本行政区域内县级以上行政区域的地下水取水总量控制指标和地下水水位控制指标，经省、自治区、直辖市人民政府批准后下达实施，并报国务院水行政主管部门或者其授权的流域管理机构备案。

第十八条 省、自治区、直辖市人民政府水行政主管部门制定本行政区域内地下水取水总量控制指标和地下水水位控制指标时，涉及省际边界区域且属于同一水文地质单元的，应当与相邻省、自治区、直辖市人民政府水行政主管部门协商确定。协商不成的，由国务院水行政主管部门会同国务院有关部门确定。

第十九条　县级以上地方人民政府应当根据地下水取水总量控制指标、地下水水位控制指标和国家相关技术标准，合理确定本行政区域内地下水取水工程布局。

第二十条　县级以上地方人民政府水行政主管部门应当根据本行政区域内地下水取水总量控制指标、地下水水位控制指标以及科学分析测算的地下水需求量和用水结构，制定地下水年度取水计划，对本行政区域内的年度取用地下水实行总量控制，并报上一级人民政府水行政主管部门备案。

第二十一条　取用地下水的单位和个人应当遵守取水总量控制和定额管理要求，使用先进节约用水技术、工艺和设备，采取循环用水、综合利用及废水处理回用等措施，实施技术改造，降低用水消耗。

对下列工艺、设备和产品，应当在规定的期限内停止生产、销售、进口或者使用：

（一）列入淘汰落后的、耗水量高的工艺、设备和产品名录的；

（二）列入限期禁止采用的严重污染水环境的工艺名录和限期禁止生产、销售、进口、使用的严重污染水环境的设备名录的。

第二十二条　新建、改建、扩建地下水取水工程，应当同时安装计量设施。已有地下水取水工程未安装计量设施的，应当按照县级以上地方人民政府水行政主管部门规定的期限安装。

单位和个人取用地下水量达到取水规模以上的，应当安装地下水取水在线计量设施，并将计量数据实时传输到有管理权限的水行政主管部门。取水规模由省、自治区、直辖市人民政府水行政主管部门制定、公布，并报国务院水行政主管部门备案。

第二十三条　以地下水为灌溉水源的地区，县级以上地方人民政府应当采取保障建设投入、加大对企业信贷支持力度、建立健全基层水利服务体系等措施，鼓励发展节水农业，推广应用喷灌、微灌、管道输水灌溉、渠道防渗输水灌溉等节水灌溉技术，以及先进的农机、农艺和生物技术等，提高农业用水效率，节约农业用水。

第二十四条　国务院根据国民经济和社会发展需要，对取用地下水的单位和个人试点征收水资源税。地下水水资源税根据当地地下水资源状况、取用水类型和经济发展等情况实行差别税率，合理提高征收标准。征收水资源税的，停止征收水资源费。

尚未试点征收水资源税的省、自治区、直辖市，对同一类型取用水，地下水的水资源费征收标准应当高于地表水的标准，地下水超采区的水资源费征收标准应当高于非超采区的标准，地下水严重超采区的水资源费征收标准应当大幅高于非超采区的标准。

第二十五条　有下列情形之一的，对取用地下水的取水许可申请不予批准：

（一）不符合地下水取水总量控制、地下水水位控制要求；

（二）不符合限制开采区取用水规定；

（三）不符合行业用水定额和节水规定；

（四）不符合强制性国家标准；

（五）水资源紧缺或者生态脆弱地区新建、改建、扩建高耗水项目；

（六）违反法律、法规的规定开垦种植而取用地下水。

第二十六条　建设单位和个人应当采取措施防止地下工程建设对地下水补给、径流、排泄等造成重大不利影响。对开挖达到一定深度或者达到一定排水规模的地下工程，建设单位和个人应当于工程开工前，将工程建设方案和防止对地下水产生不利影响的措施方案报有管理权限的水行政主管部门备案。开挖深度和排水规模由省、自治区、直辖市人民政府制定、公布。

第二十七条　除下列情形外，禁止开采难以更新的地下水：

（一）应急供水取水；

（二）无替代水源地区的居民生活用水；

（三）为开展地下水监测、勘探、试验少量取水。

已经开采的，除前款规定的情形外，有关县级以上地方人民政府应当采取禁止开采、限制开采措施，逐步实现全面禁止开采；前款规定的情形消除后，应当立即停止取用地下水。

第二十八条　县级以上地方人民政府应当加强地下水水源补给保护，充分利用自然条件补充地下水，有效涵养地下水水源。

城乡建设应当统筹地下水水源涵养和回补需要，按照海绵城市建设的要求，推广海绵型建筑、道路、广场、公园、绿地等，逐步完善滞渗蓄排等相结合的雨洪水收集利用系统。河流、湖泊整治应当兼顾地下水水源涵养，加强水体自然形态保护和修复。

城市人民政府应当因地制宜采取有效措施，推广节水型生活用水器具，鼓励使用再生水，提高用水效率。

第二十九条　县级以上地方人民政府应当根据地下水水源条件和需要，建设应急备用饮用水水源，制定应急预案，确保需要时正常使用。

应急备用地下水水源结束应急使用后，应当立即停止取水。

第三十条　有关县级以上地方人民政府水行政主管部门会同本级人民政府有关部门编制重要泉域保护方案，明确保护范围、保护措施，报本级人民政府批准后实施。

对已经干涸但具有重要历史文化和生态价值的泉域，具备条件的，应当采取措施予以恢复。

第四章　超采治理

第三十一条　国务院水行政主管部门应当会同国务院自然资源主管部门根据地下水状况调查评价成果，组织划定全国地下水超采区，并依法向社会公布。

第三十二条　省、自治区、直辖市人民政府水行政主管部门应当会同本级人民政府自然资源等主管部门，统筹考虑地下水超采区划定、地下水利用情况以及地质环境条件等因素，组织划定本行政区域内地下水禁止开采区、限制开采区，经省、自治区、直辖市人民政府批准后公布，并报国务院水行政主管部门备案。

地下水禁止开采区、限制开采区划定后，确需调整的，应当按照原划定程序进行调整。

第三十三条　有下列情形之一的，应当划为地下水禁止开采区：

（一）已发生严重的地面沉降、地裂缝、海（咸）水入侵、植被退化等地质灾害或者生态损害的区域；

（二）地下水超采区内公共供水管网覆盖或者通过替代水源已经解决供水需求的区域；

（三）法律、法规规定禁止开采地下水的其他区域。

第三十四条　有下列情形之一的，应当划为地下水限制开采区：

（一）地下水开采量接近可开采量的区域；

（二）开采地下水可能引发地质灾害或者生态损害的区域；

（三）法律、法规规定限制开采地下水的其他区域。

第三十五条　除下列情形外，在地下水禁止开采区内禁止取用地下水：

（一）为保障地下工程施工安全和生产安全必须进行临时应急取（排）水；

（二）为消除对公共安全或者公共利益的危害临时应急取水；

（三）为开展地下水监测、勘探、试验少量取水。

除前款规定的情形外，在地下水限制开采区内禁止新增取用地下水，并逐步削减地下水取水量；前款规定的情形消除后，应当立即停止取用地下水。

第三十六条　省、自治区、直辖市人民政府水行政主管部门应当会同本级人民政府有关部门，编制本行政区域地下水超采综合治理方案，经省、自治区、直辖市人民政府批准后，报国务院水行政主管部门备案。

地下水超采综合治理方案应当明确治理目标、治理措施、保障措施等内容。

第三十七条 地下水超采区的县级以上地方人民政府应当加强节水型社会建设，通过加大海绵城市建设力度、调整种植结构、推广节水农业、加强工业节水、实施河湖地下水回补等措施，逐步实现地下水采补平衡。

国家在替代水源供给、公共供水管网建设、产业结构调整等方面，加大对地下水超采区地方人民政府的支持力度。

第三十八条 有关县级以上地方人民政府水行政主管部门应当会同本级人民政府自然资源主管部门加强对海（咸）水入侵的监测和预防。已经出现海（咸）水入侵的地区，应当采取综合治理措施。

第五章　污染防治

第三十九条 国务院生态环境主管部门应当会同国务院水行政、自然资源等主管部门，指导全国地下水污染防治重点区划定工作。省、自治区、直辖市人民政府生态环境主管部门应当会同本级人民政府水行政、自然资源等主管部门，根据本行政区域内地下水污染防治需要，划定地下水污染防治重点区。

第四十条 禁止下列污染或者可能污染地下水的行为：

（一）利用渗井、渗坑、裂隙、溶洞以及私设暗管等逃避监管的方式排放水污染物；

（二）利用岩层孔隙、裂隙、溶洞、废弃矿坑等贮存石化原料及产品、农药、危险废物、城镇污水处理设施产生的污泥和处理后的污泥或者其他有毒有害物质；

（三）利用无防渗漏措施的沟渠、坑塘等输送或者贮存含有毒污染物的废水、含病原体的污水和其他废弃物；

（四）法律、法规禁止的其他污染或者可能污染地下水的行为。

第四十一条　企业事业单位和其他生产经营者应当采取下列措施，防止地下水污染：

（一）兴建地下工程设施或者进行地下勘探、采矿等活动，依法编制的环境影响评价文件中，应当包括地下水污染防治的内容，并采取防护性措施；

（二）化学品生产企业以及工业集聚区、矿山开采区、尾矿库、危险废物处置场、垃圾填埋场等的运营、管理单位，应当采取防渗漏等措施，并建设地下水水质监测井进行监测；

（三）加油站等的地下油罐应当使用双层罐或者采取建造防渗池等其他有效措施，并进行防渗漏监测；

（四）存放可溶性剧毒废渣的场所，应当采取防水、防渗漏、防流失的措施；

（五）法律、法规规定应当采取的其他防止地下水污染的措施。

根据前款第二项规定的企业事业单位和其他生产经营者排放有毒有害物质情况，地方人民政府生态环境主管部门应当按照国务院生态环境主管部门的规定，商有关部门确定并公布地下水污染防治重点排污单位名录。地下水污染防治重点排污单位应当依法安装水污染物排放自动监测设备，与生态环境主管部门的监控设备联网，并保证监测设备正常运行。

第四十二条　在泉域保护范围以及岩溶强发育、存在较多落水洞和岩溶漏斗的区域内，不得新建、改建、扩建可能造成地下水污染的建设项目。

第四十三条　多层含水层开采、回灌地下水应当防止串层污染。

多层地下水的含水层水质差异大的，应当分层开采；对已受污染的潜水和承压水，不得混合开采。

已经造成地下水串层污染的，应当按照封填井技术要求限期回填串层开采井，并对造成的地下水污染进行治理和修复。

人工回灌补给地下水，应当符合相关的水质标准，不得使地下水水质恶化。

第四十四条 农业生产经营者等有关单位和个人应当科学、合理使用农药、肥料等农业投入品，农田灌溉用水应当符合相关水质标准，防止地下水污染。

县级以上地方人民政府及其有关部门应当加强农药、肥料等农业投入品使用指导和技术服务，鼓励和引导农业生产经营者等有关单位和个人合理使用农药、肥料等农业投入品，防止地下水污染。

第四十五条 依照《中华人民共和国土壤污染防治法》的有关规定，安全利用类和严格管控类农用地地块的土壤污染影响或者可能影响地下水安全的，制定防治污染的方案时，应当包括地下水污染防治的内容。

污染物含量超过土壤污染风险管控标准的建设用地地块，编制土壤污染风险评估报告时，应当包括地下水是否受到污染的内容；列入风险管控和修复名录的建设用地地块，采取的风险管控措施中应当包括地下水污染防治的内容。

对需要实施修复的农用地地块，以及列入风险管控和修复名录的建设用地地块，修复方案中应当包括地下水污染防治的内容。

第六章　监督管理

第四十六条 县级以上人民政府水行政、自然资源、生态环境等主管部门应当依照职责加强监督管理，完善协作配合机制。

国务院水行政、自然资源、生态环境等主管部门建立统一的国家地下水监测站网和地下水监测信息共享机制，对地下水进行动态监测。

县级以上地方人民政府水行政、自然资源、生态环境等主管部门根据需要完善地下水监测工作体系，加强地下水监测。

第四十七条 任何单位和个人不得侵占、毁坏或者擅自移动地下水监测设施设备及其标志。

新建、改建、扩建建设工程应当避开地下水监测设施设备；确实无法避开、需要拆除地下水监测设施设备的，应当由县级以上人民政府水行政、自然资源、生态环境等主管部门按照有关技术要求组织迁建，迁建费用由建设单位承担。

任何单位和个人不得篡改、伪造地下水监测数据。

第四十八条　建设地下水取水工程的单位和个人，应当在申请取水许可时附具地下水取水工程建设方案，并按照取水许可批准文件的要求，自行或者委托具有相应专业技术能力的单位进行施工。施工单位不得承揽应当取得但未取得取水许可的地下水取水工程。

以监测、勘探为目的的地下水取水工程，不需要申请取水许可，建设单位应当于施工前报有管辖权的水行政主管部门备案。

地下水取水工程的所有权人负责工程的安全管理。

第四十九条　县级以上地方人民政府水行政主管部门应当对本行政区域内的地下水取水工程登记造册，建立监督管理制度。

报废的矿井、钻井、地下水取水工程，或者未建成、已完成勘探任务、依法应当停止取水的地下水取水工程，应当由工程所有权人或者管理单位实施封井或者回填；所有权人或者管理单位应当将其封井或者回填情况告知县级以上地方人民政府水行政主管部门；无法确定所有权人或者管理单位的，由县级以上地方人民政府或者其授权的部门负责组织实施封井或者回填。

实施封井或者回填，应当符合国家有关技术标准。

第五十条　县级以上地方人民政府应当组织水行政、自然资源、生态环境等主管部门，划定集中式地下水饮用水水源地并公布名录，定期组织开展地下水饮用水水源地安全评估。

第五十一条　县级以上地方人民政府水行政主管部门应当会同本级人民政府自然资源等主管部门，根据水文地质条件和地下水保护要求，划定需要取水的地热能开发利用项目的禁止和限制取水范围。

禁止在集中式地下水饮用水水源地建设需要取水的地热能开发利用项目。禁止抽取难以更新的地下水用于需要取水的地热能开发利用项目。

建设需要取水的地热能开发利用项目，应当对取水和回灌进行计量，实行同一含水层等量取水和回灌，不得对地下水造成污染。达到取水规模以上的，应当安装取水和回灌在线计量设施，并将计量数据实时传输到有管理权限的水行政主管部门。取水规模由省、自治区、直辖市人民政府水行政主管部门制定、公布。

对不符合本条第一款、第二款、第三款规定的已建需要取水的地热能开发利用项目，取水单位和个人应当按照水行政主管部门的规定限期整改，整改不合格的，予以关闭。

第五十二条 矿产资源开采、地下工程建设疏干排水量达到规模的，应当依法申请取水许可，安装排水计量设施，定期向取水许可审批机关报送疏干排水量和地下水水位状况。疏干排水量规模由省、自治区、直辖市人民政府制定、公布。

为保障矿井等地下工程施工安全和生产安全必须进行临时应急取（排）水的，不需要申请取水许可。取（排）水单位和个人应当于临时应急取（排）水结束后 5 个工作日内，向有管理权限的县级以上地方人民政府水行政主管部门备案。

矿产资源开采、地下工程建设疏干排水应当优先利用，无法利用的应当达标排放。

第五十三条 县级以上人民政府水行政、生态环境等主管部门应当建立从事地下水节约、保护、利用活动的单位和个人的诚信档案，记录日常监督检查结果、违法行为查处等情况，并依法向社会公示。

第七章 法律责任

第五十四条 县级以上地方人民政府，县级以上人民政府水行政、生态环境、自然资源主管部门和其他负有地下水监督管理职责的部门有下列行为之一的，由上级机关责令改正，对负有责任的主管人员和其他直接责任人员依法给予处分：

（一）未采取有效措施导致本行政区域内地下水超采范围扩大，或者地下水污染状况未得到改善甚至恶化；

（二）未完成本行政区域内地下水取水总量控制指标和地下水水位控制指标；

（三）对地下水水位低于控制水位未采取相关措施；

（四）发现违法行为或者接到对违法行为的检举后未予查处；

（五）有其他滥用职权、玩忽职守、徇私舞弊等违法行为。

第五十五条　违反本条例规定，未经批准擅自取用地下水，或者利用渗井、渗坑、裂隙、溶洞以及私设暗管等逃避监管的方式排放水污染物等违法行为，依照《中华人民共和国水法》、《中华人民共和国水污染防治法》、《中华人民共和国土壤污染防治法》、《取水许可和水资源费征收管理条例》等法律、行政法规的规定处罚。

第五十六条　地下水取水工程未安装计量设施的，由县级以上地方人民政府水行政主管部门责令限期安装，并按照日最大取水能力计算的取水量计征相关费用，处10万元以上50万元以下罚款；情节严重的，吊销取水许可证。

计量设施不合格或者运行不正常的，由县级以上地方人民政府水行政主管部门责令限期更换或者修复；逾期不更换或者不修复的，按照日最大取水能力计算的取水量计征相关费用，处10万元以上50万元以下罚款；情节严重的，吊销取水许可证。

第五十七条　地下工程建设对地下水补给、径流、排泄等造成重大不利影响的，由县级以上地方人民政府水行政主管部门责令限期采取措施消除不利影响，处10万元以上50万元以下罚款；逾期不采取措施消除不利影响的，由县级以上地方人民政府水行政主管部门组织采取措施消除不利影响，所需费用由违法行为人承担。

地下工程建设应当于开工前将工程建设方案和防止对地下水产生不利影响的措施方案备案而未备案的，或者矿产资源开采、地下工程建设疏干排水应当定期报送疏干排水量和地下水水位状况而未报送的，由县级以上地方人民政府水行政主管部门责令限期补报；逾期不补报的，处2万元以上10万元以下罚款。

第五十八条 报废的矿井、钻井、地下水取水工程，或者未建成、已完成勘探任务、依法应当停止取水的地下水取水工程，未按照规定封井或者回填的，由县级以上地方人民政府或者其授权的部门责令封井或者回填，处10万元以上50万元以下罚款；不具备封井或者回填能力的，由县级以上地方人民政府或者其授权的部门组织封井或者回填，所需费用由违法行为人承担。

第五十九条 利用岩层孔隙、裂隙、溶洞、废弃矿坑等贮存石化原料及产品、农药、危险废物或者其他有毒有害物质的，由地方人民政府生态环境主管部门责令限期改正，处10万元以上100万元以下罚款。

利用岩层孔隙、裂隙、溶洞、废弃矿坑等贮存城镇污水处理设施产生的污泥和处理后的污泥的，由县级以上地方人民政府城镇排水主管部门责令限期改正，处20万元以上200万元以下罚款，对直接负责的主管人员和其他直接责任人员处2万元以上10万元以下罚款；造成严重后果的，处200万元以上500万元以下罚款，对直接负责的主管人员和其他直接责任人员处5万元以上50万元以下罚款。

在泉域保护范围以及岩溶强发育、存在较多落水洞和岩溶漏斗的区域内，新建、改建、扩建造成地下水污染的建设项目的，由地方人民政府生态环境主管部门处10万元以上50万元以下罚款，并报经有批准权的人民政府批准，责令拆除或者关闭。

第六十条 侵占、毁坏或者擅自移动地下水监测设施设备及其标志的，由县级以上地方人民政府水行政、自然资源、生态环境主管部门责令停止违法行为，限期采取补救措施，处2万元以上10万元以下罚款；

逾期不采取补救措施的，由县级以上地方人民政府水行政、自然资源、生态环境主管部门组织补救，所需费用由违法行为人承担。

第六十一条　以监测、勘探为目的的地下水取水工程在施工前应当备案而未备案的，由县级以上地方人民政府水行政主管部门责令限期补办备案手续；逾期不补办备案手续的，责令限期封井或者回填，处 2 万元以上 10 万元以下罚款；逾期不封井或者回填的，由县级以上地方人民政府水行政主管部门组织封井或者回填，所需费用由违法行为人承担。

第六十二条　违反本条例规定，构成违反治安管理行为的，由公安机关依法给予治安管理处罚；构成犯罪的，依法追究刑事责任。

第八章　附　则

第六十三条　本条例下列用语含义是：

地下水取水工程，是指地下水取水井及其配套设施，包括水井、集水廊道、集水池、渗渠、注水井以及需要取水的地热能开发利用项目的取水井和回灌井等。

地下水超采区，是指地下水实际开采量超过可开采量，引起地下水水位持续下降、引发生态损害和地质灾害的区域。

难以更新的地下水，是指与大气降水和地表水体没有密切水力联系，无法补给或者补给非常缓慢的地下水。

第六十四条　本条例自 2021 年 12 月 1 日起施行。

国务院《关于印发〈水污染防治行动计划〉的通知》

国发〔2015〕17号

各省、自治区、直辖市人民政府，国务院各部委、各直属机构：

现将《水污染防治行动计划》印发给你们，请认真贯彻执行。

国务院

2015年4月2日

《水污染防治行动计划》

水环境保护事关人民群众切身利益，事关全面建成小康社会，事关实现中华民族伟大复兴中国梦。当前，我国一些地区水环境质量差、水生态受损重、环境隐患多等问题十分突出，影响和损害群众健康，不利于经济社会持续发展。为切实加大水污染防治力度，保障国家水安全，制定本行动计划。

总体要求：全面贯彻党的十八大和十八届二中、三中、四中全会精神，大力推进生态文明建设，以改善水环境质量为核心，按照"节水优先、空间均衡、系统治理、两手发力"原则，贯彻"安全、清洁、健康"方针，强化源头控制，水陆统筹、河海兼顾，对江河湖海实施分流域、分区域、分阶段科学治理，系统推进水污染防治、水生态保护和水资源管理。坚持政府市场协同，注重改革创新；坚持全面依法推进，实行最严格环保制度；坚持落实各方责任，严格考核问责；坚持全民参与，推动节水洁水人人有责，形成"政府统领、企业施治、市场驱动、公众参与"的水污染防治新机制，实现环境效益、经济效益与社会效益多赢，为建设"蓝天常在、青山常在、绿水常在"的美丽中国而奋斗。

工作目标：到 2020 年，全国水环境质量得到阶段性改善，污染严重水体较大幅度减少，饮用水安全保障水平持续提升，地下水超采得到严格控制，地下水污染加剧趋势得到初步遏制，近岸海域环境质量稳中趋好，京津冀、长三角、珠三角等区域水生态环境状况有所好转。到 2030 年，力争全国水环境质量总体改善，水生态系统功能初步恢复。到本世纪中叶，生态环境质量全面改善，生态系统实现良性循环。

主要指标：到 2020 年，长江、黄河、珠江、松花江、淮河、海河、辽河等七大重点流域水质优良（达到或优于Ⅲ类）比例总体达到 70%以上，地级及以上城市建成区黑臭水体均控制在 10%以内，地级及以上城市集中式饮用水水源水质达到或优于Ⅲ类比例总体高于 93%，全国地下水质量极差的比例控制在 15%左右，近岸海域水质优良（一、二类）比例达到 70%左右。京津冀区域丧失使用功能（劣于Ⅴ类）的水体断面比例下降 15 个百分点左右，长三角、珠三角区域力争消除丧失使用功能的水体。

到 2030 年，全国七大重点流域水质优良比例总体达到 75%以上，城市建成区黑臭水体总体得到消除，城市集中式饮用水水源水质达到或优于Ⅲ类比例总体为 95%左右。

一、全面控制污染物排放

（一）狠抓工业污染防治。取缔"十小"企业。全面排查装备水平低、环保设施差的小型工业企业。2016 年底前，按照水污染防治法律法规要求，全部取缔不符合国家产业政策的小型造纸、制革、印染、染料、炼焦、炼硫、炼砷、炼油、电镀、农药等严重污染水环境的生产项目。（环境保护部牵头，工业和信息化部、国土资源部、能源局等参与，地方各级人民政府负责落实。以下均需地方各级人民政府落实，不再列出）

专项整治十大重点行业。制定造纸、焦化、氮肥、有色金属、印染、农副食品加工、原料药制造、制革、农药、电镀等行业专项治理方案，实施清洁化改造。新建、改建、扩建上述行业建设项目实行主要污染物排放等量或减量置换。2017年底前，造纸行业力争完成纸浆无元素氯漂白改造或采取其他低污染制浆技术，钢铁企业焦炉完成干熄焦技术改造，氮肥行业尿素生产完成工艺冷凝液水解解析技术改造，印染行业实施低排水染整工艺改造，制药（抗生素、维生素）行业实施绿色酶法生产技术改造，制革行业实施铬减量化和封闭循环利用技术改造。（环境保护部牵头，工业和信息化部等参与）

集中治理工业集聚区水污染。强化经济技术开发区、高新技术产业开发区、出口加工区等工业集聚区污染治理。集聚区内工业废水必须经预处理达到集中处理要求，方可进入污水集中处理设施。新建、升级工业集聚区应同步规划、建设污水、垃圾集中处理等污染治理设施。2017年底前，工业集聚区应按规定建成污水集中处理设施，并安装自动在线监控装置，京津冀、长三角、珠三角等区域提前一年完成；逾期未完成的，一律暂停审批和核准其增加水污染物排放的建设项目，并依照有关规定撤销其园区资格。（环境保护部牵头，科技部、工业和信息化部、商务部等参与）

（二）强化城镇生活污染治理。加快城镇污水处理设施建设与改造。现有城镇污水处理设施，要因地制宜进行改造，2020年底前达到相应排放标准或再生利用要求。敏感区域（重点湖泊、重点水库、近岸海域汇水区域）城镇污水处理设施应于2017年底前全面达到一级A排放标准。建成区水体水质达不到地表水Ⅳ类标准的城市，新建城镇污水处理设施要执行一级A排放标准。按照国家新型城镇化规划要求，到2020年，全国所有县城和重点镇具备污水收集处理能力，县城、城市污水处理率分别达到85%、95%左右。京津冀、长三角、珠三角等区域提前一年完成。（住房城乡建设部牵头，发展改革委、环境保护部等参与）

全面加强配套管网建设。强化城中村、老旧城区和城乡结合部污水截流、收集。现有合流制排水系统应加快实施雨污分流改造，难以改造的，应采取截流、调蓄和治理等措施。新建污水处理设施的配套管网应同步设计、同步建设、同步投运。除干旱地区外，城镇新区建设均实行雨污分流，有条件的地区要推进初期雨水收集、处理和资源化利用。到2017年，直辖市、省会城市、计划单列市建成区污水基本实现全收集、全处理，其他地级城市建成区于2020年底前基本实现。（住房城乡建设部牵头，发展改革委、环境保护部等参与）

推进污泥处理处置。污水处理设施产生的污泥应进行稳定化、无害化和资源化处理处置，禁止处理处置不达标的污泥进入耕地。非法污泥堆放点一律予以取缔。现有污泥处理处置设施应于2017年底前基本完成达标改造，地级及以上城市污泥无害化处理处置率应于2020年底前达到90%以上。（住房城乡建设部牵头，发展改革委、工业和信息化部、环境保护部、农业部等参与）

（三）推进农业农村污染防治。防治畜禽养殖污染。科学划定畜禽养殖禁养区，2017年底前，依法关闭或搬迁禁养区内的畜禽养殖场（小区）和养殖专业户，京津冀、长三角、珠三角等区域提前一年完成。现有规模化畜禽养殖场（小区）要根据污染防治需要，配套建设粪便污水贮存、处理、利用设施。散养密集区要实行畜禽粪便污水分户收集、集中处理利用。自2016年起，新建、改建、扩建规模化畜禽养殖场（小区）要实施雨污分流、粪便污水资源化利用。（农业部牵头，环境保护部参与）

控制农业面源污染。制定实施全国农业面源污染综合防治方案。推广低毒、低残留农药使用补助试点经验，开展农作物病虫害绿色防控和统防统治。实行测土配方施肥，推广精准施肥技术和机具。完善高标准农田建设、土地开发整理等标准规范，明确环保要求，新建高标准农田要达到相关环保要求。敏感区域和大中型灌区，要利用现有沟、塘、窖等，配置水生植物群落、格栅和透水坝，建设生态沟渠、污水净化塘、地表径流集蓄池等设施，净化农田排水及地表径流。到2020年，测土配方施肥技术推广覆盖率达到90%以上，化肥利用率提高到40%以上，农作物病虫害统防统治覆盖率达到40%以上；京津冀、长三角、珠三角等区域提前一年完成。（农业部牵头，发展改革委、工业和信息化部、国土资源部、环境保护部、水利部、质检总局等参与）

调整种植业结构与布局。在缺水地区试行退地减水。地下水易受污染地区要优先种植需肥需药量低、环境效益突出的农作物。地表水过度开发和地下水超采问题较严重，且农业用水比重较大的甘肃、新疆（含新疆生产建设兵团）、河北、山东、河南等五省（区），要适当减少用水量较大的农作物种植面积，改种耐旱作物和经济林；2018年底前，对3300万亩灌溉面积实施综合治理，退减水量37亿立方米以上。（农业部、水利部牵头，发展改革委、国土资源部等参与）

加快农村环境综合整治。以县级行政区域为单元，实行农村污水处理统一规划、统一建设、统一管理，有条件的地区积极推进城镇污水处理设施和服务向农村延伸。深化"以奖促治"政策，实施农村清洁工程，开展河道清淤疏浚，推进农村环境连片整治。到2020年，新增完成环境综合整治的建制村13万个。（环境保护部牵头，住房城乡建设部、水利部、农业部等参与）

（四）加强船舶港口污染控制。积极治理船舶污染。依法强制报废超过使用年限的船舶。分类分级修订船舶及其设施、设备的相关环保标准。2018年起投入使用的沿海船舶、2021年起投入使用的内河船舶执行新的标准；其他船舶于2020年底前完成改造，经改造仍不能达到要求的，限期予以淘汰。航行于我国水域的国际航线船舶，要实施压载水交换或安装压载水灭活处理系统。规范拆船行为，禁止冲滩拆解。（交通运输部牵头，工业和信息化部、环境保护部、农业部、质检总局等参与）

增强港口码头污染防治能力。编制实施全国港口、码头、装卸站污染防治方案。加快垃圾接收、转运及处理处置设施建设，提高含油污水、化学品洗舱水等接收处置能力及污染事故应急能力。位于沿海和内河的港口、码头、装卸站及船舶修造厂，分别于 2017 年底前和 2020 年底前达到建设要求。港口、码头、装卸站的经营人应制定防治船舶及其有关活动污染水环境的应急计划。（交通运输部牵头，工业和信息化部、住房城乡建设部、农业部等参与）

二、推动经济结构转型升级

（五）调整产业结构。依法淘汰落后产能。自 2015 年起，各地要依据部分工业行业淘汰落后生产工艺装备和产品指导目录、产业结构调整指导目录及相关行业污染物排放标准，结合水质改善要求及产业发展情况，制定并实施分年度的落后产能淘汰方案，报工业和信息化部、环境保护部备案。未完成淘汰任务的地区，暂停审批和核准其相关行业新建项目。（工业和信息化部牵头，发展改革委、环境保护部等参与）

严格环境准入。根据流域水质目标和主体功能区规划要求，明确区域环境准入条件，细化功能分区，实施差别化环境准入政策。建立水资源、水环境承载能力监测评价体系，实行承载能力监测预警，已超过承载能力的地区要实施水污染物削减方案，加快调整发展规划和产业结构。到 2020 年，组织完成市、县域水资源、水环境承载能力现状评价。（环境保护部牵头，住房城乡建设部、水利部、海洋局等参与）

（六）优化空间布局。合理确定发展布局、结构和规模。充分考虑水资源、水环境承载能力，以水定城、以水定地、以水定人、以水定产。重大项目原则上布局在优化开发区和重点开发区，并符合城乡规划和土地利用总体规划。鼓励发展节水高效现代农业、低耗水高新技术产业以及生态保护型旅游业，严格控制缺水地区、水污染严重地区和敏感区域高耗水、高污染行业发展，新建、改建、扩建重点行业建设项目实行主要污染物排放减量置换。七大重点流域干流沿岸，要严格控制石油加工、化学原料和化学制品制造、医药制造、化学纤维制造、有色金属冶炼、纺织印染等项目环境风险，合理布局生产装置及危险化学品仓储等设施。（发展改革委、工业和信息化部牵头，国土资源部、环境保护部、住房城乡建设部、水利部等参与）

推动污染企业退出。城市建成区内现有钢铁、有色金属、造纸、印染、原料药制造、化工等污染较重的企业应有序搬迁改造或依法关闭。（工业和信息化部牵头，环境保护部等参与）

积极保护生态空间。严格城市规划蓝线管理，城市规划区范围内应保留一定比例的水域面积。新建项目一律不得违规占用水域。严格水域岸线用途管制，土地开发利用应按照有关法律法规和技术标准要求，留足河道、湖泊和滨海地带的管理和保护范围，非法挤占的应限期退出。（国土资源部、住房城乡建设部牵头，环境保护部、水利部、海洋局等参与）

（七）推进循环发展。加强工业水循环利用。推进矿井水综合利用，煤炭矿区的补充用水、周边地区生产和生态用水应优先使用矿井水，加强洗煤废水循环利用。鼓励钢铁、纺织印染、造纸、石油石化、化工、制革等高耗水企业废水深度处理回用。（发展改革委、工业和信息化部牵头，水利部、能源局等参与）

促进再生水利用。以缺水及水污染严重地区城市为重点，完善再生水利用设施，工业生产、城市绿化、道路清扫、车辆冲洗、建筑施工以及生态景观等用水，要优先使用再生水。推进高速公路服务区污水处理和利用。具备使用再生水条件但未充分利用的钢铁、火电、化工、制浆造纸、印染等项目，不得批准其新增取水许可。自 2018 年起，单体建筑面积超过 2 万平方米的新建公共建筑，北京市 2 万平方米、天津市 5 万平方米、河北省 10 万平方米以上集中新建的保障性住房，应安装建筑中水设施。积极推动其他新建住房安装建筑中水设施。到 2020 年，缺水城市再生水利用率达到 20% 以上，京津冀区域达到 30% 以上。（住房城乡建设部牵头，发展改革委、工业和信息化部、环境保护部、交通运输部、水

利部等参与）

推动海水利用。在沿海地区电力、化工、石化等行业，推行直接利用海水作为循环冷却等工业用水。在有条件的城市，加快推进淡化海水作为生活用水补充水源。（发展改革委牵头，工业和信息化部、住房城乡建设部、水利部、海洋局等参与）

三、着力节约保护水资源

（八）控制用水总量。实施最严格水资源管理。健全取用水总量控制指标体系。加强相关规划和项目建设布局水资源论证工作，国民经济和社会发展规划以及城市总体规划的编制、重大建设项目的布局，应充分考虑当地水资源条件和防洪要求。对取用水总量已达到或超过控制指标的地区，暂停审批其建设项目新增取水许可。对纳入取水许可管理的单位和其他用水大户实行计划用水管理。新建、改建、扩建项目用水要达到行业先进水平，节水设施应与主体工程同时设计、同时施工、同时投运。建立重点监控用水单位名录。到 2020 年，全国用水总量控制在 6700 亿立方米以内。（水利部牵头，发展改革委、工业和信息化部、住房城乡建设部、农业部等参与）

严控地下水超采。在地面沉降、地裂缝、岩溶塌陷等地质灾害易发区开发利用地下水，应进行地质灾害危险性评估。严格控制开采深层承压水，地热水、矿泉水开发应严格实行取水许可和采矿许可。依法规范机井建设管理，排查登记已建机井，未经批准的和公共供水管网覆盖范围内的自备水井，一律予以关闭。编制地面沉降区、海水入侵区等区域地下水压采方案。开展华北地下水超采区综合治理，超采区内禁止工农业生产及服务业新增取用地下水。京津冀区域实施土地整治、农业开发、扶贫等农业基础设施项目，不得以配套打井为条件。2017 年底前，完成地下水禁采区、限采区和地面沉降控制区范围划定工作，京津冀、长三角、珠三角等区域提前一年完成。（水利部、国土资源部牵头，发展改革

委、工业和信息化部、财政部、住房城乡建设部、农业部等参与)

(九)提高用水效率。建立万元国内生产总值水耗指标等用水效率评估体系,把节水目标任务完成情况纳入地方政府政绩考核。将再生水、雨水和微咸水等非常规水源纳入水资源统一配置。到2020年,全国万元国内生产总值用水量、万元工业增加值用水量比2013年分别下降35%、30%以上。(水利部牵头,发展改革委、工业和信息化部、住房城乡建设部等参与)

抓好工业节水。制定国家鼓励和淘汰的用水技术、工艺、产品和设备目录,完善高耗水行业取用水定额标准。开展节水诊断、水平衡测试、用水效率评估,严格用水定额管理。到2020年,电力、钢铁、纺织、造纸、石油石化、化工、食品发酵等高耗水行业达到先进定额标准。(工业和信息化部、水利部牵头,发展改革委、住房城乡建设部、质检总局等参与)

加强城镇节水。禁止生产、销售不符合节水标准的产品、设备。公共建筑必须采用节水器具,限期淘汰公共建筑中不符合节水标准的水嘴、便器水箱等生活用水器具。鼓励居民家庭选用节水器具。对使用超过50年和材质落后的供水管网进行更新改造,到2017年,全国公共供水管网漏损率控制在12%以内;到2020年,控制在10%以内。积极推行低影响开发建设模式,建设滞、渗、蓄、用、排相结合的雨水收集利用设施。新建城区硬化地面,可渗透面积要达到40%以上。到2020年,地级及以上缺水城市全部达到国家节水型城市标准要求,京津冀、长三角、珠三角等区域提前一年完成。(住房城乡建设部牵头,发展改革委、工业和信息化部、水利部、质检总局等参与)

发展农业节水。推广渠道防渗、管道输水、喷灌、微灌等节水灌溉技术,完善灌溉用水计量设施。在东北、西北、黄淮海等区域,推进规模化高效节水灌溉,推广农作物节水抗旱技术。到2020年,大型灌区、重点中型灌区续建配套和节水改造任务基本完成,全国节水灌溉工程面

积达到 7 亿亩左右，农田灌溉水有效利用系数达到 0.55 以上。（水利部、农业部牵头，发展改革委、财政部等参与）

（十）科学保护水资源。完善水资源保护考核评价体系。加强水功能区监督管理，从严核定水域纳污能力。（水利部牵头，发展改革委、环境保护部等参与）

加强江河湖库水量调度管理。完善水量调度方案。采取闸坝联合调度、生态补水等措施，合理安排闸坝下泄水量和泄流时段，维持河湖基本生态用水需求，重点保障枯水期生态基流。加大水利工程建设力度，发挥好控制性水利工程在改善水质中的作用。（水利部牵头，环境保护部参与）

科学确定生态流量。在黄河、淮河等流域进行试点，分期分批确定生态流量（水位），作为流域水量调度的重要参考。（水利部牵头，环境保护部参与）

四、强化科技支撑

（十一）推广示范适用技术。加快技术成果推广应用，重点推广饮用水净化、节水、水污染治理及循环利用、城市雨水收集利用、再生水安全回用、水生态修复、畜禽养殖污染防治等适用技术。完善环保技术评价体系，加强国家环保科技成果共享平台建设，推动技术成果共享与转化。发挥企业的技术创新主体作用，推动水处理重点企业与科研院所、高等学校组建产学研技术创新战略联盟，示范推广控源减排和清洁生产先进技术。（科技部牵头，发展改革委、工业和信息化部、环境保护部、住房城乡建设部、水利部、农业部、海洋局等参与）

（十二）攻关研发前瞻技术。整合科技资源，通过相关国家科技计划（专项、基金）等，加快研发重点行业废水深度处理、生活污水低成本高标准处理、海水淡化和工业高盐废水脱盐、饮用水微量有毒污染物处理、地下水污染修复、危险化学品事故和水上溢油应急处置等技术。开展有机物和重金属等水环境基准、水污染对人体健康影响、新型污染物风险评价、水环境损害评估、高品质再生水补充饮用水水源等研究。加强水生态保护、农业面源污染防治、水环境监控预警、水处理工艺技术装备等领域的国际交流合作。（科技部牵头，发展改革委、工业和信息化部、国土资源部、环境保护部、住房城乡建设部、水利部、农业部、卫生计生委等参与）

（十三）大力发展环保产业。规范环保产业市场。对涉及环保市场准入、经营行为规范的法规、规章和规定进行全面梳理，废止妨碍形成全国统一环保市场和公平竞争的规定和做法。健全环保工程设计、建设、运营等领域招投标管理办法和技术标准。推进先进适用的节水、治污、修复技术和装备产业化发展。（发展改革委牵头，科技部、工业和信息化部、财政部、环境保护部、住房城乡建设部、水利部、海洋局等参与）

加快发展环保服务业。明确监管部门、排污企业和环保服务公司的责任和义务，完善风险分担、履约保障等机制。鼓励发展包括系统设计、设备成套、工程施工、调试运行、维护管理的环保服务总承包模式、政府和社会资本合作模式等。以污水、垃圾处理和工业园区为重点，推行环境污染第三方治理。（发展改革委、财政部牵头，科技部、工业和信息化部、环境保护部、住房城乡建设部等参与）

五、充分发挥市场机制作用

（十四）理顺价格税费。加快水价改革。县级及以上城市应于2015年底前全面实行居民阶梯水价制度，具备条件的建制镇也要积极推进。2020年底前，全面实行非居民用水超定额、超计划累进加价制度。深入推进农业水价综合改革。（发展改革委牵头，财政部、住房城乡建设部、水利部、农业部等参与）

完善收费政策。修订城镇污水处理费、排污费、水资源费征收管理办法，合理提高征收标准，做到应收尽收。城镇污水处理收费标准不应低于污水处理和污泥处理处置成本。地下水水资源费征收标准应高于地表水，超采地区地下水水资源费征收标准应高于非超采地区。（发展改革委、财政部牵头，环境保护部、住房城乡建设部、水利部等参与）

健全税收政策。依法落实环境保护、节能节水、资源综合利用等方面税收优惠政策。对国内企业为生产国家支持发展的大型环保设备，必需进口的关键零部件及原材料，免征关税。加快推进环境保护税立法、资源税税费改革等工作。研究将部分高耗能、高污染产品纳入消费税征收范围。（财政部、税务总局牵头，发展改革委、工业和信息化部、商务部、海关总署、质检总局等参与）

（十五）促进多元融资。引导社会资本投入。积极推动设立融资担保基金，推进环保设备融资租赁业务发展。推广股权、项目收益权、特许经营权、排污权等质押融资担保。采取环境绩效合同服务、授予开发经营权益等方式，鼓励社会资本加大水环境保护投入。（人民银行、发展改革委、财政部牵头，环境保护部、住房城乡建设部、银监会、证监会、保监会等参与）

增加政府资金投入。中央财政加大对属于中央事权的水环境保护项目支持力度，合理承担部分属于中央和地方共同事权的水环境保护项目，向欠发达地区和重点地区倾斜；研究采取专项转移支付等方式，实施"以奖代补"。地方各级人民政府要重点支持污水处理、污泥处理处置、河道整治、饮用水水源保护、畜禽养殖污染防治、水生态修复、应急清污等项目和工作。对环境监管能力建设及运行费用分级予以必要保障。（财政部牵头，发展改革委、环境保护部等参与）

（十六）建立激励机制。健全节水环保"领跑者"制度。鼓励节能减排先进企业、工业集聚区用水效率、排污强度等达到更高标准，支持开展清洁生产、节约用水和污染治理等示范。（发展改革委牵头，工业和信息化部、财政部、环境保护部、住房城乡建设部、水利部等参与）

推行绿色信贷。积极发挥政策性银行等金融机构在水环境保护中的作用，重点支持循环经济、污水处理、水资源节约、水生态环境保护、清洁及可再生能源利用等领域。严格限制环境违法企业贷款。加强环境信用体系建设，构建守信激励与失信惩戒机制，环保、银行、证券、保险等方面要加强协作联动，于2017年底前分级建立企业环境信用评价体系。鼓励涉重金属、石油化工、危险化学品运输等高环境风险行业投保环境污染责任保险。（人民银行牵头，工业和信息化部、环境保护部、水利部、银监会、证监会、保监会等参与）

实施跨界水环境补偿。探索采取横向资金补助、对口援助、产业转移等方式，建立跨界水环境补偿机制，开展补偿试点。深化排污权有偿使用和交易试点。（财政部牵头，发展改革委、环境保护部、水利部等参与）

六、严格环境执法监管

（十七）完善法规标准。健全法律法规。加快水污染防治、海洋环境保护、排污许可、化学品环境管理等法律法规制修订步伐，研究制定环境质量目标管理、环境功能区划、节水及循环利用、饮用水水源保护、污染责任保险、水功能区监督管理、地下水管理、环境监测、生态流量保障、船舶和陆源污染防治等法律法规。各地可结合实际，研究起草地方性水污染防治法规。（法制办牵头，发展改革委、工业和信息化部、国土资源部、环境保护部、住房城乡建设部、交通运输部、水利部、农业部、卫生计生委、保监会、海洋局等参与）

完善标准体系。制修订地下水、地表水和海洋等环境质量标准，城镇污水处理、污泥处理处置、农田退水等污染物排放标准。健全重点行业水污染物特别排放限值、污染防治技术政策和清洁生产评价指标体系。各地可制定严于国家标准的地方水污染物排放标准。（环境保护部牵头，发展改革委、工业和信息化部、国土资源部、住房城乡建设部、水利部、农业部、质检总局等参与）

（十八）加大执法力度。所有排污单位必须依法实现全面达标排放。逐一排查工业企业排污情况，达标企业应采取措施确保稳定达标；对超标和超总量的企业予以"黄牌"警示，一律限制生产或停产整治；对整治仍不能达到要求且情节严重的企业予以"红牌"处罚，一律停业、关闭。自2016年起，定期公布环保"黄牌"、"红牌"企业名单。定期抽查排污单位达标排放情况，结果向社会公布。（环境保护部负责）

完善国家督查、省级巡查、地市检查的环境监督执法机制，强化环保、公安、监察等部门和单位协作，健全行政执法与刑事司法衔接配合机制，完善案件移送、受理、立案、通报等规定。加强对地方人民政府和有关部门环保工作的监督，研究建立国家环境监察专员制度。（环境保护部牵头，工业和信息化部、公安部、中央编办等参与）

严厉打击环境违法行为。重点打击私设暗管或利用渗井、渗坑、溶洞排放、倾倒含有毒有害污染物废水、含病原体污水，监测数据弄虚作假，不正常使用水污染物处理设施，或者未经批准拆除、闲置水污染物处理设施等环境违法行为。对造成生态损害的责任者严格落实赔偿制度。严肃查处建设项目环境影响评价领域越权审批、未批先建、边批边建、久试不验等违法违规行为。对构成犯罪的，要依法追究刑事责任。（环境保护部牵头，公安部、住房城乡建设部等参与）

（十九）提升监管水平。完善流域协作机制。健全跨部门、区域、流域、海域水环境保护议事协调机制，发挥环境保护区域督查派出机构和流域水资源保护机构作用，探索建立陆海统筹的生态系统保护修复机制。流域上下游各级政府、各部门之间要加强协调配合、定期会商，实施联合监测、联合执法、应急联动、信息共享。京津冀、长三角、珠三角等区域要于2015年底前建立水污染防治联动协作机制。建立严格监管所有污染物排放的水环境保护管理制度。（环境保护部牵头，交通运输部、水利部、农业部、海洋局等参与）

完善水环境监测网络。统一规划设置监测断面（点位）。提升饮用水水源水质全指标监测、水生生物监测、地下水环境监测、化学物质监测及环境风险防控技术支撑能力。2017 年底前，京津冀、长三角、珠三角等区域、海域建成统一的水环境监测网。（环境保护部牵头，发展改革委、国土资源部、住房城乡建设部、交通运输部、水利部、农业部、海洋局等参与）

提高环境监管能力。加强环境监测、环境监察、环境应急等专业技术培训，严格落实执法、监测等人员持证上岗制度，加强基层环保执法力量，具备条件的乡镇（街道）及工业园区要配备必要的环境监管力量。各市、县应自 2016 年起实行环境监管网格化管理。（环境保护部负责）

七、切实加强水环境管理

（二十）强化环境质量目标管理。明确各类水体水质保护目标，逐一排查达标状况。未达到水质目标要求的地区要制定达标方案，将治污任务逐一落实到汇水范围内的排污单位，明确防治措施及达标时限，方案报上一级人民政府备案，自 2016 年起，定期向社会公布。对水质不达标的区域实施挂牌督办，必要时采取区域限批等措施。（环境保护部牵头，水利部参与）

（二十一）深化污染物排放总量控制。完善污染物统计监测体系，将工业、城镇生活、农业、移动源等各类污染源纳入调查范围。选择对水环境质量有突出影响的总氮、总磷、重金属等污染物，研究纳入流域、区域污染物排放总量控制约束性指标体系。（环境保护部牵头，发展改革委、工业和信息化部、住房城乡建设部、水利部、农业部等参与）

（二十二）严格环境风险控制。防范环境风险。定期评估沿江河湖库工业企业、工业集聚区环境和健康风险，落实防控措施。评估现有化学物质环境和健康风险，2017 年底前公布优先控制化学品名录，对高风险化学品生产、使用进行严格限制，并逐步淘汰替代。（环境保护部牵头，工业和信息化部、卫生计生委、安全监管总局等参与）

稳妥处置突发水环境污染事件。地方各级人民政府要制定和完善水污染事故处置应急预案，落实责任主体，明确预警预报与响应程序、应急处置及保障措施等内容，依法及时公布预警信息。（环境保护部牵头，住房城乡建设部、水利部、农业部、卫生计生委等参与）

（二十三）全面推行排污许可。依法核发排污许可证。2015年底前，完成国控重点污染源及排污权有偿使用和交易试点地区污染源排污许可证的核发工作，其他污染源于2017年底前完成。（环境保护部负责）

加强许可证管理。以改善水质、防范环境风险为目标，将污染物排放种类、浓度、总量、排放去向等纳入许可证管理范围。禁止无证排污或不按许可证规定排污。强化海上排污监管，研究建立海上污染排放许可证制度。2017年底前，完成全国排污许可证管理信息平台建设。（环境保护部牵头，海洋局参与）

八、全力保障水生态环境安全

（二十四）保障饮用水水源安全。从水源到水龙头全过程监管饮用水安全。地方各级人民政府及供水单位应定期监测、检测和评估本行政区域内饮用水水源、供水厂出水和用户水龙头水质等饮水安全状况，地级及以上城市自2016年起每季度向社会公开。自2018年起，所有县级及以上城市饮水安全状况信息都要向社会公开。（环境保护部牵头，发展改革委、财政部、住房城乡建设部、水利部、卫生计生委等参与）

强化饮用水水源环境保护。开展饮用水水源规范化建设，依法清理饮用水水源保护区内违法建筑和排污口。单一水源供水的地级及以上城市应于2020年底前基本完成备用水源或应急水源建设，有条件的地方可以适当提前。加强农村饮用水水源保护和水质检测。（环境保护部牵头，发展改革委、财政部、住房城乡建设部、水利部、卫生计生委等参与）

防治地下水污染。定期调查评估集中式地下水型饮用水水源补给区等区域环境状况。石化生产存贮销售企业和工业园区、矿山开采区、垃圾填埋场等区域应进行必要的防渗处理。加油站地下油罐应于2017年底前全部更新为双层罐或完成防渗池设置。报废矿井、钻井、取水井应实施封井回填。公布京津冀等区域内环境风险大、严重影响公众健康的地下水污染场地清单,开展修复试点。(环境保护部牵头,财政部、国土资源部、住房城乡建设部、水利部、商务部等参与)

(二十五)深化重点流域污染防治。编制实施七大重点流域水污染防治规划。研究建立流域水生态环境功能分区管理体系。对化学需氧量、氨氮、总磷、重金属及其他影响人体健康的污染物采取针对性措施,加大整治力度。汇入富营养化湖库的河流应实施总氮排放控制。到2020年,长江、珠江总体水质达到优良,松花江、黄河、淮河、辽河在轻度污染基础上进一步改善,海河污染程度得到缓解。三峡库区水质保持良好,南水北调、引滦入津等调水工程确保水质安全。太湖、巢湖、滇池富营养化水平有所好转。白洋淀、乌梁素海、呼伦湖、艾比湖等湖泊污染程度减轻。环境容量较小、生态环境脆弱,环境风险高的地区,应执行水污染物特别排放限值。各地可根据水环境质量改善需要,扩大特别排放限值实施范围。(环境保护部牵头,发展改革委、工业和信息化部、财政部、住房城乡建设部、水利部等参与)

加强良好水体保护。对江河源头及现状水质达到或优于Ⅲ类的江河湖库开展生态环境安全评估,制定实施生态环境保护方案。东江、滦河、千岛湖、南四湖等流域于2017年底前完成。浙闽片河流、西南诸河、西北诸河及跨界水体水质保持稳定。(环境保护部牵头,外交部、发展改革委、财政部、水利部、林业局等参与)

(二十六)加强近岸海域环境保护。实施近岸海域污染防治方案。重点整治黄河口、长江口、闽江口、珠江口、辽东湾、渤海湾、胶州湾、杭州湾、北部湾等河口海湾污染。沿海地级及以上城市实施总氮排放总量控制。研究建立重点海域排污总量控制制度。规范入海排污口设置,2017年底前全面清理非法或设置不合理的入海排污口。到2020年,沿海省（区、市）入海河流基本消除劣于 V 类的水体。提高涉海项目准入门槛。（环境保护部、海洋局牵头，发展改革委、工业和信息化部、财政部、住房城乡建设部、交通运输部、农业部等参与）

推进生态健康养殖。在重点河湖及近岸海域划定限制养殖区。实施水产养殖池塘、近海养殖网箱标准化改造，鼓励有条件的渔业企业开展海洋离岸养殖和集约化养殖。积极推广人工配合饲料，逐步减少冰鲜杂鱼饲料使用。加强养殖投入品管理，依法规范、限制使用抗生素等化学药品，开展专项整治。到 2015 年，海水养殖面积控制在 220 万公顷左右。（农业部负责）

严格控制环境激素类化学品污染。2017 年底前完成环境激素类化学品生产使用情况调查，监控评估水源地、农产品种植区及水产品集中养殖区风险，实施环境激素类化学品淘汰、限制、替代等措施。（环境保护部牵头，工业和信息化部、农业部等参与）

（二十七）整治城市黑臭水体。采取控源截污、垃圾清理、清淤疏浚、生态修复等措施，加大黑臭水体治理力度，每半年向社会公布治理情况。地级及以上城市建成区应于 2015 年底前完成水体排查，公布黑臭水体名称、责任人及达标期限；于 2017 年底前实现河面无大面积漂浮物，河岸无垃圾，无违法排污口；于 2020 年底前完成黑臭水体治理目标。直辖市、省会城市、计划单列市建成区要于 2017 年底前基本消除黑臭水体。（住房城乡建设部牵头，环境保护部、水利部、农业部等参与）

（二十八）保护水和湿地生态系统。加强河湖水生态保护，科学划定生态保护红线。禁止侵占自然湿地等水源涵养空间，已侵占的要限期予以恢复。强化水源涵养林建设与保护，开展湿地保护与修复，加大退耕还林、还草、还湿力度。加强滨河（湖）带生态建设，在河道两侧建设植被缓冲带和隔离带。加大水生野生动植物类自然保护区和水产种质资源保护区保护力度，开展珍稀濒危水生生物和重要水产种质资源的就地和迁地保护，提高水生生物多样性。2017 年底前，制定实施七大重点流

域水生生物多样性保护方案。(环境保护部、林业局牵头,财政部、国土资源部、住房城乡建设部、水利部、农业部等参与)

保护海洋生态。加大红树林、珊瑚礁、海草床等滨海湿地、河口和海湾典型生态系统,以及产卵场、索饵场、越冬场、洄游通道等重要渔业水域的保护力度,实施增殖放流,建设人工鱼礁。开展海洋生态补偿及赔偿等研究,实施海洋生态修复。认真执行围填海管制计划,严格围填海管理和监督,重点海湾、海洋自然保护区的核心区及缓冲区、海洋特别保护区的重点保护区及预留区、重点河口区域、重要滨海湿地区域、重要砂质岸线及沙源保护海域、特殊保护海岛及重要渔业海域禁止实施围填海,生态脆弱敏感区、自净能力差的海域严格限制围填海。严肃查处违法围填海行为,追究相关人员责任。将自然海岸线保护纳入沿海地方政府政绩考核。到 2020 年,全国自然岸线保有率不低于 35%(不包括海岛岸线)。(环境保护部、海洋局牵头,发展改革委、财政部、农业部、林业局等参与)

九、明确和落实各方责任

(二十九)强化地方政府水环境保护责任。各级地方人民政府是实施本行动计划的主体,要于 2015 年底前分别制定并公布水污染防治工作方案,逐年确定分流域、分区域、分行业的重点任务和年度目标。要不断完善政策措施,加大资金投入,统筹城乡水污染治理,强化监管,确保各项任务全面完成。各省(区、市)工作方案报国务院备案。(环境保护部牵头,发展改革委、财政部、住房城乡建设部、水利部等参与)

(三十)加强部门协调联动。建立全国水污染防治工作协作机制,定期研究解决重大问题。各有关部门要认真按照职责分工,切实做好水污染防治相关工作。环境保护部要加强统一指导、协调和监督,工作进展及时向国务院报告。(环境保护部牵头,发展改革委、科技部、工业和信息化部、财政部、住房城乡建设部、水利部、农业部、海洋局等参与)

（三十一）落实排污单位主体责任。各类排污单位要严格执行环保法律法规和制度，加强污染治理设施建设和运行管理，开展自行监测，落实治污减排、环境风险防范等责任。中央企业和国有企业要带头落实，工业集聚区内的企业要探索建立环保自律机制。（环境保护部牵头，国资委参与）

（三十二）严格目标任务考核。国务院与各省（区、市）人民政府签订水污染防治目标责任书，分解落实目标任务，切实落实"一岗双责"。每年分流域、分区域、分海域对行动计划实施情况进行考核，考核结果向社会公布，并作为对领导班子和领导干部综合考核评价的重要依据。（环境保护部牵头，中央组织部参与）

将考核结果作为水污染防治相关资金分配的参考依据。（财政部、发展改革委牵头，环境保护部参与）

对未通过年度考核的，要约谈省级人民政府及其相关部门有关负责人，提出整改意见，予以督促；对有关地区和企业实施建设项目环评限批。对因工作不力、履职缺位等导致未能有效应对水环境污染事件的，以及干预、伪造数据和没有完成年度目标任务的，要依法依纪追究有关单位和人员责任。对不顾生态环境盲目决策，导致水环境质量恶化，造成严重后果的领导干部，要记录在案，视情节轻重，给予组织处理或党纪政纪处分，已经离任的也要终身追究责任。（环境保护部牵头，监察部参与）

十、强化公众参与和社会监督

（三十三）依法公开环境信息。综合考虑水环境质量及达标情况等因素，国家每年公布最差、最好的10个城市名单和各省（区、市）水环境状况。对水环境状况差的城市，经整改后仍达不到要求的，取消其环境保护模范城市、生态文明建设示范区、节水型城市、园林城市、卫生城市等荣誉称号，并向社会公告。（环境保护部牵头，发展改革委、住房城乡建设部、水利部、卫生计生委、海洋局等参与）

各省（区、市）人民政府要定期公布本行政区域内各地级市（州、盟）水环境质量状况。国家确定的重点排污单位应依法向社会公开其产生的主要污染物名称、排放方式、排放浓度和总量、超标排放情况，以及污染防治设施的建设和运行情况，主动接受监督。研究发布工业集聚区环境友好指数、重点行业污染物排放强度、城市环境友好指数等信息。（环境保护部牵头，发展改革委、工业和信息化部等参与）

（三十四）加强社会监督。为公众、社会组织提供水污染防治法规培训和咨询，邀请其全程参与重要环保执法行动和重大水污染事件调查。公开曝光环境违法典型案件。健全举报制度，充分发挥"12369"环保举报热线和网络平台作用。限期办理群众举报投诉的环境问题，一经查实，可给予举报人奖励。通过公开听证、网络征集等形式，充分听取公众对重大决策和建设项目的意见。积极推行环境公益诉讼。（环境保护部负责）

（三十五）构建全民行动格局。树立"节水洁水，人人有责"的行为准则。加强宣传教育，把水资源、水环境保护和水情知识纳入国民教育体系，提高公众对经济社会发展和环境保护客观规律的认识。依托全国中小学节水教育、水土保持教育、环境教育等社会实践基地，开展环保社会实践活动。支持民间环保机构、志愿者开展工作。倡导绿色消费新风尚，开展环保社区、学校、家庭等群众性创建活动，推动节约用水，鼓励购买使用节水产品和环境标志产品。（环境保护部牵头，教育部、住房城乡建设部、水利部等参与）

我国正处于新型工业化、信息化、城镇化和农业现代化快速发展阶段，水污染防治任务繁重艰巨。各地区、各有关部门要切实处理好经济社会发展和生态文明建设的关系，按照"地方履行属地责任、部门强化行业管理"的要求，明确执法主体和责任主体，做到各司其职，恪尽职守，突出重点，综合整治，务求实效，以抓铁有痕、踏石留印的精神，依法依规狠抓贯彻落实，确保全国水环境治理与保护目标如期实现，为实现"两个一百年"奋斗目标和中华民族伟大复兴中国梦作出贡献。

环境保护部办公厅、水利部办公厅《关于加强农村饮用水水源保护工作的指导意见》

环办〔2015〕53号

各省、自治区、直辖市、新疆生产建设兵团环境保护厅（局）、水利（水务）厅（局）：

近年来，我国饮用水水源保护工作取得积极进展，城乡居民饮用水安全保障水平持续提升。但是，由于农村饮用水水源点多面广、单个水源规模较小、部分早期建设的饮水工程老化失修等原因，水源保护管理基础薄弱、防护措施不足、长效运行机制不完善等问题依然存在，农村水源污染事件时有发生。为贯彻党的十八大和十八届二中、三中、四中全会精神，落实《政府工作报告》总体部署，进一步推进农村饮水安全工程建设，加强农村饮用水水源保护工作，按照《水污染防治行动计划》要求，提出如下指导意见：

一、分类推进水源保护区或保护范围划定工作

以供水人口多、环境敏感的水源以及农村饮水安全工程规划支持建设的水源为重点，由地方人民政府按规定制定工作计划，明确划定时限，按期完成农村饮用水水源保护区或保护范围划定工作。对供水人口在一千人以上的集中式饮用水水源，按照《水污染防治法》《水法》等法律法规要求，参照《饮用水水源保护区划分技术规范》，科学编码并划定水源保护区；日供水1000吨或服务人口10000人以上的水源，应于2016年底前完成保护区划定工作。对供水人口小于一千人的饮用水水源，参照《分散式饮用水水源地环境保护指南（试行）》（以下简称《分散式指

南》），划定保护范围。

对已建成投运的农村饮水安全工程，工程建设及管理单位应于2015年底前向当地环保和水利部门提供相关基础资料，协助做好水源保护区或保护范围的划分及规范管理工作。对新建、改建、扩建的农村饮水工程，工程建设单位应在选址阶段进行水量、水质、水源保护区或保护范围划分方案的论证；水源保护区和保护范围的划分、标志建设、环境综合整治等工作，应与农村饮水工程同时设计、同时建设、同时验收。

二、加强农村饮用水水源规范化建设

一是设立水源保护区标志。地方各级环保、水利等部门，要按照当地政府要求，参照《饮用水水源保护区标志技术要求》《集中式饮用水水源环境保护指南（试行）》（以下简称《集中式指南》）及《分散式指南》，在饮用水水源保护区的边界设立明确的地理界标和明显的警示标志，加强饮用水水源标志及隔离设施的管理维护。

二是推进农村水源环境监管及综合整治。地方各级环保部门要会同有关部门，参照《集中式指南》《分散式指南》等文件，自2015年起，分期分批调查评估农村饮用水水源环境状况。对可能影响农村饮用水水源环境安全的化工、造纸、冶炼、制药等重点行业、重点污染源，要加强执法监管和风险防范，避免突发环境事件影响水源安全。结合农村环境综合整治工作，开展水源规范化建设，加强水源周边生活污水、垃圾及畜禽养殖废弃物的处理处置，综合防治农药化肥等面源污染。针对因人类活动影响超标的水源，研究制定水质达标方案，因地制宜地开展水源污染防治工作。

三是提升水质监测及检测能力。地方各级水利、环保部门要配合发展改革、卫生计生等部门，按照本级人民政府部署，结合《关于加强农村饮水安全工程水质检测能力建设的指导意见》的落实，提升供水工程水质检测设施装备水平和检测能力，满足农村饮水工程的常规水质检测需求。加强农村饮水工程的水源及水厂水质监测和检测，重点落实日供水 1000 吨或服务人口 10000 人以上的供水工程水质检测责任。地方各级环保部门要按照《全国农村环境质量试点监测工作方案》要求，开展农村饮用水水源水质监测工作。

四是防范水源环境风险。地方各级环保部门要会同有关部门，排查农村饮用水水源周边环境隐患，建立风险源名录。指导、督促排污单位，按照《突发事件应对法》和《突发环境事件应急预案管理暂行办法》规定，做好突发水污染事故的风险控制、应急准备、应急处置、事后恢复以及应急预案的编制、评估、发布、备案、演练等工作。参照《集中式地表饮用水水源地环境应急管理工作指南（试行）》，以县或乡镇行政区域为基本单元，编制农村饮用水水源突发环境事件应急预案；一旦发生污染事件，立即启动应急方案，采取有效措施保障群众饮水安全。

三、健全农村饮水工程及水源保护长效机制

地方各级水利、环保部门要会同有关部门，结合农村饮水工程建设、农村环境综合整治、新农村建设等工作，多渠道筹集水源保护资金；按照《农村饮水安全工程建设管理办法》等规定，切实加强资金管理；落实用电用地和税收优惠等政策，推进县级农村供水机构、环境监测机构和维修养护基金建设，保障工程长效运行，确保饮水工程安全、稳定、长期发挥效益。严格工程验收，确保工程质量，未按要求验收或验收不合格的要限期整改。明确供水工程及水源管护主体。指导、督促农村饮水工程管理单位，建立健全水源巡查制度，及时发现并制止威胁供水安全的行为；规范开展水源及供水水质监测和检测，发现异常情况及时向主管部门报告，必要时启动应急供水。

四、进一步加强组织领导

进一步提高认识，认真履行职责、密切配合、协同作战，切实加强

农村饮水安全保障工作。

地方各级环保部门要会同水利、发展改革、住房城乡建设、卫生计生等部门,加快推进农村饮用水水源环境状况调查评估工作,抓紧划定水源保护区或保护范围,组织编制农村饮用水水源保护相关管理办法,加强水源保护区环境综合整治及规范化建设等工作。

地方各级水利部门要会同环保、发展改革、住房城乡建设、卫生计生等部门,因地制宜优化水源布局,推进区域集中供水,加强农村饮水工程建设及管理,组织制定相关规范性文件,落实安全保障措施,及时发现和消除安全隐患,持续提升农村居民饮水安全保障水平。

五、强化宣传教育和公众参与

地方各级水利、环保部门要会同有关部门,切实加强农村饮用水安全、水源保护等相关知识及工作的宣传力度,增强农村居民水源保护意识。按照本级人民政府要求,逐步公布水源水和出厂水水质状况,搭建公众参与平台,强化社会监督,构建全民行动格局,切实提升农村饮水安全保障水平。

环境保护部办公厅

水利部办公厅

2015 年 6 月 4 日

《实行最严格水资源管理制度考核办法》

第一条 为推进实行最严格水资源管理制度，确保实现水资源开发利用和节约保护的主要目标，根据《中华人民共和国水法》、《中共中央国务院关于加快水利改革发展的决定》（中发〔2011〕1号）、《国务院关于实行最严格水资源管理制度的意见》（国发〔2012〕3号）等有关规定，制定本办法。

第二条 考核工作坚持客观公平、科学合理、系统综合、求真务实的原则。

第三条 国务院对各省、自治区、直辖市落实最严格水资源管理制度情况进行考核，水利部会同发展改革委、工业和信息化部、监察部、财政部、国土资源部、环境保护部、住房城乡建设部、农业部、审计署、统计局等部门组成考核工作组，负责具体组织实施。

各省、自治区、直辖市人民政府是实行最严格水资源管理制度的责任主体，政府主要负责人对本行政区域水资源管理和保护工作负总责。

第四条 考核内容为最严格水资源管理制度目标完成、制度建设和措施落实情况。

各省、自治区、直辖市实行最严格水资源管理制度主要目标详见附件；制度建设和措施落实情况包括用水总量控制、用水效率控制、水功能区限制纳污、水资源管理责任和考核等制度建设及相应措施落实情况。

第五条 考核评定采用评分法，满分为100分。考核结果划分为优秀、良好、合格、不合格四个等级。考核得分90分以上为优秀，80分以上90分以下为良好，60分以上80分以下为合格，60分以下为不合格。（以上包括本数，以下不包括本数）

第六条　考核工作与国民经济和社会发展五年规划相对应，每五年为一个考核期，采用年度考核和期末考核相结合的方式进行。在考核期的第2至5年上半年开展上年度考核，在考核期结束后的次年上半年开展期末考核。

第七条　各省、自治区、直辖市人民政府要按照本行政区域考核期水资源管理控制目标，合理确定年度目标和工作计划，在考核期起始年3月底前报送水利部备案，同时抄送考核工作组其他成员单位。如考核期内对年度目标和工作计划有调整的，应及时将调整情况报送备案。

第八条　各省、自治区、直辖市人民政府要在每年3月底前将本地区上年度或上一考核期的自查报告上报国务院，同时抄送水利部等考核工作组成员单位。

第九条　考核工作组对自查报告进行核查，对各省、自治区、直辖市进行重点抽查和现场检查，划定考核等级，形成年度或期末考核报告。

第十条　水利部在每年6月底前将年度或期末考核报告上报国务院，经国务院审定后，向社会公告。

第十一条　经国务院审定的年度和期末考核结果，交由干部主管部门，作为对各省、自治区、直辖市人民政府主要负责人和领导班子综合考核评价的重要依据。

第十二条　对期末考核结果为优秀的省、自治区、直辖市人民政府，国务院予以通报表扬，有关部门在相关项目安排上优先予以考虑。对在水资源节约、保护和管理中取得显著成绩的单位和个人，按照国家有关规定给予表彰奖励。

第十三条　年度或期末考核结果为不合格的省、自治区、直辖市人民政府，要在考核结果公告后一个月内，向国务院作出书面报告，提出限期整改措施，同时抄送水利部等考核工作组成员单位。

整改期间，暂停该地区建设项目新增取水和入河排污口审批，暂停该地区新增主要水污染物排放建设项目环评审批。对整改不到位的，由监察机关依法依纪追究该地区有关责任人员的责任。

第十四条　对在考核工作中瞒报、谎报的地区，予以通报批评，对有关责任人员依法依纪追究责任。

第十五条　水利部会同有关部门组织制定实行最严格水资源管理制度考核工作实施方案。

各省、自治区、直辖市人民政府要根据本办法，结合当地实际，制定本行政区域内实行最严格水资源管理制度考核办法。

第十六条　本办法自发布之日起施行。

《饮用水水源保护区污染防治管理规定》

第一章 总 则

第一条 为保障人民身体健康和经济建设发展，必须保护好饮用水水源，根据《中华人民共和国水污染防治法》特制定本规定。

第二条 本规定适用于全国所有集中式供水的饮用水地表水源和地下水源的污染防治管理。

第三条 按照不同的水质标准和防护要求分级划分饮用水水源保护区。饮用水水源保护区一般划分为一级保护区和二级保护区，必要时可增设准保护区。各级保护区应有明确的地理界线。

第四条 饮用水水源各级保护区及准保护区均应规定明确的水质标准并限期达标。

第五条 饮用水水源保护区的设置和污染防治应纳入当地的经济和社会发展规划和水污染防治规划。跨地区的饮用水水源保护区的设置和污染防治应纳入有关流域、区域、城市的经济和社会发展规划和水污染防治规划。

第六条 跨地区的河流、湖泊、水库、输水渠道，其上游地区不得影响下游饮用水水源保护区对水质标准的要求。

第二章 饮用水地表水源保护区的划分和防护

第七条 饮用水地表水源保护区包括一定的水域和陆域，其范围应按照不同水域特点进行水质定量预测并考虑当地具体条件加以确定，保证在规划设计的水文条件和污染负荷下，供应规划用水量时，保护区的水质能满足相应的标准。

第八条　饮用水地表水源取水口附近划定一定的水域和陆域作为饮用水地表水源一级保护区。一级保护区的水质标准不得低于国家规定的《地表水环境质量标准》Ⅱ类标准，并须符合国家规定的《生活饮用水卫生标准》的要求。

第九条　在饮用水地表水源一级保护区外划定一定的水域和陆域作为饮用水地表水源二级保护区。二级保护区的水质标准不得低于国家规定的《地表水环境质量标准》Ⅲ类标准，应保证一级保护区的水质能满足规定的标准。

第十条　根据需要可在饮用水地表水源二级保护区外划定一定的水域及陆域作为饮用水地表水源准保护区。准保护区的水质标准应保证二级保护区的水质能满足规定标准。

第十一条　饮用水地表水源各级保护区及准保护区内均必须遵守下列规定：

一、禁止一切破坏水环境生态平衡的活动以及破坏水源林、护岸林、与水源保护相关植被的活动。

二、禁止向水域倾倒工业废渣、城市垃圾、粪便及其它废弃物。

三、运输有毒有害物质、油类、粪便的船舶和车辆一般不准进入保护区，必须进入者应事先申请并经有关部门批准、登记并设置防渗、防溢、防漏设施。

四、禁止使用剧毒和高残留农药，不得滥用化肥，不得使用炸药、毒品捕杀鱼类。

第十二条　饮用水地表水源各级保护区及准保护区内必须分别遵守下列规定：

一、一级保护区内

禁止新建、扩建与供水设施和保护水源无关的建设项目；

禁止向水域排放污水，已设置的排污口必须拆除；

不得设置与供水需要无关的码头，禁止停靠船舶；

禁止堆置和存放工业废渣、城市垃圾、粪便和其他废弃物；

禁止设置油库；

禁止从事种植、放养禽畜，严格控制网箱养殖活动；

禁止可能污染水源的旅游活动和其他活动。

二、二级保护区内

不准新建、扩建向水体排放污染物的建设项目。改建项目必须削减污染物排放量。

原有排污口必须削减污水排放量，保证保护区内水质满足规定的水质标准；

禁止设立装卸垃圾、粪便、油类和有毒物品的码头。

三、准保护区内

直接或间接向水域排放废水，必须符合国家及地方规定的废水排放标准。当排放总量不能保证保护区内水质满足规定的标准时，必须削减排污负荷。

第三章　饮用水地下水源保护区的划分和防护

第十三条　饮用水地下水源保护区应根据饮用水水源地所处的地理位置、水文地质条件、供水的数量、开采方式和污染源的分布划定。

第十四条　饮用水地下水源保护区的水质均应达到国家规定的《生活饮用水卫生标准》的要求。各级地下水源保护区的范围应根据当地的水文地质条件确定，并保证开采规划水量时能达到所要求的水质标准。

第十五条　饮用水地下水源一级保护区位于开采井的周围，其作用是保证集水有一定滞后时间，以防止一般病原菌的污染。直接影响开采井水质的补给区地段，必要时也可划为一级保护区。

第十六条　饮用水地下水源二级保护区位于饮用水地下水源一级保护区外，其作用是保证集水有足够的滞后时间，以防止病原菌以外的其它污染。

第十七条　饮用水地下水源准保护区位于饮用水地下水源二级保护区外的主要补给区，其作用是保护水源地的补给水源水量和水质。

第十八条　饮用水地下水源各级保护区及准保护区内均必须遵守下列规定：

一、禁止利用渗坑、渗井、裂隙、溶洞等排放污水和其它有害废弃物。

二、禁止利用透水层孔隙、裂隙、溶洞及废弃矿坑储存石油、天然气、放射性物质、有毒有害化工原料、农药等。

三、实行人工回灌地下水时不得污染当地地下水源。

第十九条　饮用水地下水源各级保护区及准保护区内必须遵守下列规定：

一、一级保护区内

禁止建设与取水设施无关的建筑物；

禁止从事农牧业活动；

禁止倾倒、堆放工业废渣及城市垃圾、粪便和其它有害废弃物；

禁止输送污水的渠道、管道及输油管道通过本区；

禁止建设油库；

禁止建立墓地。

二、二级保护区内

（一）对于潜水含水层地下水水源地

禁止建设化工、电镀、皮革、造纸、制浆、冶炼、放射性、印染、染料、炼焦、炼油及其它有严重污染的企业，已建成的要限期治理，转产或搬迁；

禁止设置城市垃圾、粪便和易溶、有毒有害废弃物堆放场和转运站，已有的上述场站要限期搬迁；

禁止利用未经净化的污水灌溉农田，已有的污灌农田要限期改用清水灌溉；

化工原料、矿物油类及有毒有害矿产品的堆放场所必须有防雨、防渗措施。

（二）对于承压含水层地下水水源地

禁止承压水和潜水的混合开采，作好潜水的止水措施。

三、准保护区内

禁止建设城市垃圾、粪便和易溶、有毒有害废弃物的堆放场站，因特殊需要设立转运站的，必须经有关部门批准，并采取防渗漏措施；

当补给源为地表水体时，该地表水体水质不应低于《地面水环境质量标准》Ⅲ类标准；

不得使用不符合《农田灌溉水质标准》的污水进行灌溉，合理使用化肥；

保护水源林，禁止毁林开荒，禁止非更新砍伐水源林。

第四章　饮用水水源保护区污染防治的监督管理

第二十条　各级人民政府的环境保护部门会同有关部门做好饮用水水源保护区的污染防治工作并根据当地人民政府的要求制定和颁布地方饮用水水源保护区污染防治管理规定。

第二十一条　饮用水水源保护区的划定，由有关市、县人民政府提出划定方案，报省、自治区、直辖市人民政府批准；跨市、县饮用水水源保护区的划定，由有关市、县人民政府协商提出划定方案，报省、自治区、直辖市人民政府批准；协商不成的，由省、自治区、直辖市人民政府环境保护主管部门会同同级水行政、国土资源、卫生、建设等部门提出划定方案，征求同级有关部门的意见后，报省、自治区、直辖市人民政府批准。

跨省、自治区、直辖市的饮用水水源保护区，由有关省、自治区、直辖市人民政府商有关流域管理机构划定；协商不成的，由国务院环境保护主管部门会同同级水行政、国土资源、卫生、建设等部门提出划定方案，征求国务院有关部门的意见后，报国务院批准。

国务院和省、自治区、直辖市人民政府可以根据保护饮用水水源的实际需要，调整饮用水水源保护区的范围，确保饮用水安全。

第二十二条　环境保护、水利、地质矿产、卫生、建设等部门应结合各自的职责，对饮用水水源保护区污染防治实施监督管理。

第二十三条　因突发性事故造成或可能造成饮用水水源污染时，事故责任者应立即采取措施消除污染并报告当地城市供水、卫生防疫、环境保护、水利、地质矿产等部门和本单位主管部门。由环境保护部门根据当地人民政府的要求组织有关部门调查处理，必要时经当地人民政府批准后采取强制性措施以减轻损失。

第五章　奖励与惩罚

第二十四条　对执行本规定保护饮用水水源有显著成绩和贡献的单位或个人给予表扬和奖励。其奖励办法由市级以上（含市级）环境保护部门制定，报经当地人民政府批准实施。

第二十五条　对违反本规定的单位或个人，应根据《中华人民共和国水污染防治法》及其实施细则的有关规定进行处罚。

第六章　附　则

第二十六条　本规定由国家环境保护部门负责解释。
第二十七条　本规定自公布之日起实施。

《中华人民共和国水法》

（1988 年 1 月 21 日第六届全国人民代表大会常务委员会第 24 次会议通过　2002 年 8 月 29 日第九届全国人民代表大会常务委员会第二十九次会议修订　根据 2009 年 8 月 27 日第十一届全国人民代表大会常务委员会第十次会议《关于修改部分法律的决定》第一次修正　根据 2016 年 7 月 2 日第十二届全国人民代表大会常务委员会第二十一次会议《关于修改〈中华人民共和国节约能源法〉等六部法律的决定》第二次修正)

目　录

第一章　总　则

第一条　为了合理开发、利用、节约和保护水资源，防治水害，实现水资源的可持续利用，适应国民经济和社会发展的需要，制定本法。

第二条　在中华人民共和国领域内开发、利用、节约、保护、管理水资源，防治水害，适用本法。

本法所称水资源，包括地表水和地下水。

第三条　水资源属于国家所有。水资源的所有权由国务院代表国家行使。农村集体经济组织的水塘和由农村集体经济组织修建管理的水库中的水，归各该农村集体经济组织使用。

第四条　开发、利用、节约、保护水资源和防治水害，应当全面规划、统筹兼顾、标本兼治、综合利用、讲求效益，发挥水资源的多种功能，协调好生活、生产经营和生态环境用水。

第五条　县级以上人民政府应当加强水利基础设施建设，并将其纳入本级国民经济和社会发展计划。

第六条　国家鼓励单位和个人依法开发、利用水资源，并保护其合法权益。开发、利用水资源的单位和个人有依法保护水资源的义务。

第七条　国家对水资源依法实行取水许可制度和有偿使用制度。但是，农村集体经济组织及其成员使用本集体经济组织的水塘、水库中的水的除外。国务院水行政主管部门负责全国取水许可制度和水资源有偿使用制度的组织实施。

第八条　国家厉行节约用水，大力推行节约用水措施，推广节约用水新技术、新工艺，发展节水型工业、农业和服务业，建立节水型社会。

各级人民政府应当采取措施，加强对节约用水的管理，建立节约用水技术开发推广体系，培育和发展节约用水产业。

单位和个人有节约用水的义务。

第九条　国家保护水资源，采取有效措施，保护植被，植树种草，涵养水源，防治水土流失和水体污染，改善生态环境。

第十条　国家鼓励和支持开发、利用、节约、保护、管理水资源和防治水害的先进科学技术的研究、推广和应用。

第十一条　在开发、利用、节约、保护、管理水资源和防治水害等方面成绩显著的单位和个人，由人民政府给予奖励。

第十二条 国家对水资源实行流域管理与行政区域管理相结合的管理体制。

国务院水行政主管部门负责全国水资源的统一管理和监督工作。

国务院水行政主管部门在国家确定的重要江河、湖泊设立的流域管理机构（以下简称流域管理机构），在所管辖的范围内行使法律、行政法规规定的和国务院水行政主管部门授予的水资源管理和监督职责。

县级以上地方人民政府水行政主管部门按照规定的权限，负责本行政区域内水资源的统一管理和监督工作。

第十三条 国务院有关部门按照职责分工，负责水资源开发、利用、节约和保护的有关工作。

县级以上地方人民政府有关部门按照职责分工，负责本行政区域内水资源开发、利用、节约和保护的有关工作。

第二章 水资源规划

第十四条 国家制定全国水资源战略规划。

开发、利用、节约、保护水资源和防治水害，应当按照流域、区域统一制定规划。规划分为流域规划和区域规划。流域规划包括流域综合规划和流域专业规划；区域规划包括区域综合规划和区域专业规划。

前款所称综合规划，是指根据经济社会发展需要和水资源开发利用现状编制的开发、利用、节约、保护水资源和防治水害的总体部署。前款所称专业规划，是指防洪、治涝、灌溉、航运、供水、水力发电、竹木流放、渔业、水资源保护、水土保持、防沙治沙、节约用水等规划。

第十五条 流域范围内的区域规划应当服从流域规划，专业规划应当服从综合规划。

流域综合规划和区域综合规划以及与土地利用关系密切的专业规划，应当与国民经济和社会发展规划以及土地利用总体规划、城市总体规划和环境保护规划相协调，兼顾各地区、各行业的需要。

第十六条　制定规划，必须进行水资源综合科学考察和调查评价。水资源综合科学考察和调查评价，由县级以上人民政府水行政主管部门会同同级有关部门组织进行。

县级以上人民政府应当加强水文、水资源信息系统建设。县级以上人民政府水行政主管部门和流域管理机构应当加强对水资源的动态监测。

基本水文资料应当按照国家有关规定予以公开。

第十七条　国家确定的重要江河、湖泊的流域综合规划，由国务院水行政主管部门会同国务院有关部门和有关省、自治区、直辖市人民政府编制，报国务院批准。跨省、自治区、直辖市的其他江河、湖泊的流域综合规划和区域综合规划，由有关流域管理机构会同江河、湖泊所在地的省、自治区、直辖市人民政府水行政主管部门和有关部门编制，分别经有关省、自治区、直辖市人民政府审查提出意见后，报国务院水行政主管部门审核；国务院水行政主管部门征求国务院有关部门意见后，报国务院或者其授权的部门批准。

前款规定以外的其他江河、湖泊的流域综合规划和区域综合规划，由县级以上地方人民政府水行政主管部门会同同级有关部门和有关地方人民政府编制，报本级人民政府或者其授权的部门批准，并报上一级水行政主管部门备案。

专业规划由县级以上人民政府有关部门编制，征求同级其他有关部门意见后，报本级人民政府批准。其中，防洪规划、水土保持规划的编制、批准，依照防洪法、水土保持法的有关规定执行。

第十八条　规划一经批准，必须严格执行。

经批准的规划需要修改时，必须按照规划编制程序经原批准机关批准。

第十九条　建设水工程，必须符合流域综合规划。在国家确定的重要江河、湖泊和跨省、自治区、直辖市的江河、湖泊上建设水工程，未取得有关流域管理机构签署的符合流域综合规划要求的规划同意书的，建设单位不得开工建设；在其他江河、湖泊上建设水工程，未取得县级以上地方人民政府水行政主管部门按照管理权限签署的符合流域综合规划要求的规划同意书的，建设单位不得开工建设。水工程建设涉及防洪的，依照防洪法的有关规定执行；涉及其他地区和行业的，建设单位应当事先征求有关地区和部门的意见。

第三章　水资源开发利用

第二十条　开发、利用水资源，应当坚持兴利与除害相结合，兼顾上下游、左右岸和有关地区之间的利益，充分发挥水资源的综合效益，并服从防洪的总体安排。

第二十一条　开发、利用水资源，应当首先满足城乡居民生活用水，并兼顾农业、工业、生态环境用水以及航运等需要。

在干旱和半干旱地区开发、利用水资源，应当充分考虑生态环境用水需要。

第二十二条　跨流域调水，应当进行全面规划和科学论证，统筹兼顾调出和调入流域的用水需要，防止对生态环境造成破坏。

第二十三条　地方各级人民政府应当结合本地区水资源的实际情况，按照地表水与地下水统一调度开发、开源与节流相结合、节流优先和污水处理再利用的原则，合理组织开发、综合利用水资源。

国民经济和社会发展规划以及城市总体规划的编制、重大建设项目的布局，应当与当地水资源条件和防洪要求相适应，并进行科学论证；在水资源不足的地区，应当对城市规模和建设耗水量大的工业、农业和服务业项目加以限制。

第二十四条　在水资源短缺的地区，国家鼓励对雨水和微咸水的收集、开发、利用和对海水的利用、淡化。

第二十五条　地方各级人民政府应当加强对灌溉、排涝、水土保持工作的领导，促进农业生产发展；在容易发生盐碱化和渍害的地区，应当采取措施，控制和降低地下水的水位。

农村集体经济组织或者其成员依法在本集体经济组织所有的集体土地或者承包土地上投资兴建水工程设施的，按照谁投资建设谁管理和谁受益的原则，对水工程设施及其蓄水进行管理和合理使用。

农村集体经济组织修建水库应当经县级以上地方人民政府水行政主管部门批准。

第二十六条　国家鼓励开发、利用水能资源。在水能丰富的河流，应当有计划地进行多目标梯级开发。

建设水力发电站，应当保护生态环境，兼顾防洪、供水、灌溉、航运、竹木流放和渔业等方面的需要。

第二十七条　国家鼓励开发、利用水运资源。在水生生物洄游通道、通航或者竹木流放的河流上修建永久性拦河闸坝，建设单位应当同时修建过鱼、过船、过木设施，或者经国务院授权的部门批准采取其他补救措施，并妥善安排施工和蓄水期间的水生生物保护、航运和竹木流放，所需费用由建设单位承担。

在不通航的河流或者人工水道上修建闸坝后可以通航的，闸坝建设单位应当同时修建过船设施或者预留过船设施位置。

第二十八条　任何单位和个人引水、截（蓄）水、排水，不得损害公共利益和他人的合法权益。

第二十九条　国家对水工程建设移民实行开发性移民的方针，按照前期补偿、补助与后期扶持相结合的原则，妥善安排移民的生产和生活，保护移民的合法权益。

移民安置应当与工程建设同步进行。建设单位应当根据安置地区的环境容量和可持续发展的原则，因地制宜，编制移民安置规划，经依法批准后，由有关地方人民政府组织实施。所需移民经费列入工程建设投资计划。

第四章　水资源、水域和水工程的保护

第三十条　县级以上人民政府水行政主管部门、流域管理机构以及其他有关部门在制定水资源开发、利用规划和调度水资源时，应当注意维持江河的合理流量和湖泊、水库以及地下水的合理水位，维护水体的自然净化能力。

第三十一条　从事水资源开发、利用、节约、保护和防治水害等水事活动，应当遵守经批准的规划；因违反规划造成江河和湖泊水域使用功能降低、地下水超采、地面沉降、水体污染的，应当承担治理责任。

开采矿藏或者建设地下工程，因疏干排水导致地下水水位下降、水源枯竭或者地面塌陷，采矿单位或者建设单位应当采取补救措施；对他人生活和生产造成损失的，依法给予补偿。

第三十二条　国务院水行政主管部门会同国务院环境保护行政主管部门、有关部门和有关省、自治区、直辖市人民政府，按照流域综合规划、水资源保护规划和经济社会发展要求，拟定国家确定的重要江河、湖泊的水功能区划，报国务院批准。跨省、自治区、直辖市的其他江河、湖泊的水功能区划，由有关流域管理机构会同江河、湖泊所在地的省、自治区、直辖市人民政府水行政主管部门、环境保护行政主管部门和其他有关部门拟定，分别经有关省、自治区、直辖市人民政府审查提出意见后，由国务院水行政主管部门会同国务院环境保护行政主管部门审核，报国务院或者其授权的部门批准。

前款规定以外的其他江河、湖泊的水功能区划，由县级以上地方人民政府水行政主管部门会同同级人民政府环境保护行政主管部门和有关部门拟定，报同级人民政府或者其授权的部门批准，并报上一级水行政主管部门和环境保护行政主管部门备案。

县级以上人民政府水行政主管部门或者流域管理机构应当按照水功能区对水质的要求和水体的自然净化能力，核定该水域的纳污能力，向

环境保护行政主管部门提出该水域的限制排污总量意见。

县级以上地方人民政府水行政主管部门和流域管理机构应当对水功能区的水质状况进行监测，发现重点污染物排放总量超过控制指标的，或者水功能区的水质未达到水域使用功能对水质的要求的，应当及时报告有关人民政府采取治理措施，并向环境保护行政主管部门通报。

第三十三条　国家建立饮用水水源保护区制度。省、自治区、直辖市人民政府应当划定饮用水水源保护区，并采取措施，防止水源枯竭和水体污染，保证城乡居民饮用水安全。

第三十四条　禁止在饮用水水源保护区内设置排污口。

在江河、湖泊新建、改建或者扩大排污口，应当经过有管辖权的水行政主管部门或者流域管理机构同意，由环境保护行政主管部门负责对该建设项目的环境影响报告书进行审批。

第三十五条　从事工程建设，占用农业灌溉水源、灌排工程设施，或者对原有灌溉用水、供水水源有不利影响的，建设单位应当采取相应的补救措施；造成损失的，依法给予补偿。

第三十六条　在地下水超采地区，县级以上地方人民政府应当采取措施，严格控制开采地下水。在地下水严重超采地区，经省、自治区、直辖市人民政府批准，可以划定地下水禁止开采或者限制开采区。在沿海地区开采地下水，应当经过科学论证，并采取措施，防止地面沉降和海水入侵。

第三十七条　禁止在江河、湖泊、水库、运河、渠道内弃置、堆放阻碍行洪的物体和种植阻碍行洪的林木及高秆作物。

禁止在河道管理范围内建设妨碍行洪的建筑物、构筑物以及从事影响河势稳定、危害河岸堤防安全和其他妨碍河道行洪的活动。

第三十八条　在河道管理范围内建设桥梁、码头和其他拦河、跨河、临河建筑物、构筑物，铺设跨河管道、电缆，应当符合国家规定的防洪标准和其他有关的技术要求，工程建设方案应当依照防洪法的有关规定报经有关水行政主管部门审查同意。

因建设前款工程设施，需要扩建、改建、拆除或者损坏原有水工程设施的，建设单位应当负担扩建、改建的费用和损失补偿。但是，原有工程设施属于违法工程的除外。

第三十九条 国家实行河道采砂许可制度。河道采砂许可制度实施办法，由国务院规定。

在河道管理范围内采砂，影响河势稳定或者危及堤防安全的，有关县级以上人民政府水行政主管部门应当划定禁采区和规定禁采期，并予以公告。

第四十条 禁止围湖造地。已经围垦的，应当按照国家规定的防洪标准有计划地退地还湖。

禁止围垦河道。确需围垦的，应当经过科学论证，经省、自治区、直辖市人民政府水行政主管部门或者国务院水行政主管部门同意后，报本级人民政府批准。

第四十一条 单位和个人有保护水工程的义务，不得侵占、毁坏堤防、护岸、防汛、水文监测、水文地质监测等工程设施。

第四十二条 县级以上地方人民政府应当采取措施，保障本行政区域内水工程，特别是水坝和堤防的安全，限期消除险情。水行政主管部门应当加强对水工程安全的监督管理。

第四十三条 国家对水工程实施保护。国家所有的水工程应当按照国务院的规定划定工程管理和保护范围。

国务院水行政主管部门或者流域管理机构管理的水工程，由主管部门或者流域管理机构商有关省、自治区、直辖市人民政府划定工程管理和保护范围。

前款规定以外的其他水工程，应当按照省、自治区、直辖市人民政府的规定，划定工程保护范围和保护职责。

在水工程保护范围内，禁止从事影响水工程运行和危害水工程安全的爆破、打井、采石、取土等活动。

第五章　水资源配置和节约使用

第四十四条　国务院发展计划主管部门和国务院水行政主管部门负责全国水资源的宏观调配。全国的和跨省、自治区、直辖市的水中长期供求规划，由国务院水行政主管部门会同有关部门制订，经国务院发展计划主管部门审查批准后执行。地方的水中长期供求规划，由县级以上地方人民政府水行政主管部门会同同级有关部门依据上一级水中长期供求规划和本地区的实际情况制订，经本级人民政府发展计划主管部门审查批准后执行。

水中长期供求规划应当依据水的供求现状、国民经济和社会发展规划、流域规划、区域规划，按照水资源供需协调、综合平衡、保护生态、厉行节约、合理开源的原则制定。

第四十五条　调蓄径流和分配水量，应当依据流域规划和水中长期供求规划，以流域为单元制定水量分配方案。

跨省、自治区、直辖市的水量分配方案和旱情紧急情况下的水量调度预案，由流域管理机构商有关省、自治区、直辖市人民政府制订，报国务院或者其授权的部门批准后执行。其他跨行政区域的水量分配方案和旱情紧急情况下的水量调度预案，由共同的上一级人民政府水行政主管部门商有关地方人民政府制订，报本级人民政府批准后执行。

水量分配方案和旱情紧急情况下的水量调度预案经批准后，有关地方人民政府必须执行。

在不同行政区域之间的边界河流上建设水资源开发、利用项目，应当符合该流域经批准的水量分配方案，由有关县级以上地方人民政府报共同的上一级人民政府水行政主管部门或者有关流域管理机构批准。

第四十六条　县级以上地方人民政府水行政主管部门或者流域管理机构应当根据批准的水量分配方案和年度预测来水量，制定年度水量分配方案和调度计划，实施水量统一调度；有关地方人民政府必须服从。

国家确定的重要江河、湖泊的年度水量分配方案，应当纳入国家的国民经济和社会发展年度计划。

第四十七条 国家对用水实行总量控制和定额管理相结合的制度。

省、自治区、直辖市人民政府有关行业主管部门应当制订本行政区域内行业用水定额，报同级水行政主管部门和质量监督检验行政主管部门审核同意后，由省、自治区、直辖市人民政府公布，并报国务院水行政主管部门和国务院质量监督检验行政主管部门备案。

县级以上地方人民政府发展计划主管部门会同同级水行政主管部门，根据用水定额、经济技术条件以及水量分配方案确定的可供本行政区域使用的水量，制定年度用水计划，对本行政区域内的年度用水实行总量控制。

第四十八条 直接从江河、湖泊或者地下取用水资源的单位和个人，应当按照国家取水许可制度和水资源有偿使用制度的规定，向水行政主管部门或者流域管理机构申请领取取水许可证，并缴纳水资源费，取得取水权。但是，家庭生活和零星散养、圈养畜禽饮用等少量取水的除外。

实施取水许可制度和征收管理水资源费的具体办法，由国务院规定。

第四十九条 用水应当计量，并按照批准的用水计划用水。

用水实行计量收费和超定额累进加价制度。

第五十条 各级人民政府应当推行节水灌溉方式和节水技术，对农业蓄水、输水工程采取必要的防渗漏措施，提高农业用水效率。

第五十一条 工业用水应当采用先进技术、工艺和设备，增加循环用水次数，提高水的重复利用率。

国家逐步淘汰落后的、耗水量高的工艺、设备和产品，具体名录由国务院经济综合主管部门会同国务院水行政主管部门和有关部门制定并公布。生产者、销售者或者生产经营中的使用者应当在规定的时间内停止生产、销售或者使用列入名录的工艺、设备和产品。

第五十二条　城市人民政府应当因地制宜采取有效措施，推广节水型生活用水器具，降低城市供水管网漏失率，提高生活用水效率；加强城市污水集中处理，鼓励使用再生水，提高污水再生利用率。

第五十三条　新建、扩建、改建建设项目，应当制订节水措施方案，配套建设节水设施。节水设施应当与主体工程同时设计、同时施工、同时投产。

供水企业和自建供水设施的单位应当加强供水设施的维护管理，减少水的漏失。

第五十四条　各级人民政府应当积极采取措施，改善城乡居民的饮用水条件。

第五十五条　使用水工程供应的水，应当按照国家规定向供水单位缴纳水费。供水价格应当按照补偿成本、合理收益、优质优价、公平负担的原则确定。具体办法由省级以上人民政府价格主管部门会同同级水行政主管部门或者其他供水行政主管部门依据职权制定。

第六章　水事纠纷处理与执法监督检查

第五十六条　不同行政区域之间发生水事纠纷的，应当协商处理；协商不成的，由上一级人民政府裁决，有关各方必须遵照执行。在水事纠纷解决前，未经各方达成协议或者共同的上一级人民政府批准，在行政区域交界线两侧一定范围内，任何一方不得修建排水、阻水、取水和截（蓄）水工程，不得单方面改变水的现状。

第五十七条　单位之间、个人之间、单位与个人之间发生的水事纠纷，应当协商解决；当事人不愿协商或者协商不成的，可以申请县级以上地方人民政府或者其授权的部门调解，也可以直接向人民法院提起民事诉讼。县级以上地方人民政府或者其授权的部门调解不成的，当事人可以向人民法院提起民事诉讼。

在水事纠纷解决前，当事人不得单方面改变现状。

第五十八条　县级以上人民政府或者其授权的部门在处理水事纠纷时，有权采取临时处置措施，有关各方或者当事人必须服从。

第五十九条　县级以上人民政府水行政主管部门和流域管理机构应当对违反本法的行为加强监督检查并依法进行查处。

水政监督检查人员应当忠于职守，秉公执法。

第六十条　县级以上人民政府水行政主管部门、流域管理机构及其水政监督检查人员履行本法规定的监督检查职责时，有权采取下列措施：

（一）要求被检查单位提供有关文件、证照、资料；

（二）要求被检查单位就执行本法的有关问题作出说明；

（三）进入被检查单位的生产场所进行调查；

（四）责令被检查单位停止违反本法的行为，履行法定义务。

第六十一条　有关单位或者个人对水政监督检查人员的监督检查工作应当给予配合，不得拒绝或者阻碍水政监督检查人员依法执行职务。

第六十二条　水政监督检查人员在履行监督检查职责时，应当向被检查单位或者个人出示执法证件。

第六十三条　县级以上人民政府或者上级水行政主管部门发现本级或者下级水行政主管部门在监督检查工作中有违法或者失职行为的，应当责令其限期改正。

第七章　法律责任

第六十四条　水行政主管部门或者其他有关部门以及水工程管理单位及其工作人员，利用职务上的便利收取他人财物、其他好处或者玩忽职守，对不符合法定条件的单位或者个人核发许可证、签署审查同意意见，不按照水量分配方案分配水量，不按照国家有关规定收取水资源费，不履行监督职责，或者发现违法行为不予查处，造成严重后果，构成犯罪的，对负有责任的主管人员和其他直接责任人员依照刑法的有关规定追究刑事责任；尚不够刑事处罚的，依法给予行政处分。

第六十五条 在河道管理范围内建设妨碍行洪的建筑物、构筑物，或者从事影响河势稳定、危害河岸堤防安全和其他妨碍河道行洪的活动的，由县级以上人民政府水行政主管部门或者流域管理机构依据职权，责令停止违法行为，限期拆除违法建筑物、构筑物，恢复原状；逾期不拆除、不恢复原状的，强行拆除，所需费用由违法单位或者个人负担，并处一万元以上十万元以下的罚款。

未经水行政主管部门或者流域管理机构同意，擅自修建水工程，或者建设桥梁、码头和其他拦河、跨河、临河建筑物、构筑物，铺设跨河管道、电缆，且防洪法未作规定的，由县级以上人民政府水行政主管部门或者流域管理机构依据职权，责令停止违法行为，限期补办有关手续；逾期不补办或者补办未被批准的，责令限期拆除违法建筑物、构筑物；逾期不拆除的，强行拆除，所需费用由违法单位或者个人负担，并处一万元以上十万元以下的罚款。

虽经水行政主管部门或者流域管理机构同意，但未按照要求修建前款所列工程设施的，由县级以上人民政府水行政主管部门或者流域管理机构依据职权，责令限期改正，按照情节轻重，处一万元以上十万元以下的罚款。

第六十六条 有下列行为之一，且防洪法未作规定的，由县级以上人民政府水行政主管部门或者流域管理机构依据职权，责令停止违法行为，限期清除障碍或者采取其他补救措施，处一万元以上五万元以下的罚款：

（一）在江河、湖泊、水库、运河、渠道内弃置、堆放阻碍行洪的物体和种植阻碍行洪的林木及高秆作物的；

（二）围湖造地或者未经批准围垦河道的。

第六十七条 在饮用水水源保护区内设置排污口的，由县级以上地方人民政府责令限期拆除、恢复原状；逾期不拆除、不恢复原状的，强行拆除、恢复原状，并处五万元以上十万元以下的罚款。

未经水行政主管部门或者流域管理机构审查同意，擅自在江河、湖泊新建、改建或者扩大排污口的，由县级以上人民政府水行政主管部门或者流域管理机构依据职权，责令停止违法行为，限期恢复原状，处五万元以上十万元以下的罚款。

第六十八条　生产、销售或者在生产经营中使用国家明令淘汰的落后的、耗水量高的工艺、设备和产品的，由县级以上地方人民政府经济综合主管部门责令停止生产、销售或者使用，处二万元以上十万元以下的罚款。

第六十九条　有下列行为之一的，由县级以上人民政府水行政主管部门或者流域管理机构依据职权，责令停止违法行为，限期采取补救措施，处二万元以上十万元以下的罚款；情节严重的，吊销其取水许可证：

（一）未经批准擅自取水的；

（二）未依照批准的取水许可规定条件取水的。

第七十条　拒不缴纳、拖延缴纳或者拖欠水资源费的，由县级以上人民政府水行政主管部门或者流域管理机构依据职权，责令限期缴纳；逾期不缴纳的，从滞纳之日起按日加收滞纳部分千分之二的滞纳金，并处应缴或者补缴水资源费一倍以上五倍以下的罚款。

第七十一条　建设项目的节水设施没有建成或者没有达到国家规定的要求，擅自投入使用的，由县级以上人民政府有关部门或者流域管理机构依据职权，责令停止使用，限期改正，处五万元以上十万元以下的罚款。

第七十二条　有下列行为之一，构成犯罪的，依照刑法的有关规定追究刑事责任；尚不够刑事处罚，且防洪法未作规定的，由县级以上地方人民政府水行政主管部门或者流域管理机构依据职权，责令停止违法行为，采取补救措施，处一万元以上五万元以下的罚款；违反治安管理处罚法的，由公安机关依法给予治安管理处罚；给他人造成损失的，依法承担赔偿责任：

（一）侵占、毁坏水工程及堤防、护岸等有关设施，毁坏防汛、水文监测、水文地质监测设施的；

（二）在水工程保护范围内，从事影响水工程运行和危害水工程安全的爆破、打井、采石、取土等活动的。

第七十三条　侵占、盗窃或者抢夺防汛物资，防洪排涝、农田水利、水文监测和测量以及其他水工程设备和器材，贪污或者挪用国家救灾、抢险、防汛、移民安置和补偿及其他水利建设款物，构成犯罪的，依照刑法的有关规定追究刑事责任。

第七十四条　在水事纠纷发生及其处理过程中煽动闹事、结伙斗殴、抢夺或者损坏公私财物、非法限制他人人身自由，构成犯罪的，依照刑法的有关规定追究刑事责任；尚不够刑事处罚的，由公安机关依法给予治安管理处罚。

第七十五条　不同行政区域之间发生水事纠纷，有下列行为之一的，对负有责任的主管人员和其他直接责任人员依法给予行政处分：

（一）拒不执行水量分配方案和水量调度预案的；

（二）拒不服从水量统一调度的；

（三）拒不执行上一级人民政府的裁决的；

（四）在水事纠纷解决前，未经各方达成协议或者上一级人民政府批准，单方面违反本法规定改变水的现状的。

第七十六条　引水、截（蓄）水、排水，损害公共利益或者他人合法权益的，依法承担民事责任。

第七十七条　对违反本法第三十九条有关河道采砂许可制度规定的行政处罚，由国务院规定。

第八章　附　则

第七十八条　中华人民共和国缔结或者参加的与国际或者国境边界河流、湖泊有关的国际条约、协定与中华人民共和国法律有不同规定的，适用国际条约、协定的规定。但是，中华人民共和国声明保留的条款除外。

第七十九条 本法所称水工程，是指在江河、湖泊和地下水源上开发、利用、控制、调配和保护水资源的各类工程。

第八十条 海水的开发、利用、保护和管理，依照有关法律的规定执行。

第八十一条 从事防洪活动，依照防洪法的规定执行。

水污染防治，依照水污染防治法的规定执行。

第八十二条 本法自 2002 年 10 月 1 日起施行。

《中华人民共和国水污染防治法》

（1984 年 5 月 11 日第六届全国人民代表大会常务委员会第五次会议通过　根据 1996 年 5 月 15 日第八届全国人民代表大会常务委员会第十九次会议《关于修改〈中华人民共和国水污染防治法〉的决定》第一次修正　2008 年 2 月 28 日第十届全国人民代表大会常务委员会第三十二次会议修订　根据 2017 年 6 月 27 日第十二届全国人民代表大会常务委员会第二十八次会议《关于修改〈中华人民共和国水污染防治法〉的决定》第二次修正）

目　录

第一章 总 则

第一条 为了保护和改善环境，防治水污染，保护水生态，保障饮用水安全，维护公众健康，推进生态文明建设，促进经济社会可持续发展，制定本法。

第二条 本法适用于中华人民共和国领域内的江河、湖泊、运河、渠道、水库等地表水体以及地下水体的污染防治。

海洋污染防治适用《中华人民共和国海洋环境保护法》。

第三条 水污染防治应当坚持预防为主、防治结合、综合治理的原则，优先保护饮用水水源，严格控制工业污染、城镇生活污染，防治农业面源污染，积极推进生态治理工程建设，预防、控制和减少水环境污染和生态破坏。

第四条 县级以上人民政府应当将水环境保护工作纳入国民经济和社会发展规划。

地方各级人民政府对本行政区域的水环境质量负责，应当及时采取措施防治水污染。

第五条 省、市、县、乡建立河长制，分级分段组织领导本行政区域内江河、湖泊的水资源保护、水域岸线管理、水污染防治、水环境治理等工作。

第六条 国家实行水环境保护目标责任制和考核评价制度，将水环境保护目标完成情况作为对地方人民政府及其负责人考核评价的内容。

第七条 国家鼓励、支持水污染防治的科学技术研究和先进适用技术的推广应用，加强水环境保护的宣传教育。

第八条 国家通过财政转移支付等方式，建立健全对位于饮用水水源保护区区域和江河、湖泊、水库上游地区的水环境生态保护补偿机制。

第九条 县级以上人民政府环境保护主管部门对水污染防治实施统一监督管理。

交通主管部门的海事管理机构对船舶污染水域的防治实施监督管理。

县级以上人民政府水行政、国土资源、卫生、建设、农业、渔业等部门以及重要江河、湖泊的流域水资源保护机构，在各自的职责范围内，对有关水污染防治实施监督管理。

第十条　排放水污染物，不得超过国家或者地方规定的水污染物排放标准和重点水污染物排放总量控制指标。

第十一条　任何单位和个人都有义务保护水环境，并有权对污染损害水环境的行为进行检举。

县级以上人民政府及其有关主管部门对在水污染防治工作中做出显著成绩的单位和个人给予表彰和奖励。

第二章　水污染防治的标准和规划

第十二条　国务院环境保护主管部门制定国家水环境质量标准。

省、自治区、直辖市人民政府可以对国家水环境质量标准中未作规定的项目，制定地方标准，并报国务院环境保护主管部门备案。

第十三条　国务院环境保护主管部门会同国务院水行政主管部门和有关省、自治区、直辖市人民政府，可以根据国家确定的重要江河、湖泊流域水体的使用功能以及有关地区的经济、技术条件，确定该重要江河、湖泊流域的省界水体适用的水环境质量标准，报国务院批准后施行。

第十四条　国务院环境保护主管部门根据国家水环境质量标准和国家经济、技术条件，制定国家水污染物排放标准。

省、自治区、直辖市人民政府对国家水污染物排放标准中未作规定的项目，可以制定地方水污染物排放标准；对国家水污染物排放标准中已作规定的项目，可以制定严于国家水污染物排放标准的地方水污染物排放标准。地方水污染物排放标准须报国务院环境保护主管部门备案。

向已有地方水污染物排放标准的水体排放污染物的，应当执行地方水污染物排放标准。

第十五条　国务院环境保护主管部门和省、自治区、直辖市人民政府，应当根据水污染防治的要求和国家或者地方的经济、技术条件，适时修订水环境质量标准和水污染物排放标准。

第十六条　防治水污染应当按流域或者按区域进行统一规划。国家确定的重要江河、湖泊的流域水污染防治规划，由国务院环境保护主管部门会同国务院经济综合宏观调控、水行政等部门和有关省、自治区、直辖市人民政府编制，报国务院批准。

前款规定外的其他跨省、自治区、直辖市江河、湖泊的流域水污染防治规划，根据国家确定的重要江河、湖泊的流域水污染防治规划和本地实际情况，由有关省、自治区、直辖市人民政府环境保护主管部门会同同级水行政等部门和有关市、县人民政府编制，经有关省、自治区、直辖市人民政府审核，报国务院批准。

省、自治区、直辖市内跨县江河、湖泊的流域水污染防治规划，根据国家确定的重要江河、湖泊的流域水污染防治规划和本地实际情况，由省、自治区、直辖市人民政府环境保护主管部门会同同级水行政等部门编制，报省、自治区、直辖市人民政府批准，并报国务院备案。

经批准的水污染防治规划是防治水污染的基本依据，规划的修订须经原批准机关批准。

县级以上地方人民政府应当根据依法批准的江河、湖泊的流域水污染防治规划，组织制定本行政区域的水污染防治规划。

第十七条　有关市、县级人民政府应当按照水污染防治规划确定的水环境质量改善目标的要求，制定限期达标规划，采取措施按期达标。

有关市、县级人民政府应当将限期达标规划报上一级人民政府备案，并向社会公开。

第十八条　市、县级人民政府每年在向本级人民代表大会或者其常务委员会报告环境状况和环境保护目标完成情况时，应当报告水环境质量限期达标规划执行情况，并向社会公开。

第三章　水污染防治的监督管理

第十九条　新建、改建、扩建直接或者间接向水体排放污染物的建设项目和其他水上设施，应当依法进行环境影响评价。

建设单位在江河、湖泊新建、改建、扩建排污口的，应当取得水行政主管部门或者流域管理机构同意；涉及通航、渔业水域的，环境保护主管部门在审批环境影响评价文件时，应当征求交通、渔业主管部门的意见。

建设项目的水污染防治设施，应当与主体工程同时设计、同时施工、同时投入使用。水污染防治设施应当符合经批准或者备案的环境影响评价文件的要求。

第二十条　国家对重点水污染物排放实施总量控制制度。

重点水污染物排放总量控制指标，由国务院环境保护主管部门在征求国务院有关部门和各省、自治区、直辖市人民政府意见后，会同国务院经济综合宏观调控部门报国务院批准并下达实施。

省、自治区、直辖市人民政府应当按照国务院的规定削减和控制本行政区域的重点水污染物排放总量。具体办法由国务院环境保护主管部门会同国务院有关部门规定。

省、自治区、直辖市人民政府可以根据本行政区域水环境质量状况和水污染防治工作的需要，对国家重点水污染物之外的其他水污染物排放实行总量控制。

对超过重点水污染物排放总量控制指标或者未完成水环境质量改善目标的地区，省级以上人民政府环境保护主管部门应当会同有关部门约谈该地区人民政府的主要负责人，并暂停审批新增重点水污染物排放总量的建设项目的环境影响评价文件。约谈情况应当向社会公开。

第二十一条　直接或者间接向水体排放工业废水和医疗污水以及其他按照规定应当取得排污许可证方可排放的废水、污水的企业事业单位和其他生产经营者，应当取得排污许可证；城镇污水集中处理设施的运营单位，也应当取得排污许可证。排污许可证应当明确排放水污染物的种类、浓度、总量和排放去向等要求。排污许可的具体办法由国务院规定。

禁止企业事业单位和其他生产经营者无排污许可证或者违反排污许可证的规定向水体排放前款规定的废水、污水。

第二十二条 向水体排放污染物的企业事业单位和其他生产经营者，应当按照法律、行政法规和国务院环境保护主管部门的规定设置排污口；在江河、湖泊设置排污口的，还应当遵守国务院水行政主管部门的规定。

第二十三条 实行排污许可管理的企业事业单位和其他生产经营者应当按照国家有关规定和监测规范，对所排放的水污染物自行监测，并保存原始监测记录。重点排污单位还应当安装水污染物排放自动监测设备，与环境保护主管部门的监控设备联网，并保证监测设备正常运行。具体办法由国务院环境保护主管部门规定。

应当安装水污染物排放自动监测设备的重点排污单位名录，由设区的市级以上地方人民政府环境保护主管部门根据本行政区域的环境容量、重点水污染物排放总量控制指标的要求以及排污单位排放水污染物的种类、数量和浓度等因素，商同级有关部门确定。

第二十四条 实行排污许可管理的企业事业单位和其他生产经营者应当对监测数据的真实性和准确性负责。

环境保护主管部门发现重点排污单位的水污染物排放自动监测设备传输数据异常，应当及时进行调查。

第二十五条 国家建立水环境质量监测和水污染物排放监测制度。国务院环境保护主管部门负责制定水环境监测规范，统一发布国家水环境状况信息，会同国务院水行政等部门组织监测网络，统一规划国家水环境质量监测站（点）的设置，建立监测数据共享机制，加强对水环境监测的管理。

第二十六条　国家确定的重要江河、湖泊流域的水资源保护工作机构负责监测其所在流域的省界水体的水环境质量状况，并将监测结果及时报国务院环境保护主管部门和国务院水行政主管部门；有经国务院批准成立的流域水资源保护领导机构的，应当将监测结果及时报告流域水资源保护领导机构。

第二十七条　国务院有关部门和县级以上地方人民政府开发、利用和调节、调度水资源时，应当统筹兼顾，维持江河的合理流量和湖泊、水库以及地下水体的合理水位，保障基本生态用水，维护水体的生态功能。

第二十八条　国务院环境保护主管部门应当会同国务院水行政等部门和有关省、自治区、直辖市人民政府，建立重要江河、湖泊的流域水环境保护联合协调机制，实行统一规划、统一标准、统一监测、统一的防治措施。

第二十九条　国务院环境保护主管部门和省、自治区、直辖市人民政府环境保护主管部门应当会同同级有关部门根据流域生态环境功能需要，明确流域生态环境保护要求，组织开展流域环境资源承载能力监测、评价，实施流域环境资源承载能力预警。

县级以上地方人民政府应当根据流域生态环境功能需要，组织开展江河、湖泊、湿地保护与修复，因地制宜建设人工湿地、水源涵养林、沿河沿湖植被缓冲带和隔离带等生态环境治理与保护工程，整治黑臭水体，提高流域环境资源承载能力。

从事开发建设活动，应当采取有效措施，维护流域生态环境功能，严守生态保护红线。

第三十条　环境保护主管部门和其他依照本法规定行使监督管理权的部门，有权对管辖范围内的排污单位进行现场检查，被检查的单位应当如实反映情况，提供必要的资料。检查机关有义务为被检查的单位保守在检查中获取的商业秘密。

第三十一条 跨行政区域的水污染纠纷，由有关地方人民政府协商解决，或者由其共同的上级人民政府协调解决。

第四章 水污染防治措施

第一节 一般规定

第三十二条 国务院环境保护主管部门应当会同国务院卫生主管部门，根据对公众健康和生态环境的危害和影响程度，公布有毒有害水污染物名录，实行风险管理。

排放前款规定名录中所列有毒有害水污染物的企业事业单位和其他生产经营者，应当对排污口和周边环境进行监测，评估环境风险，排查环境安全隐患，并公开有毒有害水污染物信息，采取有效措施防范环境风险。

第三十三条 禁止向水体排放油类、酸液、碱液或者剧毒废液。

禁止在水体清洗装贮过油类或者有毒污染物的车辆和容器。

第三十四条 禁止向水体排放、倾倒放射性固体废物或者含有高放射性和中放射性物质的废水。

向水体排放含低放射性物质的废水，应当符合国家有关放射性污染防治的规定和标准。

第三十五条 向水体排放含热废水，应当采取措施，保证水体的水温符合水环境质量标准。

第三十六条 含病原体的污水应当经过消毒处理；符合国家有关标准后，方可排放。

第三十七条 禁止向水体排放、倾倒工业废渣、城镇垃圾和其他废弃物。

禁止将含有汞、镉、砷、铬、铅、氰化物、黄磷等的可溶性剧毒废渣向水体排放、倾倒或者直接埋入地下。

存放可溶性剧毒废渣的场所，应当采取防水、防渗漏、防流失的措施。

第三十八条 禁止在江河、湖泊、运河、渠道、水库最高水位线以下的滩地和岸坡堆放、存贮固体废弃物和其他污染物。

第三十九条 禁止利用渗井、渗坑、裂隙、溶洞，私设暗管，篡改、伪造监测数据，或者不正常运行水污染防治设施等逃避监管的方式排放水污染物。

第四十条 化学品生产企业以及工业集聚区、矿山开采区、尾矿库、危险废物处置场、垃圾填埋场等的运营、管理单位，应当采取防渗漏等措施，并建设地下水水质监测井进行监测，防止地下水污染。

加油站等的地下油罐应当使用双层罐或者采取建造防渗池等其他有效措施，并进行防渗漏监测，防止地下水污染。

禁止利用无防渗漏措施的沟渠、坑塘等输送或者存贮含有毒污染物的废水、含病原体的污水和其他废弃物。

第四十一条 多层地下水的含水层水质差异大的，应当分层开采；对已受污染的潜水和承压水，不得混合开采。

第四十二条 兴建地下工程设施或者进行地下勘探、采矿等活动，应当采取防护性措施，防止地下水污染。

报废矿井、钻井或者取水井等，应当实施封井或者回填。

第四十三条 人工回灌补给地下水，不得恶化地下水质。

第二节 工业水污染防治

第四十四条 国务院有关部门和县级以上地方人民政府应当合理规划工业布局，要求造成水污染的企业进行技术改造，采取综合防治措施，提高水的重复利用率，减少废水和污染物排放量。

第四十五条 排放工业废水的企业应当采取有效措施，收集和处理产生的全部废水，防止污染环境。含有毒有害水污染物的工业废水应当分类收集和处理，不得稀释排放。

工业集聚区应当配套建设相应的污水集中处理设施，安装自动监测设备，与环境保护主管部门的监控设备联网，并保证监测设备正常运行。

向污水集中处理设施排放工业废水的，应当按照国家有关规定进行预处理，达到集中处理设施处理工艺要求后方可排放。

第四十六条 国家对严重污染水环境的落后工艺和设备实行淘汰制度。

国务院经济综合宏观调控部门会同国务院有关部门，公布限期禁止采用的严重污染水环境的工艺名录和限期禁止生产、销售、进口、使用的严重污染水环境的设备名录。

生产者、销售者、进口者或者使用者应当在规定的期限内停止生产、销售、进口或者使用列入前款规定的设备名录中的设备。工艺的采用者应当在规定的期限内停止采用列入前款规定的工艺名录中的工艺。

依照本条第二款、第三款规定被淘汰的设备，不得转让给他人使用。

第四十七条 国家禁止新建不符合国家产业政策的小型造纸、制革、印染、染料、炼焦、炼硫、炼砷、炼汞、炼油、电镀、农药、石棉、水泥、玻璃、钢铁、火电以及其他严重污染水环境的生产项目。

第四十八条 企业应当采用原材料利用效率高、污染物排放量少的清洁工艺，并加强管理，减少水污染物的产生。

第三节 城镇水污染防治

第四十九条 城镇污水应当集中处理。

县级以上地方人民政府应当通过财政预算和其他渠道筹集资金，统筹安排建设城镇污水集中处理设施及配套管网，提高本行政区域城镇污水的收集率和处理率。

国务院建设主管部门应当会同国务院经济综合宏观调控、环境保护主管部门，根据城乡规划和水污染防治规划，组织编制全国城镇污水处理设施建设规划。县级以上地方人民政府组织建设、经济综合宏观调控、环境保护、水行政等部门编制本行政区域的城镇污水处理设施建设规划。县级以上地方人民政府建设主管部门应当按照城镇污水处理设施建设规划，组织建设城镇污水集中处理设施及配套管网，并加强对城镇污水集中处理设施运营的监督管理。

城镇污水集中处理设施的运营单位按照国家规定向排污者提供污水处理的有偿服务，收取污水处理费用，保证污水集中处理设施的正常运行。收取的污水处理费用应当用于城镇污水集中处理设施的建设运行和污泥处理处置，不得挪作他用。

城镇污水集中处理设施的污水处理收费、管理以及使用的具体办法，由国务院规定。

第五十条　向城镇污水集中处理设施排放水污染物，应当符合国家或者地方规定的水污染物排放标准。

城镇污水集中处理设施的运营单位，应当对城镇污水集中处理设施的出水水质负责。

环境保护主管部门应当对城镇污水集中处理设施的出水水质和水量进行监督检查。

第五十一条　城镇污水集中处理设施的运营单位或者污泥处理处置单位应当安全处理处置污泥，保证处理处置后的污泥符合国家标准，并对污泥的去向等进行记录。

第四节　农业和农村水污染防治

第五十二条　国家支持农村污水、垃圾处理设施的建设，推进农村污水、垃圾集中处理。

地方各级人民政府应当统筹规划建设农村污水、垃圾处理设施，并保障其正常运行。

第五十三条　制定化肥、农药等产品的质量标准和使用标准，应当适应水环境保护要求。

第五十四条　使用农药，应当符合国家有关农药安全使用的规定和标准。

运输、存贮农药和处置过期失效农药，应当加强管理，防止造成水污染。

第五十五条　县级以上地方人民政府农业主管部门和其他有关部门，应当采取措施，指导农业生产者科学、合理地施用化肥和农药，推广测土配方施肥技术和高效低毒低残留农药，控制化肥和农药的过量使用，防止造成水污染。

第五十六条　国家支持畜禽养殖场、养殖小区建设畜禽粪便、废水的综合利用或者无害化处理设施。

畜禽养殖场、养殖小区应当保证其畜禽粪便、废水的综合利用或者无害化处理设施正常运转，保证污水达标排放，防止污染水环境。

畜禽散养密集区所在地县、乡级人民政府应当组织对畜禽粪便污水进行分户收集、集中处理利用。

第五十七条　从事水产养殖应当保护水域生态环境，科学确定养殖密度，合理投饵和使用药物，防止污染水环境。

第五十八条　农田灌溉用水应当符合相应的水质标准，防止污染土壤、地下水和农产品。

禁止向农田灌溉渠道排放工业废水或者医疗污水。向农田灌溉渠道排放城镇污水以及未综合利用的畜禽养殖废水、农产品加工废水的，应当保证其下游最近的灌溉取水点的水质符合农田灌溉水质标准。

第五节　船舶水污染防治

第五十九条　船舶排放含油污水、生活污水，应当符合船舶污染物排放标准。从事海洋航运的船舶进入内河和港口的，应当遵守内河的船舶污染物排放标准。

船舶的残油、废油应当回收，禁止排入水体。

禁止向水体倾倒船舶垃圾。

船舶装载运输油类或者有毒货物，应当采取防止溢流和渗漏的措施，防止货物落水造成水污染。

进入中华人民共和国内河的国际航线船舶排放压载水的，应当采用压载水处理装置或者采取其他等效措施，对压载水进行灭活等处理。禁止排放不符合规定的船舶压载水。

第六十条　船舶应当按照国家有关规定配置相应的防污设备和器材，并持有合法有效的防止水域环境污染的证书与文书。

船舶进行涉及污染物排放的作业，应当严格遵守操作规程，并在相应的记录簿上如实记载。

第六十一条　港口、码头、装卸站和船舶修造厂所在地市、县级人民政府应当统筹规划建设船舶污染物、废弃物的接收、转运及处理处置设施。

港口、码头、装卸站和船舶修造厂应当备有足够的船舶污染物、废弃物的接收设施。从事船舶污染物、废弃物接收作业，或者从事装载油类、污染危害性货物船舱清洗作业的单位，应当具备与其运营规模相适应的接收处理能力。

第六十二条　船舶及有关作业单位从事有污染风险的作业活动，应当按照有关法律法规和标准，采取有效措施，防止造成水污染。海事管理机构、渔业主管部门应当加强对船舶及有关作业活动的监督管理。

船舶进行散装液体污染危害性货物的过驳作业，应当编制作业方案，采取有效的安全和污染防治措施，并报作业地海事管理机构批准。

禁止采取冲滩方式进行船舶拆解作业。

第五章　饮用水水源和其他特殊水体保护

第六十三条　国家建立饮用水水源保护区制度。饮用水水源保护区分为一级保护区和二级保护区；必要时，可以在饮用水水源保护区外围划定一定的区域作为准保护区。

饮用水水源保护区的划定，由有关市、县人民政府提出划定方案，报省、自治区、直辖市人民政府批准；跨市、县饮用水水源保护区的划定，由有关市、县人民政府协商提出划定方案，报省、自治区、直辖市人民政府批准；协商不成的，由省、自治区、直辖市人民政府环境保护主管部门会同同级水行政、国土资源、卫生、建设等部门提出划定方案，征求同级有关部门的意见后，报省、自治区、直辖市人民政府批准。

跨省、自治区、直辖市的饮用水水源保护区，由有关省、自治区、直辖市人民政府商有关流域管理机构划定；协商不成的，由国务院环境保护主管部门会同同级水行政、国土资源、卫生、建设等部门提出划定方案，征求国务院有关部门的意见后，报国务院批准。

国务院和省、自治区、直辖市人民政府可以根据保护饮用水水源的实际需要，调整饮用水水源保护区的范围，确保饮用水安全。有关地方人民政府应当在饮用水水源保护区的边界设立明确的地理界标和明显的警示标志。

第六十四条 在饮用水水源保护区内，禁止设置排污口。

第六十五条 禁止在饮用水水源一级保护区内新建、改建、扩建与供水设施和保护水源无关的建设项目；已建成的与供水设施和保护水源无关的建设项目，由县级以上人民政府责令拆除或者关闭。

禁止在饮用水水源一级保护区内从事网箱养殖、旅游、游泳、垂钓或者其他可能污染饮用水水体的活动。

第六十六条 禁止在饮用水水源二级保护区内新建、改建、扩建排放污染物的建设项目；已建成的排放污染物的建设项目，由县级以上人民政府责令拆除或者关闭。

在饮用水水源二级保护区内从事网箱养殖、旅游等活动的，应当按照规定采取措施，防止污染饮用水水体。

第六十七条 禁止在饮用水水源准保护区内新建、扩建对水体污染严重的建设项目；改建建设项目，不得增加排污量。

第六十八条　县级以上地方人民政府应当根据保护饮用水水源的实际需要，在准保护区内采取工程措施或者建造湿地、水源涵养林等生态保护措施，防止水污染物直接排入饮用水水体，确保饮用水安全。

第六十九条　县级以上地方人民政府应当组织环境保护等部门，对饮用水水源保护区、地下水型饮用水源的补给区及供水单位周边区域的环境状况和污染风险进行调查评估，筛查可能存在的污染风险因素，并采取相应的风险防范措施。

饮用水水源受到污染可能威胁供水安全的，环境保护主管部门应当责令有关企业事业单位和其他生产经营者采取停止排放水污染物等措施，并通报饮用水供水单位和供水、卫生、水行政等部门；跨行政区域的，还应当通报相关地方人民政府。

第七十条　单一水源供水城市的人民政府应当建设应急水源或者备用水源，有条件的地区可以开展区域联网供水。

县级以上地方人民政府应当合理安排、布局农村饮用水水源，有条件的地区可以采取城镇供水管网延伸或者建设跨村、跨乡镇联片集中供水工程等方式，发展规模集中供水。

第七十一条　饮用水供水单位应当做好取水口和出水口的水质检测工作。发现取水口水质不符合饮用水水源水质标准或者出水口水质不符合饮用水卫生标准的，应当及时采取相应措施，并向所在地市、县级人民政府供水主管部门报告。供水主管部门接到报告后，应当通报环境保护、卫生、水行政等部门。

饮用水供水单位应当对供水水质负责，确保供水设施安全可靠运行，保证供水水质符合国家有关标准。

第七十二条　县级以上地方人民政府应当组织有关部门监测、评估本行政区域内饮用水水源、供水单位供水和用户水龙头出水的水质等饮用水安全状况。

县级以上地方人民政府有关部门应当至少每季度向社会公开一次饮用水安全状况信息。

第七十三条 国务院和省、自治区、直辖市人民政府根据水环境保护的需要，可以规定在饮用水水源保护区内，采取禁止或者限制使用含磷洗涤剂、化肥、农药以及限制种植养殖等措施。

第七十四条 县级以上人民政府可以对风景名胜区水体、重要渔业水体和其他具有特殊经济文化价值的水体划定保护区，并采取措施，保证保护区的水质符合规定用途的水环境质量标准。

第七十五条 在风景名胜区水体、重要渔业水体和其他具有特殊经济文化价值的水体的保护区内，不得新建排污口。在保护区附近新建排污口，应当保证保护区水体不受污染。

第六章 水污染事故处置

第七十六条 各级人民政府及其有关部门，可能发生水污染事故的企业事业单位，应当依照《中华人民共和国突发事件应对法》的规定，做好突发水污染事故的应急准备、应急处置和事后恢复等工作。

第七十七条 可能发生水污染事故的企业事业单位，应当制定有关水污染事故的应急方案，做好应急准备，并定期进行演练。

生产、储存危险化学品的企业事业单位，应当采取措施，防止在处理安全生产事故过程中产生的可能严重污染水体的消防废水、废液直接排入水体。

第七十八条 企业事业单位发生事故或者其他突发性事件，造成或者可能造成水污染事故的，应当立即启动本单位的应急方案，采取隔离等应急措施，防止水污染物进入水体，并向事故发生地的县级以上地方人民政府或者环境保护主管部门报告。环境保护主管部门接到报告后，应当及时向本级人民政府报告，并抄送有关部门。

造成渔业污染事故或者渔业船舶造成水污染事故的，应当向事故发生地的渔业主管部门报告，接受调查处理。其他船舶造成水污染事故的，应当向事故发生地的海事管理机构报告，接受调查处理；给渔业造成损害的，海事管理机构应当通知渔业主管部门参与调查处理。

第七十九条　市、县级人民政府应当组织编制饮用水安全突发事件应急预案。

饮用水供水单位应当根据所在地饮用水安全突发事件应急预案，制定相应的突发事件应急方案，报所在地市、县级人民政府备案，并定期进行演练。

饮用水水源发生水污染事故，或者发生其他可能影响饮用水安全的突发性事件，饮用水供水单位应当采取应急处理措施，向所在地市、县级人民政府报告，并向社会公开。有关人民政府应当根据情况及时启动应急预案，采取有效措施，保障供水安全。

第七章　法律责任

第八十条　环境保护主管部门或者其他依照本法规定行使监督管理权的部门，不依法作出行政许可或者办理批准文件的，发现违法行为或者接到对违法行为的举报后不予查处的，或者有其他未依照本法规定履行职责的行为的，对直接负责的主管人员和其他直接责任人员依法给予处分。

第八十一条　以拖延、围堵、滞留执法人员等方式拒绝、阻挠环境保护主管部门或者其他依照本法规定行使监督管理权的部门的监督检查，或者在接受监督检查时弄虚作假的，由县级以上人民政府环境保护主管部门或者其他依照本法规定行使监督管理权的部门责令改正，处二万元以上二十万元以下的罚款。

第八十二条　违反本法规定，有下列行为之一的，由县级以上人民政府环境保护主管部门责令限期改正，处二万元以上二十万元以下的罚款；逾期不改正的，责令停产整治：

（一）未按照规定对所排放的水污染物自行监测，或者未保存原始监测记录的；

（二）未按照规定安装水污染物排放自动监测设备，未按照规定与环境保护主管部门的监控设备联网，或者未保证监测设备正常运行的；

（三）未按照规定对有毒有害水污染物的排污口和周边环境进行监测，或者未公开有毒有害水污染物信息的。

第八十三条 违反本法规定，有下列行为之一的，由县级以上人民政府环境保护主管部门责令改正或者责令限制生产、停产整治，并处十万元以上一百万元以下的罚款；情节严重的，报经有批准权的人民政府批准，责令停业、关闭：

（一）未依法取得排污许可证排放水污染物的；

（二）超过水污染物排放标准或者超过重点水污染物排放总量控制指标排放水污染物的；

（三）利用渗井、渗坑、裂隙、溶洞，私设暗管，篡改、伪造监测数据，或者不正常运行水污染防治设施等逃避监管的方式排放水污染物的；

（四）未按照规定进行预处理，向污水集中处理设施排放不符合处理工艺要求的工业废水的。

第八十四条 在饮用水水源保护区内设置排污口的，由县级以上地方人民政府责令限期拆除，处十万元以上五十万元以下的罚款；逾期不拆除的，强制拆除，所需费用由违法者承担，处五十万元以上一百万元以下的罚款，并可以责令停产整治。

除前款规定外，违反法律、行政法规和国务院环境保护主管部门的规定设置排污口的，由县级以上地方人民政府环境保护主管部门责令限期拆除，处二万元以上十万元以下的罚款；逾期不拆除的，强制拆除，所需费用由违法者承担，处十万元以上五十万元以下的罚款；情节严重的，可以责令停产整治。

未经水行政主管部门或者流域管理机构同意，在江河、湖泊新建、改建、扩建排污口的，由县级以上人民政府水行政主管部门或者流域管理机构依据职权，依照前款规定采取措施、给予处罚。

第八十五条　有下列行为之一的，由县级以上地方人民政府环境保护主管部门责令停止违法行为，限期采取治理措施，消除污染，处以罚款；逾期不采取治理措施的，环境保护主管部门可以指定有治理能力的单位代为治理，所需费用由违法者承担：

（一）向水体排放油类、酸液、碱液的；

（二）向水体排放剧毒废液，或者将含有汞、镉、砷、铬、铅、氰化物、黄磷等的可溶性剧毒废渣向水体排放、倾倒或者直接埋入地下的；

（三）在水体清洗装贮过油类、有毒污染物的车辆或者容器的；

（四）向水体排放、倾倒工业废渣、城镇垃圾或者其他废弃物，或者在江河、湖泊、运河、渠道、水库最高水位线以下的滩地、岸坡堆放、存贮固体废弃物或者其他污染物的；

（五）向水体排放、倾倒放射性固体废物或者含有高放射性、中放射性物质的废水的；

（六）违反国家有关规定或者标准，向水体排放含低放射性物质的废水、热废水或者含病原体的污水的；

（七）未采取防渗漏等措施，或者未建设地下水水质监测井进行监测的；

（八）加油站等的地下油罐未使用双层罐或者采取建造防渗池等其他有效措施，或者未进行防渗漏监测的；

（九）未按照规定采取防护性措施，或者利用无防渗漏措施的沟渠、坑塘等输送或者存贮含有毒污染物的废水、含病原体的污水或者其他废弃物的。

有前款第三项、第四项、第六项、第七项、第八项行为之一的，处二万元以上二十万元以下的罚款。有前款第一项、第二项、第五项、第九项行为之一的，处十万元以上一百万元以下的罚款；情节严重的，报经有批准权的人民政府批准，责令停业、关闭。

第八十六条 违反本法规定，生产、销售、进口或者使用列入禁止生产、销售、进口、使用的严重污染水环境的设备名录中的设备，或者采用列入禁止采用的严重污染水环境的工艺名录中的工艺的，由县级以上人民政府经济综合宏观调控部门责令改正，处五万元以上二十万元以下的罚款；情节严重的，由县级以上人民政府经济综合宏观调控部门提出意见，报请本级人民政府责令停业、关闭。

第八十七条 违反本法规定，建设不符合国家产业政策的小型造纸、制革、印染、染料、炼焦、炼硫、炼砷、炼汞、炼油、电镀、农药、石棉、水泥、玻璃、钢铁、火电以及其他严重污染水环境的生产项目的，由所在地的市、县人民政府责令关闭。

第八十八条 城镇污水集中处理设施的运营单位或者污泥处理处置单位，处理处置后的污泥不符合国家标准，或者对污泥去向等未进行记录的，由城镇排水主管部门责令限期采取治理措施，给予警告；造成严重后果的，处十万元以上二十万元以下的罚款；逾期不采取治理措施的，城镇排水主管部门可以指定有治理能力的单位代为治理，所需费用由违法者承担。

第八十九条 船舶未配置相应的防污染设备和器材，或者未持有合法有效的防止水域环境污染的证书与文书的，由海事管理机构、渔业主管部门按照职责分工责令限期改正，处二千元以上二万元以下的罚款；逾期不改正的，责令船舶临时停航。

船舶进行涉及污染物排放的作业，未遵守操作规程或者未在相应的记录簿上如实记载的，由海事管理机构、渔业主管部门按照职责分工责令改正，处二千元以上二万元以下的罚款。

第九十条 违反本法规定，有下列行为之一的，由海事管理机构、渔业主管部门按照职责分工责令停止违法行为，处一万元以上十万元以下的罚款；造成水污染的，责令限期采取治理措施，消除污染，处二万元以上二十万元以下的罚款；逾期不采取治理措施的，海事管理机构、渔业主管部门按照职责分工可以指定有治理能力的单位代为治理，所需费用由船舶承担：

（一）向水体倾倒船舶垃圾或者排放船舶的残油、废油的；

（二）未经作业地海事管理机构批准，船舶进行散装液体污染危害性货物的过驳作业的；

（三）船舶及有关作业单位从事有污染风险的作业活动，未按照规定采取污染防治措施的；

（四）以冲滩方式进行船舶拆解的；

（五）进入中华人民共和国内河的国际航线船舶，排放不符合规定的船舶压载水的。

第九十一条 有下列行为之一的，由县级以上地方人民政府环境保护主管部门责令停止违法行为，处十万元以上五十万元以下的罚款；并报经有批准权的人民政府批准，责令拆除或者关闭：

（一）在饮用水水源一级保护区内新建、改建、扩建与供水设施和保护水源无关的建设项目的；

（二）在饮用水水源二级保护区内新建、改建、扩建排放污染物的建设项目的；

（三）在饮用水水源准保护区内新建、扩建对水体污染严重的建设项目，或者改建建设项目增加排污量的。

在饮用水水源一级保护区内从事网箱养殖或者组织进行旅游、垂钓或者其他可能污染饮用水水体的活动的，由县级以上地方人民政府环境保护主管部门责令停止违法行为，处二万元以上十万元以下的罚款。个人在饮用水水源一级保护区内游泳、垂钓或者从事其他可能污染饮用水水体的活动的，由县级以上地方人民政府环境保护主管部门责令停止违法行为，可以处五百元以下的罚款。

第九十二条 饮用水供水单位供水水质不符合国家规定标准的，由所在地市、县级人民政府供水主管部门责令改正，处二万元以上二十万元以下的罚款；情节严重的，报经有批准权的人民政府批准，可以责令停业整顿；对直接负责的主管人员和其他直接责任人员依法给予处分。

第九十三条　企业事业单位有下列行为之一的，由县级以上人民政府环境保护主管部门责令改正；情节严重的，处二万元以上十万元以下的罚款：

（一）不按照规定制定水污染事故的应急方案的；

（二）水污染事故发生后，未及时启动水污染事故的应急方案，采取有关应急措施的。

第九十四条　企业事业单位违反本法规定，造成水污染事故的，除依法承担赔偿责任外，由县级以上人民政府环境保护主管部门依照本条第二款的规定处以罚款，责令限期采取治理措施，消除污染；未按照要求采取治理措施或者不具备治理能力的，由环境保护主管部门指定有治理能力的单位代为治理，所需费用由违法者承担；对造成重大或者特大水污染事故的，还可以报经有批准权的人民政府批准，责令关闭；对直接负责的主管人员和其他直接责任人员可以处上一年度从本单位取得的收入百分之五十以下的罚款；有《中华人民共和国环境保护法》第六十三条规定的违法排放水污染物等行为之一，尚不构成犯罪的，由公安机关对直接负责的主管人员和其他直接责任人员处十日以上十五日以下的拘留；情节较轻的，处五日以上十日以下的拘留。

对造成一般或者较大水污染事故的，按照水污染事故造成的直接损失的百分之二十计算罚款；对造成重大或者特大水污染事故的，按照水污染事故造成的直接损失的百分之三十计算罚款。

造成渔业污染事故或者渔业船舶造成水污染事故的，由渔业主管部门进行处罚；其他船舶造成水污染事故的，由海事管理机构进行处罚。

第九十五条　企业事业单位和其他生产经营者违法排放水污染物，受到罚款处罚，被责令改正的，依法作出处罚决定的行政机关应当组织复查，发现其继续违法排放水污染物或者拒绝、阻挠复查的，依照《中华人民共和国环境保护法》的规定按日连续处罚。

第九十六条 因水污染受到损害的当事人，有权要求排污方排除危害和赔偿损失。

由于不可抗力造成水污染损害的，排污方不承担赔偿责任；法律另有规定的除外。

水污染损害是由受害人故意造成的，排污方不承担赔偿责任。水污染损害是由受害人重大过失造成的，可以减轻排污方的赔偿责任。

水污染损害是由第三人造成的，排污方承担赔偿责任后，有权向第三人追偿。

第九十七条 因水污染引起的损害赔偿责任和赔偿金额的纠纷，可以根据当事人的请求，由环境保护主管部门或者海事管理机构、渔业主管部门按照职责分工调解处理；调解不成的，当事人可以向人民法院提起诉讼。当事人也可以直接向人民法院提起诉讼。

第九十八条 因水污染引起的损害赔偿诉讼，由排污方就法律规定的免责事由及其行为与损害结果之间不存在因果关系承担举证责任。

第九十九条 因水污染受到损害的当事人人数众多的，可以依法由当事人推选代表人进行共同诉讼。

环境保护主管部门和有关社会团体可以依法支持因水污染受到损害的当事人向人民法院提起诉讼。

国家鼓励法律服务机构和律师为水污染损害诉讼中的受害人提供法律援助。

第一百条 因水污染引起的损害赔偿责任和赔偿金额的纠纷，当事人可以委托环境监测机构提供监测数据。环境监测机构应当接受委托，如实提供有关监测数据。

第一百零一条 违反本法规定，构成犯罪的，依法追究刑事责任。

第八章 附 则

第一百零二条 本法中下列用语的含义：

（一）水污染，是指水体因某种物质的介入，而导致其化学、物理、生物或者放射性等方面特性的改变，从而影响水的有效利用，危害人体健康或者破坏生态环境，造成水质恶化的现象。

（二）水污染物，是指直接或者间接向水体排放的，能导致水体污染的物质。

（三）有毒污染物，是指那些直接或者间接被生物摄入体内后，可能导致该生物或者其后代发病、行为反常、遗传异变、生理机能失常、机体变形或者死亡的污染物。

（四）污泥，是指污水处理过程中产生的半固态或者固态物质。

（五）渔业水体，是指划定的鱼虾类的产卵场、索饵场、越冬场、洄游通道和鱼虾贝藻类的养殖场的水体。

第一百零三条 本法自 2008 年 6 月 1 日起施行。

后 记

《韶关市地方性法规导读与释义》系列丛书，是韶关市人大常委会会同市人大常委会立法工作者、法律实务工作者以及韶关学院的专家学者共同编纂的系列丛书。

自 2015 年 5 月韶关市获得设区的市地方立法权以来，韶关市人大常委会根据韶关市地方经济与社会发展的需要，制定出一系列地方性法规，在地方立法方面取得了可喜的成就。随着经济与社会的发展，韶关市人大常委会根据韶关市发展的实际情况，将陆续出台新的地方性法规。大量地方性法规的出台，虽然解决了地方立法层面存在的一些问题，但是在这些地方性法规的实施过程中，难免会出现对法规内容的理解和把握不到位的情况。为了更好地促进执法者、司法者和守法者准确理解法规的具体内容，达到公正执法、正确运用和严格守法的目的，在韶关市人大常委会的领导和组织下，将会同法律方面专家学者陆续撰写《韶关市地方性法规导读与释义》系列丛书，并一一出版。

《〈韶关市农村饮用水水源保护条例〉导读与释义》一书，即为该系列丛书中的一本。由于时间紧迫、水平有限，书中难免有不足之处，敬请读者批评指正。

编 者

2022 年 12 月